教育部人文社会科学重点研究基地
“齐鲁文化与中华文明文库”丛书

江林昌 主编

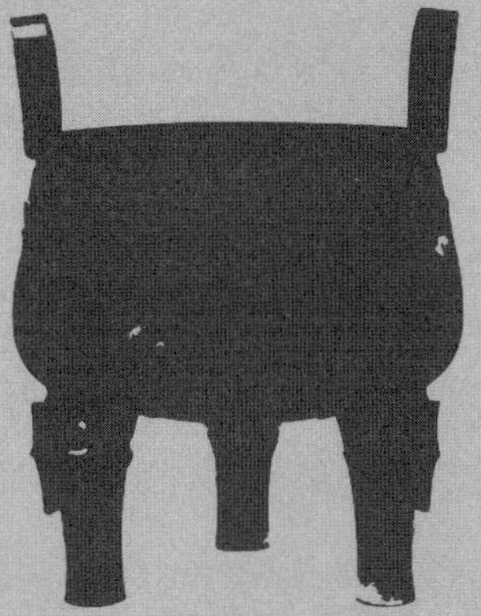

周代司徒与早期文明

张磊 著

商务印书馆
创于1897 The Commercial Press

教育部人文社会科学重点研究基地山东师范大学齐鲁文化研究院、
齐鲁文化传承与山东文化强省建设协同创新中心资助成果
国家社科基金项目“出土竹简与大小戴《礼记》综合整理研究”(18BZS028)、
泰山学者工程专项经费资助课题（tsqn201812037）阶段性成果

商务印书馆（上海）有限公司 出品
The Commercial Press (Shanghai) Co.Ltd

张磊，1979年生，山东济宁梁山人。2001年本科毕业于曲阜师范大学历史文化学院。2001年9月—2004年6月于曲阜师范大学孔子文化学院攻读硕士学位，师从杨朝明教授；2004年9月—2007年6月于北京师范大学历史学院攻读博士学位，师从晁福林教授。现为教育部人文社科重点研究基地山东师范大学齐鲁文化研究院副教授、博士生导师，中国先秦史学会理事、中华孔子学会理事。主要研究领域为先秦史、儒学史、礼学史。主持国家社科基金项目“出土竹简与大小戴《礼记》综合整理研究”（18BZS028）、山东省社科规划研究项目“出土文献与《大戴礼记》研究”（14CZXJ16）等；参与完成多项国家级、省部级重要课题。在《光明日报》《史林》《古代文明》等重要报纸和刊物发表学术论文数十篇，撰写和参撰重要学术著作多部。

作者学术成果一览

一、主要著作

《儒家文献研究》（参著），齐鲁书社，2004 年。

《有关孔子与〈论语〉的 101 个趣味问题》（参著），中华书局，2008 年。

《新出简帛文献注释论说》（参著），台湾书房出版有限公司，2008 年。

《孔子家语通解》（参著），齐鲁书社，2009 年。

《〈智品〉译注》，中华书局，2010 年。

二、主要论文

《上海博物馆竹书〈内豊〉与〈大戴礼记〉“曾子十篇”》，《管子学刊》2007 年第 1 期。

《周代司徒述论》，《聊城大学学报》2007 年第 1 期。

《循循善诱话盘庚》，《光明日报》2007 年 1 月 19 日第 9 版。

《〈曾子〉源流与〈大戴礼记〉“曾子十篇”》，《古籍整理研究学刊》2009 年第 3 期。

《〈孔子家语·致思〉篇研究》（合著），《东岳论丛》2009 年第 4 期。

《〈曶壶〉与周代司徒军事职掌新论》，《中国历史文物》2010 年第 2 期。

《〈譤簋〉“司土（徒）”职掌研究》，《齐鲁学刊》2011 年第 5 期。

《西周司徒与王室经济——以司徒对山林泽牧的管理为例》，《史林》2012 年第 5 期。

《大禹治水地域范围新论——以出土文献和考古发现为参照》，《古代文明》2015 年第 1 期。

《〈周礼·地官〉“司徒”析论》，《东岳论丛》2018 年第 3 期。

《司徒与春秋战国社会变动考论——以鲁国大司徒为例》，《山东师范大学学报》（人文社会科学版）2018 年第 3 期。

《司徒与西周中后期社会变动探析》，《东岳论丛》2021 年第 4 期。

总序

齐鲁文化的古典学意义

江林昌

自西周初年的分封之后，鲁国文化发展到春秋时期，出现了“孔墨显学”，继之而有“儒分为八，墨离为三”；齐国文化发展到战国时期，而有稷下学宫，诸子云集，百家争鸣，学派大盛。齐文化与鲁文化因此而为世人所敬仰。

秦国东灭六国、一统天下的过程中，齐文化中的法家思想、阴阳五行观念、神仙方士之术，都发挥过重大作用。继秦之后的西汉王朝，经过“文景之治”，到汉武帝时代，已是国力大增，疆土大扩，经济大盛。为适应农耕文明社会发展的需要，董仲舒上《天人三策》，著《春秋繁露》，以鲁文化中的儒学为核心，又广泛吸收百家思想之优点，尤其是融汇齐文化中的天人感应论、三统说、灾异说、阴阳五行说等内容。汉武帝及时采纳董仲舒的建议，司马迁又在《史记》里做了全面阐述，儒家学派因此由“子学”而上升为“国学”。但所谓“罢黜百家、独尊儒术”，并非消灭百家，而是以儒家为核心吸纳转化百家之精华，熔铸齐学之优长。因此，汉代的“儒术”，已非先秦鲁国文化中的纯儒学，而是融合了百家思想的“大儒学”了；汉代的“百家”，也非先秦单纯的各学派，而是经过儒学的同化创新的“新儒术”了。于是，先秦的“齐文化”“鲁文化”经过秦、汉两次政治的大一统而转化融合为“齐鲁文化”了。从此以后，齐鲁文化作为中华传统文化的核心内容，在中华成熟文明发展道路上，与时俱进，转化创新，不断发挥积极作用。

在中华思想文化发展史上，齐鲁文化与中原文化、三晋文化、燕赵文化、关中文化、荆楚文化、吴越文化等区域文化本来都是独立发展、相互影响的。但因为以上所述的原因，在各区域文化中，齐鲁文化始终体现出其独特的优越性。也正因为如此，学术界一直将有区别的“齐文化”“鲁文化”与融合后的“齐鲁文化”及其深远的影响价值，作为研究的重点，并已取得了较好成绩。但如果我们的研究就此止步，显然是不够的。因为，齐鲁文化还有许多重大问题有待于我们做深入探讨。

例一，齐文化与鲁文化为什么会呈现出不同的内涵特色？从自然地理环境来说明这种不同，固然是一个很好的角度，但仅此还不能完全说明问题。因为，西周以后的齐文化与鲁文化都是以泰沂山脉为生活背景的东夷文化为共同源头，同时又在不同程度上受到夏商周三代中原王朝政治文化制度的影响。这就需要我们深入探讨造成这种同源而异流的原因。这个问题分析清楚了，也就进一步找到了“齐文化”与“鲁文化”分流八百年之后，从战国后期开始至秦汉时期又合流为“齐鲁文化”的深层次原因，进而讲清楚了为什么齐鲁文化会成为中华优秀传统文化的主流文化。兹事体大，又涉及众多的专题，诸如环境变迁、黄河改道、夷夏东西、“禅让”、“世袭”、东夷文化与三代礼制、分封制与宗法制等，均需要做深入研究和综合分析。

这既是一个中华学术史上的重大课题，也是当今习近平新时代中国特色社会主义文化建设进程中建构“三大体系”、坚持“两个相结合”的时代课题。我们应该迎难而上，共克时艰。

例二，当我们解决了上述重大学术问题之后，便可接着攻克第二个重大学术课题，即在世界文明史背景下进行中外古典学的比较。法国著名古典学家让–皮埃尔·韦尔南指出：“扎伊柴夫继雅斯贝尔斯之后也注意到，公元前 7—2 世纪之间，在中国、印度、伊朗、犹地亚、希腊等相距如此遥远的文明中，传统的宗教世界发生了深刻变化，出现了儒教、佛教、琐罗亚斯德教、犹太先知教以及希腊人对真理的哲学探索。但这样的比较同时也揭示了希腊的独特性。

希腊的变化不是在宗教领域内部发生的，新的思想形态是在宗教的边缘和外部形成的，有时甚至与某些宗教信仰或官方礼仪公开对立。”韦尔南从迈锡尼王权与希腊城邦之间的断裂关系中，揭示了希腊古典文化的“独特性”。

其实，春秋战国时期以齐学、鲁学为代表的中国古典学，与韦尔南所举例的希腊、印度、伊朗、犹地亚的古典学相比较，也有相当的“独特性”。这个“独特性”首先需要我们从中国历史学上的五帝时代到虞夏商周发展的连续性与变通性，从考古学上的新石器时代、青铜时代、铁器时代发展的总体连续性与区域多样性等角度，去寻找线索。其次，还需要我们在希腊、印度、伊朗、犹地亚等古典学产生的世界历史背景下做比较。在此基础上，我们可进而以马克思主义唯物史观为指导，具体分析中国古典学内涵的丰富性、特色的民族性、影响的深远性，进而建立中国古典学的学术体系、学科体系与话语体系。

山东师范大学齐鲁文化研究院是山东省属高校中唯一的教育部人文社科重点研究基地。“齐鲁文化研究”是该基地的工作重点。2016 年，我受山东师范大学的委托，为基地的发展草拟了一个以“齐鲁文化与中华文明传承创新研究”为目标的长远发展规划。这个规划幸能得到教育部社科司领导的肯定与全国学界同行的鼓励。为了能将这个规划的阶段性成果及时与学界交流，我们特设立了这套“齐鲁文化与中华文明文库”，不定期出版。

当今中国正处于五千多年农耕文明转型为现代工业文明，并处在中国特色社会主义现代化道路上快速高质量发展的宏大变革时期。马克思主义唯物史观表明，因生产力发展而引起的社会大变革，最终必将迎来思想文化的大繁荣。春秋战国时代，因铁器代替青铜器而引起了由血缘变地缘为特征的社会大变革，最终迎来了中国古典学的诞生。当今中国因科学技术而引起的社会大变革必将迎来中华民族的伟大复兴与中华文化的第二次大繁荣。正如习近平总书记所指出：“这是一个需要理论而且一定能够产生理论的时代，这是一个需要思想而且一定能够产生思想的时代。”

欧洲的“古典学”发展到 15、16 世纪而有“文艺复兴”，从而迎来了西方社会的现代文明。中国的“古典学”发展到21世纪，在中国共产党领导下实现“两个百年”之后，也必将迎来新的伟大复兴。这个伟大复兴，必将迎来中国的“新古典学时代”。中国的“新古典学”既继承了五千多年中华文明史所孕育的丰富独特的传统文化，同时又在中国特色社会主义现代化建设中创造性转化、创新性发展，因而必将为人类社会的未来发展奉献中国智慧，影响巨大，意义深远。

殷切期望齐鲁文化研究院的学者们万分珍惜教育部人文社科重点研究基地这个崇高的平台，淡泊名利，潜心研究，为弘扬齐鲁文化，为复兴中国“古典学”，做永远坚定的努力。“我们不能辜负了这个时代！”

是为序。

2019年立春之时

目　录

绪　论

周代司徒述论

——早期文明与社会变迁视野下的思考与探索

夏、商、周三代文明赓续千年，内容博大精深，奠定了绵延不断、辉煌灿烂的中华文明史基础。周代上承夏、商，下启秦、汉，是早期文明发展的关键时期，在中国历史的发展进程中尤为重要。周代创立的典章制度影响深远，诚如对周一直心向往之的孔子所云："周监于二代，郁郁乎文哉！"（《论语·八佾》）这也包括周代的官制。周代官制既是对夏、商官制的继承，也为后世官制的发展奠定了基础。司徒是周代重要职官之一，主管民众和土地，与早期文明社会的发展关系甚大，是认识早期文明的一个重要窗口。通过对周代司徒的研究，不但可以深化对周代典章制度的认识，而且还能深入探讨周代社会变迁，进而深刻理解早期文明与社会变迁视野下的周代历史文化与礼乐文明。

一、周代司徒研究的重要意义

周代重视敬天保民，在政治上实行分封制，在经济上实行井田制，在社会上推行宗法制，在文化上推行礼乐教化。司徒作为周王朝的重要职官，不仅在周代社会发展中发挥了重大作用，而且对周代以降历代相应职官的设置也产生了深刻的影响。在物质资料匮乏、人口稀少、经济尚不发达的早期文明社会中，土地与劳动力都是稀缺的生产资料，而司徒的职掌正是土地与人口。因此，全面深入研究周代司徒，具有重要的意义。

周代司徒的职掌、地位等经历了较为复杂的演变过程。从学术史来看，对此还存在很多的争论，仍然需要进一步深入探讨。探究司徒这一职官的设置和演变情况，廓清司徒的本来面貌，有利于整体把握周代司徒的职掌、地位和历史作用，加深对周代官制的认识。

司徒职掌涉及周代社会的诸多层面，包括民众、土地、山林泽牧和军队等，这决定了司徒和周代社会关系的密切。随着周代社会的发展，司徒职掌的内容也随之发生变化。从周初到西周中后期再到春秋战国之际，周代司徒的地位不断地变化，大体呈上升的趋势。因此通过对周代司徒的研究，我们可以从一个侧面揭示周代社会结构、制度的变动，以及周代社会观念的变迁。

春秋战国之际，各诸侯国司徒的地位、职掌也不尽相同。综合考察各诸侯国司徒的情况，可以发现鲁国司徒尤为典型。从政治、经济和文化等角度研究鲁国司徒，不仅可以深入认识鲁国社会，而且可以由此类推来了解东周王朝和各诸侯国司徒的情况。

相对来说，除《周礼·地官》之外，先秦传世文献有关周代司徒的记载稀少而零散。幸运的是，近代以来与周代司徒相关的金文不断出土，在一定程度上弥补了研究资料的不足。我们在前贤时哲研究的基础上，结合相关金文，梳理传世文献，希望能更加全面深入地研究周代司徒及相关的重要问题。由此也能检验《周礼·地官》关于司徒记载的可靠性，然后在这个基础上正确认识

《周礼》的成书问题和深入探讨《周礼·地官》蕴含的管民、教化等思想，有助于推动《周礼》学的研究。

二、周代司徒研究学术史述评

学术界对周代官制的探讨是研究周代司徒的基础。我国古代关于周代官制的材料，主要集中在《周礼》一书。东汉以降，注疏考证《周礼》的著作汗牛充栋，对周代司徒的研究也包括其中，为以后的研究提供了丰富的资料，奠定了坚实的基础。但是这种研究方法是从文献到文献的考证，主要囿于经学的范畴，很难有更加深入的探讨。近代以来，随着考古工作的巨大进展，学术界借助对相关的重要铜器铭文的释读，使周代官制的研究逐步走出经学的窠臼，进入了一个新的时期。

20 世纪 20 年代到 70 年代，周代官制研究逐渐摆脱了经学的束缚，开辟了新的局面。主要的论著包括刘师培的《论历代中央官制之变迁》①、杨筠如的《周代官名略考》②、郭沫若的《周官质疑》③、牛夕的《西周官制考略》④、刘起釪的《两周战国职官考》⑤、斯维至的《两周金文所见职官考》⑥、徐宗元的《金文中所见官名考》⑦等。其中大部分论著主要是结合传世文献材料，就金文反映的官制进行研究。由于研究刚刚起步，再加之当时金文材料不足的限制，这些研究还存在许多薄弱的地方。但是学者们开始运用金文与《周礼》等文献记载的周代官制进行对比研究，突破了以往仅据传世文献研究的局限，取得了不小的成

① 刘师培：《论历代中央官制之变迁》，《国粹学报》第 27、28 期，1907 年。

② 杨筠如：《周代官名略考》，《国立中山大学语言历史研究所周刊》第二集第 20 期，1928 年 3 月。

③ 郭沫若：《周官质疑》，《郭沫若全集》“考古编”第五卷《金文丛考》，科学出版社，2002 年。

④ 牛夕：《西周官制考略》，《清华周刊》第 39 卷，1933 年第二期。

⑤ 刘起釪：《两周战国职官考》，《古史续辨》，中国社会科学出版社，1991 年，第 638 页。

⑥ 斯维至：《两周金文所见职官考》，《中国文化研究汇刊》第七卷，1947 年 9 月。

⑦ 徐宗元：《金文中所见官名考》，《福建师范学院学报》1957 年第 2 期。

就。例如郭沫若的《周官质疑》，“就彝铭中所见之周代官制揭橥于次而加以考核”①。这些研究最重要的是方法的创获，对后人继续研究启迪匪浅。

20 世纪 80 年代以来，学者们在前人研究的基础上，对周代官制的研究更加细化，主要著作有左言东的《西周官制概述》②、韩连琪的《春秋战国时代的中央官制及其演变》③、陈汉平的《西周册命制度研究》④、张亚初和刘雨合著的《西周金文官制研究》⑤、郝铁川的《周代国家政权研究》⑥、段志洪的《周代卿大夫研究》⑦、宫长为的《西周王朝官制结构研究》（博士论文）⑧、汪中文的《两周官制论稿》⑨等。尤其是《西周金文官制研究》，对金文所反映的西周职官做了比较彻底的清理，并进行了断代研究，概括了西周职官组织和职官地位升降变化的一般情况，初步揭示了西周官制的基本面貌，有利于对周代职官进行深入研究。从这些著作的研究情况来看，学术界对于周代官制比较注重整体的研究，但对具体职官的研究有待进一步加强，例如对司徒的研究。

前辈专家关于周代官制的研究，在不同程度上涉及周代司徒，为对周代司徒继续深入研究奠定了坚实的基础。关于周代司徒，仍然有许多重要的问题还没有得到解决。

（一）文明起源与司徒渊源

五帝时期是国家形成的萌芽阶段，也是文明起源的重要时期。在这一时期，颛顼“绝地天通”是一次颇具历史意义的社会变革。《国语·楚语下》载观射父云：“及少皞之衰也，九黎乱德，民神杂糅，不可方物。夫人作享，家为巫史，

① 郭沫若：《周官质疑》，《郭沫若全集》“考古编”第五卷《金文丛考》。
② 左言东：《西周官制概述》，《人文杂志》1981 年第 3 期。
③ 韩连琪：《春秋战国时代的中央官制及其演变》，《文史哲》1985 年第 1 期。
④ 陈汉平：《西周册命制度研究》，学林出版社，1986 年。
⑤ 张亚初、刘雨：《西周金文官制研究》，中华书局，1986 年。
⑥ 郝铁川：《周代国家政权研究》，黄山书社，1990 年。
⑦ 段志洪：《周代卿大夫研究》，文津出版公司，1994 年。
⑧ 宫长为：《西周王朝官制结构研究》，吉林大学博士学位论文，1995 年。
⑨ 汪中文：《两周官制论稿》，复文图书出版社，1993 年。

无有要质。民匮于祀，而不知其福。烝享无度，民神同位。民渎齐盟，无有严威。神狎民则，不蠲其为。嘉生不降，无物以享。祸灾荐臻，莫受其气。颛顼受之，乃命南正重司天以属神，命火正黎司地以属民，使复旧常，无相侵渎，是谓绝地天通。”这次社会变革，对于职官的产生有深远的影响。庞朴认为，“‘司地’就是‘司土’，也就是后来的‘司徒’，起先是同农事和民事密切有关的差事”①。在这次变革过程中，管理民众的职官逐渐设置，增强了社会的管理职能，促进了早期文明社会的发展。这说明司徒很可能滥觞于文明起源时期，与早期文明存在着密切的关系。本部分结合文明起源时期的“绝地天通”，追溯司徒的渊源。

（二）周代司徒的类别、职掌和地位

文献中关于司徒的记载比较零散。《诗经·大雅·绵》云：“乃召司空，乃召司徒，俾立室家。”郑笺云：“司徒，掌徒役之事。”《尚书·牧誓》云：“王曰：‘嗟，我友邦冢君，御事，司徒、司马、司空……’”孔疏曰：“司徒主民，治徒庶之政令。”②《白虎通·封公侯》云：“司徒主人。不言人，言徒者，徒，众也。”《㦰簋》《扬簋》《散氏盘》等金文也记载有司徒。晁福林指出：“见于彝铭和文献的司徒，人数众多，职责庞杂，级别和地位也不一样。这说明司徒之职是一个复杂的官职问题。”③司徒类别复杂，王朝、诸侯、卿大夫家都设有司徒。司徒的职掌与分封诸侯、籍田、山林泽牧和军队都有关系。为了清楚地说明这些问题，我们梳理司徒的类别，归纳司徒的职掌，并用发展的眼光来看待司徒地位的演变。

《左传》定公四年记周分封卫国时，分康叔“殷民七族……聃季授土，陶叔授民”。杜预注曰：“聃季，周公弟司空也”，“陶叔，司徒”。④孔颖达疏曰：

---

① 庞朴：《“火历”初探》，《社会科学战线》1978年第4期。

② 孔安国传，孔颖达等正义：《尚书正义》卷十一《牧誓》，阮元校刻《十三经注疏》本，中华书局，1980年，第183页。

③ 晁福林：《先秦社会形态研究》，北京师范大学出版社，2003年，第448页。

④ 杜预注，孔颖达等正义：《春秋左传正义》卷五十四“定公四年”，阮元校刻《十三经注疏》本，第2135页。

“《周礼》司空主土，司徒主民。知聃季授土，为司空也；下陶叔授民，为司徒也。”[①] 这可以和相关文献参照。西周分封诸侯的主要内容，正如康王时期的《大盂鼎》所说的“受（授）民受（授）疆土”。许倬云指出，“西周分封并不只是周人殖民队伍分别占有一片东方的故地，分封制度是人口的再编组，每一个封君受封的不仅是土地,更重要的是分领了不同的人群”[②]。《渣司徒逘簋》涉及周初封卫史实，渣司徒参加了分封仪式。晁福林认为，周王朝“分封时所举行的授民授疆土的仪式，表示新的诸侯国拥有土地和民众的权力”[③]。周王分封诸侯时置“授民”于首位，司徒负责“授民”，负责掌管民众的职责进一步加强。这为周王朝对殷商旧族进行宗法意义上的改造奠定了基础，体现了周王朝封建诸侯时重“民”的理念。

《国语·周语上》载虢文公云，“夫民之大事在农，上帝之粢盛于是乎出”，举行籍田礼后的劳动收获，“能媚于神，而和于民矣，则享祀时至而布施优裕也”。《礼记·祭统》亦云“天子亲耕于南郊以共齐盛”。周王将籍田劳动成果首先向神进行祭祀，可以看出，“籍田”不是一般的土地，而是一块和社神有关的具有特殊神圣意义的土地。《𢦚簋》云：“王曰：‘𢦚，令女（汝）乍（作）嗣（司）土（徒），官嗣（司）耤（藉、籍）田。’”郭沫若说：“司徒之官，凡器之较古者均作司土……其所职司之事之可知者有藉田。”[④] 杨树达根据《散氏盘》《𢦚簋》等认为，司徒“古官名本为司土，徒乃假字”[⑤]；“司土本掌土地”[⑥]。杨宽认为：“司徒原为掌管土地之官，有的专门掌管藉田。”[⑦] 这些

① 杜预注，孔颖达等正义：《春秋左传正义》卷五十四“定公四年”，阮元校刻《十三经注疏》本，第 2135 页。

② 许倬云：《西周史》（增订本），生活·读书·新知三联书店，1995 年，第 155 页。

③ 晁福林：《夏商西周的社会变迁》，北京师范大学出版社，1996 年，第 267 页。

④ 郭沫若：《周官质疑》，《郭沫若全集》“考古编”第五卷《金文丛考》。

⑤ 杨树达：《彝铭与文字》，《积微居小学述林》卷五《通考文字之属下凡六篇》，中华书局，1983 年，第 165—170 页。

⑥ 杨树达：《司徒、司马、司空释名》，《积微居小学述林》卷六《故书古史杂考之属凡四十篇》，第 242—244 页。

⑦ 杨宽：《论西周春秋间的乡遂制和社会结构》，《古史新探》，中华书局，1965 年。

学者根据金文认为司土（徒）掌管土地。沈长云《周代司徒之职辨非》结合文献和金文，指出“司徒主管民事”[①]。显然司徒主管民众的说法和学者们从金文得到的司徒掌管土地的认识并不一致。则司徒（土）与籍田是何关系？根据《国语·周语上》的记载，举行籍田礼前，“王乃使司徒咸戒公卿百吏庶民”；在籍田礼中，“司徒省民”。《左传》襄公九年云“庶人力于农穑”。西周春秋时的“民”“庶民”“庶人”是农业的主要生产劳动者。[②]既然司徒在籍田礼中“省民”，所以司徒也就可以合乎情理地掌管籍田及耕作籍田的民众。

西周中后期，金文中“𤔲土”多写作“𤔲徒”，如厉王时期的《扬簋》、宣王时期的《无叀鼎》。为什么会出现这种变动？以前学者们多从文字通假的角度进行解释。杨树达说：“余谓古官名本为司土，徒乃假字。”[③]沈长云有另外一种解释：“司徒的徒并非土的借字，相反，土才是徒的借字。”[④]可以看出，两位学者从“土”与“徒”哪个是借字去考虑问题。张亚初、刘雨说：“土之作徒单纯是同音假借字，还是另有一定的思想意识内涵，这个问题是应该引起我们的重视的。”[⑤]

周懿王时期的《免簠》云：“王才（在）周，令免作𤔲（司）土，𤔲（司）奠还歔（林）、眔吴（虞）、眔牧。”郭沫若指出其中的“歔（林）”“吴（虞）”“牧”与《同簋》中的“林”“吴（虞）”“牧”含义一样。[⑥]他结合《周礼·地官》认为，“林”为“林衡”，“吴”为“山虞”“泽虞”，“牧”为“牧人”。[⑦]在西周社会发展中，山林泽牧作为重要的自然和经济资源，是西周王室经济的重要组成部分。根据《周礼·地官司徒》的记载，山虞、泽虞、林衡、牧人、场人等是司徒的属官，这些官员具有管理山林泽牧的职责。那么西周时期王室司徒与山林泽牧之事是何关系？由此如何探讨司徒对王室经济的管理？这些都是

① 沈长云：《周代司徒之职辨非》，《中国史研究》1985年第3期。
② 王玉哲：《西周春秋时的“民”的身份问题》，《南开大学学报》1978年第6期。
③ 杨树达：《彝铭与文字》，《积微居小学述林》卷五《通考文字之属下凡六篇》，第165—170页。
④ 沈长云：《周代司徒之职辨非》，《中国史研究》1985年第3期。
⑤ 张亚初、刘雨：《西周金文官制研究》，第8页。
⑥ 郭沫若：《两周金文辞大系图录考释》，上海书店出版社，1999年，第90页。
⑦ 郭沫若：《两周金文辞大系图录考释》，第86—87页。

值得深入研究的问题。

《国语·周语上》云："司徒协旅。"韦注："掌合师旅之众。"[①]《曶壶》云："王乎（呼）尹氏册命曶曰：'更乃且（祖）考，乍（作）冢司土（徒）于成周八自（师）。'"成周八师是周朝驻在成周的军队，为何设有"冢司土"？于省吾根据西周金文中的"司土"和土地有关认为，成周八师中的"冢司土"也和土地事务有关，成周八师"以兵营田"，是"我国历史上最初出现的军事屯田制"[②]。杨宽认为，西周军队中之所以会设有"冢司土"等官，该与当时的乡遂制度有关，其职责可能与《周礼》的小司徒相类。[③]徐喜辰认为，西周的军队组织和公社组织是一致的，管理公社的官吏也兼任军队的军帅。[④]李道明认为，周人于征兵和军队编制行乡遂制；于驻军则行军事屯田制。[⑤]赵世超认为，"成周八师设有冢司土（徒）之官，总管土地或教化百姓方面的事务"[⑥]。然而总结诸家观点，认为周代即有军事屯田制，似乎还需要更多的材料来证明；认为西周实行乡遂制度，似乎根据不足。[⑦]冢司土（徒）和成周八师的关系问题还需要深入研究。

（三）周代司徒与社会变迁

在周代的职官中，司徒位列"三有司"，即"司徒、司马、司空"之首，在西周金文中多数情况下写作"𤔲土"。如《盠方彝》云："用𤔲（司）六自（师）王行参有𤔲（司）：𤔲（司）土（徒）、𤔲（司）马、𤔲（司）工（空）。"西周的职官文武不分，三有司共同管理事务。三有司都可以带兵打仗。《尚书·牧誓》云："王曰：'嗟！我友邦冢君御事，司徒、司马、司空……称尔戈，比尔干，立

① 徐元诰撰，王树民、沈长云点校：《国语集解·周语上》，中华书局，2002年，第24页。
② 于省吾：《略论西周金文中的"六师"和"八师"及其屯田制》，《考古》1964年第3期。
③ 杨宽：《论西周金文中"六师""八师"和乡遂制度的关系》，《考古》1964年第8期。
④ 徐喜辰：《周代兵制初论》，《中国史研究》1985年第4期。
⑤ 李道明：《六师、八师新探》，《四川师范大学学报》（社会科学版）1992年第2期。
⑥ 赵世超：《西六师、成周八师不是常备军》，《洛阳师专学报》1991年第2期。
⑦ 晁福林：《先秦社会形态研究》，第407—459页。

尔矛，予其誓！’”武王率师讨伐商纣的军事行动中，司徒、司马和司空都参加了。司徒等三有司还参与周王对贵族的赐田。如《永盂》：益公按照周王的命令，赐师永田，“公乃命奠（郑）嗣（司）徒函父、周人嗣（司）工（空）□、□史、师氏邑人奎父、毕人师同付永厥田，厥率履厥疆宋句”。司徒等三有司也参与贵族之间的土地转让。如《五祀卫鼎》：西周王朝官员让三有司及内史友刍度量邦君厉转让给裘卫的土地，“乃令参有嗣（司）嗣（司）土邑人趞、嗣（司）马頞人邦、嗣（司）工（空）陶矩，内史友寺刍，帅履裘卫厉田四田”。赵光贤指出了西周中叶土地交易的存在。[①] 李学勤也指出，西周中晚期土地的转让常需要三有司参加，原因是司徒管理土地户口，司马管理军赋，司空管理土地度量，与土地转让都有关联。[②] 司徒、司马、司空共同管理社会事务，三者皆和土地、民众有关。司徒和司马、司空共同管理事务，民事职官在西周后期居于越来越突出的地位。这是西周后期官制的一个重要特点。

西周后期，纪侯、郑桓公都曾担任过王朝司徒，而且地位非常显赫，其背后的社会原因值得探讨。例如段志洪指出，“西周后期……司徒、宰、师氏、内史，甚至膳夫、趣马等原王室家臣均已成为控制王朝政权的大臣了”[③]。那么司徒地位为何变得如此显赫呢？郝铁川认为，西周后期宣王时期，三有司地位显著提高的原因与三有司是治民之官，宣王“料民于太原”、与贵族争夺劳动人口有关。[④] 结合《国语 · 周语》记载的周宣王“料民于太原”，可以看出这其实是在新的社会形势下，国家扩大了管理民众的范围，以便能从更广大的民众那里得到军赋，补充兵源。西周中后期司徒地位的提高，是民众越来越受到国家重视的反映，也体现了到西周后期赋税兵役制度发生了很大的变革。

---

① 赵光贤：《从裘卫诸器铭看西周的土地交易》，《周代社会辨析》，人民出版社，1980 年，第 221—235 页。

② 李学勤：《西周金文中的土地转让》，《光明日报》1983 年 11 月 30 日第 4 版。

③ 段志洪：《周代卿大夫研究》，第 88 页。

④ 郝铁川：《西周中央官制的演变》，《河南大学学报》（哲学社会科学版）1985 年第 4 期。

虽然春秋各国具体情况有所差别，但是相当多的诸侯国设有司徒，而且地位重要。童书业指出："春秋官制之变，一言以蔽之，乃由王宫大臣及臣仆式之官吏向司民、司军、司政官吏之转变。最突出之表现为司徒、司马、司空'三司'之官之被逐渐重视。"[①]这是和西周时期的情况对比而言。我们以春秋一些重要国家的司徒为例，概述其设置情况，深入探讨其地位和职掌变化的原因。

从春秋诸国的情况来看，鲁国司徒的情况比较典型。郭克煜等所著《鲁国史》，系统研究了鲁国历史，其中亦有不少地方论及鲁国司徒。[②]晁福林在《论"初税亩"》一文中，重新研究了春秋时期鲁国的"初税亩"，认为鲁国土地赋役制度的真正变革，是春秋晚期的"用田赋"。[③]杨朝明的《鲁文化史》一书，深刻探讨了鲁国文化，对研究鲁国司徒有不少启发。[④]在前辈专家研究的基础上，从鲁国政治、经济、文化的角度可以探讨鲁国大司徒地位尊崇的原因和鲁国大司徒职掌的内容、特点，以及其反映的鲁国社会变迁。因此，对鲁国大司徒的研究可以说是考察春秋诸国司徒的一个重要视角。

春秋战国之际，政治体制由宗法贵族政治向官僚政治转变。在这种大背景下，就一般的情况而言，司徒的地位和职掌发生了变化，成为相之下主管民政的官员。

（四）周代司徒和《周礼·地官》

《周礼·地官》是记载司徒比较集中和丰富的材料，与周代司徒的研究密切相关。在对周代司徒整体研究的基础上，通过对《周礼·地官》中司徒和周代司徒的比较研究，我们可以比较清楚地看出《周礼·地官》记载的关于司徒的情况大致可靠。《周礼》的成书真伪多有争论。西汉刘歆认为《周礼》乃

---

① 童书业：《春秋左传研究》，上海人民出版社，1980 年，第 339 页。

② 郭克煜等：《鲁国史》，人民出版社，1994 年。

③ 晁福林：《论"初税亩"》，《文史哲》1999 年第 6 期。

④ 杨朝明：《鲁文化史》，齐鲁书社，2001 年。

“周公致太平之迹”[①]，此后历代经学家大多相信这种说法。[②]近代以来，学术界对《周礼》的成书进行了比较深入的研究。[③]顾颉刚经过深入考证，认为《周礼》是战国后期齐国法家之作。[④]我们从周代司徒的角度对《周礼》的成书进行考证，认为《周礼》的成书经历了一个长期的过程，其最后定稿在战国时期。在此基础上，我们深入探讨《周礼·地官》中与司徒相关的管民和教化思想。

综上所述，学术界对周代司徒的研究取得了一定的成果，但是仍然有些重要问题尚未解决，还有相当大的探讨余地。司徒的渊源何在？司徒的地位和职掌究竟该如何定位？如何看待司徒反映的周代社会结构和观念的变迁情况？如何看待《周礼·地官》关于司徒资料的可靠程度及其蕴含的丰富思想？这些重要问题都尚未得到圆满的解释。

三、周代司徒研究的思考与展望

结合对上述有关周代司徒问题的梳理归纳，可以认识到对周代司徒完全有深入研究的必要。本书关于周代司徒的研究，将运用王国维提倡的“二重证据

① 贾公彦：《序周礼废兴》，阮元校刻《十三经注疏》本。

② 清代礼学大家孙诒让撰《周礼正义》申论此说最为详备。孙诒让：《周礼正义·序》，中华书局，1987年。

③ 关于《周礼》成书诸说，除了顾颉刚的说法外，比较有代表性的包括：蒙文通主张《周礼》“虽未必即周公之书，然必为西周主要制度，而非东迁以下之治”（蒙文通：《从社会制度及政治制度论〈周官〉成书年代》，四川省立图书馆编，1942年）；刘起釪以为《周官》“最初作为官职之汇编，至迟必成于春秋前期”（刘起釪：《〈周礼〉真伪之争及其书写成的真实依据》，《古史续辨》，第650页）；钱穆、郭沫若皆认为《周礼》成书战国时期（钱穆：《周官著作时代考》，《燕京学报》第11期，1933年6月；郭沫若：《周官质疑》，见《郭沫若全集》“考古编”第五卷《金文丛考》）；陈连庆认为“《周礼》成书年代的最大可能，是在秦始皇之世”（陈连庆：《〈周礼〉成书年代的新探索》，《中国古代史研究》，吉林文史出版社，1991年）；胡适《论秦畤及〈周官〉书》一文中主张“因《周礼》屡屡说‘祀五帝’，其为汉人所作之书似无可疑”（胡适：《论秦畤及〈周官〉书》，顾颉刚主编：《古史辨》第五册，上海古籍出版社，1982年，第39页）；徐复观从思想和文献的线索来考察，更明确指出《周礼》“乃王莽、刘歆们用官制以表达他们政治理想之书”（徐复观：《徐复观论经学史二种》，上海书店出版社，2002年，第212页）。

④ 顾颉刚：《“周公制礼”的传说及〈周官〉一书的出现》，《文史》（第6辑），中华书局，1979年，第1—40页。

法”，注重传世文献与出土文献的比较研究，实事求是地得出结论。本书注重研究方法的运用，首先要历史地考察司徒的演变。仅根据一个方面就得出结论往往是片面的，例如仅仅根据“司土”任职籍田，就得出“司土”主要职掌土地，是不全面的。其次，要全面地考察司徒与周代社会的联系。作为重要职官，司徒和社会各个方面关系密切，以往对此研究重视不够，这也是在进一步的研究中应该加强的地方。再次，紧扣典型进行研究。例如，鲁国司徒十分典型而且材料丰富，但相对来说有关其他诸侯国司徒的材料流传至今的较少。我们深入分析鲁国司徒，会由此类推其他诸侯国司徒的情况。

本书在以下四个方面重点研究：

第一，司徒的渊源。本书结合文明起源时期颛顼“绝地天通”，从民事职官的产生探讨说明这个问题。

第二，西周司徒既有神职和礼职、军职的色彩，又有民职的特点，其主要职掌是管理民众。由此出发，全面分析司徒与西周社会政治、经济、文化的关系，透视西周社会结构和观念的变迁。

第三，综合分析春秋战国时期诸侯国司徒的一般情况，以鲁国为典型，分析鲁国大司徒地位、职掌和特点，以及反映的春秋战国时期鲁国社会的巨大变迁。

第四，《周礼·地官》记载的司徒的情况是基本可靠的，由此可以大致推定《周礼》成书于春秋战国之际。在此基础上分析《周礼·地官》蕴藏的宝贵的民本和教化思想。

在早期文明阶段，司徒作为周王朝的重要职官，主管民众和土地，在盛行礼乐文化的周代，扮演了关键角色，发挥了重要作用。

总之，研究周代司徒，要通过对司徒的渊源、职掌和地位等的探讨，由点到面，兼及周代相关的政治、经济制度和社会结构、观念的变动，在早期文明视野下考察周代社会的政治、经济和文化的变迁。这具有十分重要的学术价值和意义，值得我们继续深入研究。

第一章 司徒溯源

司徒作为周代重要职官，在周代社会发展中发挥了重大作用。为了全面深入地了解认识司徒的职掌、地位和特点，有必要对司徒的起源发展加以梳理，为研究司徒奠定基础。司徒从官制上来说渊源有自，可以上溯至文明起源时期的颛顼“绝地天通”。通过对“绝地天通”这一重大历史事件的考察，可以发现文明起源时期已经有司徒之类的职官，成为后世司徒的滥觞。在“绝地天通”以后，包括司徒在内的职官逐渐产生，为早期国家的出现做了组织上的准备。

在五帝文明起源时期，国家处于形成的前夜。尤其到尧、舜时代，国家已经呼之欲出。传说舜、契担任过司徒，位居要职，德行高尚，有社会教化之功，成为后世司徒教化之职的由来。关于夏、商时期司徒的记载，罕见于传世文献，其具体情况有待将来考证。

第一节 司徒渊源考论

“绝地天通”是我国文明起源时期具有历史意义的重大事件，意味着当时社会发生了重要的变化。司徒一官的出现大致与此有关。我们循此思路探讨司徒的渊源。

一、文明起源时期的“绝地天通”

根据《国语·楚语下》记载，楚昭王问观射父“《周书》所谓重、黎实使天地不通”之事，观射父对此做了详细的解释：

> 古者民神不杂。民之精爽不携贰者，而又能齐肃衷正，其智能上下比义，其圣能光远宣朗，其明能光照之，其聪能听彻之，如是则明神降之，在男曰觋，在女曰巫。是使制神之处位次主，而为之牺牲时服，而后使先圣之后之有光烈，而能知山川之号、高祖之主、宗庙之事、昭穆之世、齐敬之勤、礼节之宜，威仪之则、容貌之崇、忠信之质、禋洁之服，而敬恭明神者，以为之祝。使名姓之后，能知四时之生、牺牲之物、玉帛之类、采服之宜、彝器之量、次主之度、屏摄之位、坛场之所、上下之神祇、氏姓之所出，而心率旧典者为之宗。
>
> 于是乎有天地神民类物之官，是谓五官，各司其序，不相乱也，民是以能有忠信，神是以能有明德，民神异业，敬而不渎，故神降之嘉生，民以物享，祸灾不至，求用不匮。
>
> 及少皞之衰也，九黎乱德，民神杂糅，不可方物。夫人作享，家为巫史，无有要质。民匮于祀，而不知其福。烝享无度，民神同位。民渎齐盟，无有严威。神狎民则，不蠲其为。嘉生不降，无物以享。祸灾荐臻，莫受其气。颛顼受之，乃命南正重司天以属神，命火正黎司地以属民，使复旧常，无相侵渎，是谓绝地天通。

如观射父所云，“绝地天通”在文明起源时期具有深远的历史意义，体现了当时社会关系，尤其是神民关系的重大变化。按照观射父的说法，上古宗教的发展经历了三个阶段。第一阶段，“民神不杂”，民神的交往相通要通过专门的巫觋，这一阶段神人关系是和谐的，民“能有忠信”，“以物享”神，神也“能有明德”，“降之嘉生”；第二阶段，“九黎乱德”后，“民神杂糅”，人人都可以和神沟通，神不再“降之嘉生”，民“无物以享”，社会秩序混乱；第三个阶段，颛顼“绝地天通”后，恢复了“九黎乱德”前的“民神不杂”的状态。

在颛顼以前，“民神杂糅”，社会生产大概出现了危机。“嘉生不降，无物以享。祸灾荐臻，莫受其气。”“嘉生”，韦昭解为“善物”，当时的人们把社会生产的劳动成果当作神降下的福佑。这句话的意思是上天不能保佑生产的顺利进行，人们也没有物品来祭祀神灵，因此神灵发威，向人们降下祸患灾难。究其原因，应该是人人都可以和天沟通的社会状况和社会生产的发展逐渐变得不相适应。为什么这样说呢？在颛顼的时代，社会正在由分散的氏族、部落走向部落联盟乃至国家的形式。倘若人人继续得以和神沟通，那么就会出现人人宣称按照神的意旨做事情，各个氏族、部落就自行其是，各自为政。这样社会生产也就无法按时正常的进行。所以整个部落联盟要“绝地天通”，进而达到政令统一。观射父的这段话，对于我们研究司徒之官的产生具有重要的史料价值。

从《国语·郑语》可以看出，通过“司地以属民”，颛顼“绝地天通”的改革的确取得了很大的社会成就。《国语·郑语》记史伯云：

> 夫黎为高辛氏火正，以淳耀敦大，天明地德，光耀四海，故命之曰“祝融”，其功大矣。……祝融亦能昭显天地之光明，以生柔嘉材者也。

韦昭注曰：“淳，大也。耀，明也。敦，厚也。言黎为火正，能治其职，以大明厚大，天明地德，故命之为祝融。祝，始也。融，明也。大明、天明，若历象三辰也。厚大地德，若敬授民时也。光照四海，使上下有章也”[①]；“柔，

---

① 徐元诰撰，王树民、沈长云点校：《国语集解·郑语》，第465页。

润也。嘉，善也。善材，五谷材木”[①]。此处“嘉材”应该和“嘉生”含义同一，均指当时人们认为的神所降下的攸关生存的社会产品。庞朴认为，黎（祝融）是可知的第一位观察大火星、掌管火历的“火正”；黎昭显的“天地之光明”，“天的光明，无疑是指大火星；地的光明，应该就是火在农业生产上的运用”。[②]在刀耕火种的时代，历法对于保证农业生产的顺利进行非常重要。黎为火正，“历象三辰”，“敬授民时”，掌管并指导民众使用火历，并教授民众在农业生产上使用火，使农业的收成有了保证。也就是说，颛顼“绝地天通”在民事方面取得了大的成就，“神降之嘉生，民以物享，祸灾不至，求用不匮”。

总体来看，“绝地天通”之后，“有天地神民类物之官，是谓五官，各司其序”。这些职官之中既包括负责祭祀与神沟通的“司天”之官，也包括负责民事管理民众的“司地”之官，以适应“绝地天通”后“民神异业”的社会需要。

二、从“司地”到司徒之官

“司地”的“地”字颇值得注意。司徒（土）的产生可能与我国先民对土地长久进行神圣的崇拜和隆重的祭祀有关。先民生活在土地上面，而土地提先民以基本生存所需的衣食，决定着农业生产的好坏，因此在先民心目中具有十分神秘的色彩。《说文·土部》亦云：“地……万物所陈列也。”《礼记·郊特牲》云“地载万物”，意谓土地承载着万物和人，具有伟大的力量。这一说法也可以说来自先民对土地的直观感觉。“地”又与“土”字相连。《说文·土部》云“土，地之吐生物者也。二象地之下，地之中。丨，物出形也”，意谓土地能生万物。当然这是后人的说法，但是这种说法应该和先民对土地的直观感觉和认

① 徐元诰撰，王树民、沈长云点校：《国语集解·郑语》，第466页。

② 庞朴：《“火历”初探》，《社会科学战线》1978年第4期。

识有关。

先民对土地逐渐产生了依赖和敬畏的心理，认为土地主宰着他们的命运，最后形成了对土神的崇拜和祭祀，成了氏族最关心的事情和活动之一。先民很可能选定一块土地，作为本氏族生活居住土地的代表，然后对其进行顶礼膜拜，希望借此和土神沟通，祈求福佑。

五帝时代土神逐渐被人格化。《国语·鲁语上》云："共工氏之伯九有也，其子曰后土，能平九土，故祀以为社。"《左传》昭公二十九年亦云："土正曰后土……共工氏有子曰句龙，为后土……后土为社。"① 人们认为司掌土地的神即为"后土"（对后土的祭祀即为社祭）。童书业在谈到"社稷"时说："后土即后社，犹言'后稷'，本为职名。"②《说文·后部》云："后，继体，君也。象人之形，施令以告四方。……发号者君，后也。"而"后"或为"司"。《说文·司部》云："司，臣司事于外者。从反后。"王筠《说文释例》卷九云："司从反后。后之字形向右，司之字形向左。"③ 其卷三十九又云："司，反后。"卜辞有："……后帚好……"（《甲骨文合集》2672）朱凤瀚指出，"在卜辞中作司与作后无别"④。李学勤认为，殷墟五号墓出土的铜器铭文中的"司"读作"后"。⑤ 所以，我们可以推测司徒（土）与"后土"相近或相通，源于"司地"。

关于这一问题，徐旭生说：

> 从帝颛顼看来，崇高神圣的事业，只能由他和南正重参加，或者更可以说，只能由他和重参加，就是黎也无权干预，参加其他职位的人更

---

① 本书对《左传》的译文，主要参考沈玉成《左传译文》，中华书局，1981 年。其他各处不再一一注明或说明。

② 童书业：《春秋左传研究》，第 15 页。

③ 王筠：《说文释例》，中华书局，1987 年，第 214 页。

④ 朱凤瀚：《论卜辞与商周金文中的"后"》，《古文字研究》（第 19 辑），中华书局，1992 年。

⑤ 李学勤：《论"妇好"墓的年代及有关问题》，《文物》1977 年第 11 期。

> 不必说。他们因为无权参与神圣的事业，所以不能以神圣图腾所属的名字为名字。此后职位的名字大约就成了司徒（土）、司马、司空（工）一类民事的名字。①

结合上文的分析，我们认为将司徒、司马、司空等民事职官的产生和“绝地天通”相联系，还是很有道理的。庞朴也说，“‘司地’就是‘司土’，也就是后来的‘司徒’，起先是同农事和民事密切有关的差事”②。

这与少皞时代的官职设置联系起来，可以看得更清楚。《左传》昭公十七年记郯子云：

> 我高祖少皞挚之立也，凤鸟适至，故纪于鸟，为鸟师而鸟名：凤鸟氏，历正也；玄鸟氏，司分者也；伯赵氏，司至者也；青鸟氏，司启者也；丹鸟氏，司闭者也。祝鸠氏，司徒也；雎鸠氏，司马也；鸤鸠氏，司空也；爽鸠氏，司寇也；鹘鸠氏，司事也。五鸠，鸠民者也。五雉为五工正，利器用、正度量，夷民者也。九扈为九农正，扈民无淫者也。自颛顼以来，不能纪远，乃纪于近。为民师而命以民事，则不能故也。

郯子为少皞之后，他追述了先祖少皞时代官职设置的情况。可以看出，少皞时代的凤鸟氏（历正）等五官和天时有关，祝鸠氏（司徒）等五鸠和五雉、九扈，与民事有关。从颛顼时代以来，民事与神事的区别逐步趋于明显，“为民师而命以民事”，是社会进一步发展的结果。在这个过程中，司徒逐渐负责管理和民众有关的诸多事务。

“绝地天通”是文明起源进程中的很有影响的事件，具有重要的意义。当然“绝地天通”并不是一蹴而就的，本身也是一个漫长的过程。在这个过程

① 徐旭生：《中国古史的传说时代》，广西师范大学出版社，2003年，第96页。
② 庞朴：《“火历”初探》，《社会科学战线》1978年第4期。

中，民职官员与神职官员走向分离，而司徒（土）作为主要的民职官员之一逐渐产生和设置。

第二节　舜、契任司徒传说略述

颛顼时代“绝地天通”，已经出现民事职官的萌芽，包括司徒之官逐渐产生。根据传说及史书记载，在文明起源时期舜、契曾经担任过此职。他们在任期间又有哪些作为呢？下面简略述及。

一、传说舜任司徒

《史记·五帝本纪》云：“尧善之，乃使舜慎和五典，五典能从。”《集解》引郑玄曰：“五典，五教也。盖试以司徒之职。”[①] 五典，即五常，包括父义、母慈、兄友、弟恭、子孝。社会教化事务一直被认为是司徒的主要职掌之一。郑玄比较明确地提出舜担任司徒，其看法是否符合历史事实？我们试做一讨论。

东夷部落分支众多，有“九夷”之称，主要生活在今山东及附近地区。根据考古资料，也可以看出东夷族活动范围。“景阳岗龙山文化城址位于鲁西北黄河冲积平原阳谷县张秋镇景阳岗村，西北距阳谷县城17公里，南距黄河约4公里”；“钻探结果表明，遗址为一龙山文化城址”；“景阳岗龙山城址的文化堆积较厚，出土遗物丰富，有陶器、骨器、蚌器、角器、石器等”；陶器“数量最多，陶质分为泥质陶和夹砂陶两大类”；“陶器的基本组合及器物形制……总体上属山东龙山文化范畴”；“景阳岗龙山城址所处的鲁西北地区，正是中国古

① 司马迁撰，裴骃集解，司马贞索隐，张守节正义：《史记·五帝本纪》，中华书局，1982年，第23页。

代东西文化交汇地带”。[①] 由此可见，鲁西北地区的龙山文化城址与善于制陶并创造山东龙山文化的东夷部落有一定关系。因此从考古的角度可以推测东夷部落活动的范围，西可延伸到今包括鲁西北在内的鲁西地区，与夏禹部落邻近。龙山文化晚期的东夷族，已经在今鲁西地区建城。这说明其社会已经发展到一定阶段，初步具备社会管理机构。东夷族部落出现过多位著名的部落首领，其中有少皞、舜等。

舜出身东夷族有虞氏部落，是我国先民迈进文明社会门槛时候的著名部落联盟首领。《孟子·离娄下》说：“舜生于诸冯，迁于负夏，卒于鸣条，东夷之人也。”舜为东夷之人。根据《史记·五帝本纪》的记载，从舜的先祖穷蝉起至舜数代为庶人。《史记·五帝本纪》又记：“舜耕历山，渔雷泽，陶河滨，作什器于寿丘，就时于负夏。”雷泽，又称雷夏泽。《尚书·禹贡》述及兖州时说“雷夏即泽”，则雷夏泽在古兖州。因此可以推测，舜率领的东夷族活动范围达于雷泽所在的古兖州。《国语·鲁语上》云：“有虞氏禘黄帝而祖颛顼，郊尧而宗舜。”从有虞氏的祭祀对象来看，可以推测舜的部落与颛顼族可能有一定的继承关系。

舜虽然出身贫苦，但是却有美好的德行。《史记·五帝本纪》曾有生动的叙述：

> 舜父瞽叟盲，而舜母死，瞽叟更娶妻而生象，象傲。瞽叟爱后妻子，常欲杀舜，舜避逃；及有小过，则受罪。顺事父及后母与弟，日以笃谨，匪有解。
>
> 舜，冀州之人也。舜耕历山，陶河滨，作什器于寿丘，就时于负夏。舜父瞽叟顽，母嚚，弟象傲，皆欲杀舜。舜顺适不失子道，兄弟孝慈。欲杀，不可得；即求，尝在侧。
>
> 舜年二十以孝闻。

---

① 山东省文物考古研究所、聊城地区文化局文物研究室：《山东阳谷县景阳岗龙山文化城址调查与试掘》，《考古》1997 年第 5 期。

舜的母亲去世早，而其他家人对他不好，这使他备受磨难。但是他不仅依然孝敬父亲、友爱兄弟，而且在饱尝人生的艰辛后，做出很多业绩。《尚书·尧典》也说他："瞽子，父顽，母嚚，象傲；克谐以孝，烝烝乂，不格奸。"舜以孝道使家庭和谐，并使家人积极地做事，不至于奸邪为恶，可以看出舜善于教育引导人。

舜由于以美好的德行著称而被尧在民间发现。《尚书·舜典》云：

> 曰若稽古，帝舜曰重华，协于帝。浚哲文明，温恭允塞，玄德升闻，乃命以位。慎徽五典，五典克从；纳于百揆，百揆时叙；宾于四门，四门穆穆；纳于大麓，烈风雷雨弗迷。

舜虽然生活在民间，但是以美好的德行闻名天下，尧因此委以官职，加以考验。前引《左传》昭公十七年说，在少皞氏的时代，"以鸟名官"，已经有官制的雏形，分别设置司职神事和民事的官。在民事职官里面，司徒就是以祝鸠氏命名的。到尧舜时代，黄河中下游的部落联盟发展得更加成熟，出现了国家机构的雏形。因此，虽然没有更多的文献能够说明舜为司徒，但是他可能担任过类似的职务。

《史记·五帝本纪》记舜举八元，"使布五教于四方，父义，母慈，兄友，弟恭，子孝，内平外成"。此处"五教"当为《尚书·舜典》提到的五典，乃是舜对司徒教化职掌的具体贯彻。舜以司徒的官职宣扬五典的教化，其意义重大，影响深远。《史记·五帝本纪》云："天下明德皆自虞帝始。"在我国先民踏入文明门槛的时候，担任过司徒的舜宣传五教，在历史上影响深远。

二、史载契任司徒

契，子姓，是商族的祖先，曾为舜之臣，与夏的祖先禹、周的祖先后稷等共事，并协助禹治水。《尚书·舜典》云："帝曰：'契，百姓不亲，五品不逊。

汝作司徒。'" 舜为部落联盟首领后，任命契为司徒。《史记·五帝本纪》亦云："契主司徒。"《史记·殷本纪》说得比较详细：

> 殷契，母曰简狄，有娀氏之女，为帝喾次妃。……契长而佐禹治水有功。帝舜乃命契曰："百姓不亲，五品不训，汝为司徒而敬敷五教，五教在宽。"封于商，赐姓子氏。契兴于唐、虞、大禹之际，功业著于百姓，百姓以平。

细绎这段文义，我们依然可以看到契任司徒的蛛丝马迹。此时尚处于踏过文明门槛之际，又遇洪水，人们忙于仓皇逃命，无法顾得上社会秩序。在社会秩序出现危机之际，舜将自己所曾经担任过的司徒之职交予契，教化百姓，足见舜对契的信任。契可谓受命于危难之际，亦可见其个人威信、修养和能力可堪此任。

简狄"为帝喾次妃"，是契之母，即帝喾为契之父。此中透露的一个信息是，契氏族与帝喾之族有密切的关系。帝喾是个怎样的人呢？《史记·五帝本纪》云帝喾"顺天之义，知民之急。仁而威，惠而信，修身而天下服。取地之财而节用之，抚教万民而利诲之，历日月而迎送之"，尤其是以"抚教万民"为重心。这实在为嫡系部落契氏族所继承发扬，而有了教化的传统。

契的工作经历和功劳是其被任命为司徒的最重要的原因。《史记·殷本纪》云："契长而佐禹治水有功。"契帮助禹治水的具体情况不得而知，但工作业绩似乎非常突出而得到百姓的认可和赞扬。《史记·殷本纪》云："契兴于唐、虞、大禹之际，功业著于百姓，百姓以平。"更为重要的是，契在治水过程中，应该是负责民众事宜，善于动员与鼓舞群众，逐渐掌握了与百姓打交道的本领，知道如何教化百姓。因此被舜任命为司徒，负责教化。

契为司徒，行教化之职，工作非常有特色。《尚书·尧典》记契做司徒："敬敷五教，在宽。"契做司徒，非常恭敬地推行五种教化。其特色在"宽"，似有宽大、宽松、宽缓之意。可以推测，在当时的社会背景下，"百姓不亲，五品不逊”，阶级和国家开始形成，社会矛盾初显，遽然改变是不容易的，应该宽缓而不能急于求成。有如此方法和态度，契作为司徒取得了教化民众的良好效果。《史记・五帝本纪》云“契主司徒，百姓亲和”即对此最好的说明。

综上所述，根据传说及史书记载，文明起源时期，舜、契担任过司徒，并且很有作为。这恰恰是由那个时代的历史特点所决定的，因为没有当时的文献记载，只能从后世传说及史书中寻觅历史的真迹。

第二章

司徒与西周社会的发展和变动

周代司徒之职是个复杂的问题，需要详细分析。首先，从类别上来说，可以分为王室司徒、诸侯国司徒、军队之司徒、卿大夫家司徒等。其次，从职掌上来说也可分为多个层次，既有神职、礼职，又有民职、军职，以民职为主。

《涾嗣徒遙簋》中的涾嗣徒遙当为陶叔，其代表卫国接受周王所授予的土地上的民众。在周代分封过程中，司徒为诸侯立社，意味着诸侯拥有了受封的土地和土地上的民众，而以民为重；对包括殷遗民在内的民众以宗法制重新整编，将氏族推进到宗族的发展阶段。主管民众的司徒参与推动了这个宏大社会进程，产生了重大而深远的影响。

䜌簋铭文有关“司土（徒）”管理籍田这一职掌的记载，具有重要的学术价值。根据《国语·周语》记载的“籍田礼”，可以看出《䜌簋》记载“司土（徒）”管理籍田是其神职、礼职和民职的体现。在周代社会的发展过程中，司土（徒）神职、礼职的色彩逐渐消退，但是其管理和教化民众的功能得到加强。

司徒掌管山林泽牧，是西周王室经济的重要管理者。司徒有虞官、林衡、牧人、场人等属官，具体负责对山林泽牧的管理。荣夷公可能就是《宰兽簋》

记载的司徒“荣伯”，被周厉王任用为卿士对山林泽牧实行专利，负责王室经济管理事务。

《曶壶》记载“冢司徒”掌管成周八师，对于研究周代司徒的军事职掌具有重要价值。从周王朝将殷遗民迁居成周加强管理的角度看，“冢司徒”掌管由殷遗民组成的军队“成周八师”应该是源于其管理迁居成周的殷遗民，由此亦可理解周代司徒对由周人组成的军队“西六师”的掌管。这为研究周代司徒的军事职掌提供了新的视角。

西周中后期，司徒原来管理民众的主职未变，但这一时期位于金文记载的“三有司”之首，与司马、司空共管贵族土地交易，共掌民众赋役征发，共助周王处理政务。这表明了这一时期司徒职掌范围扩大、政治地位升高，渐成举足轻重之势，充分体现了周代社会经济、政治和结构、观念的深刻变动。郑桓公及子郑武公、孙郑庄公相继担任王朝司徒，位至执政卿士，是周王朝司徒的典型代表，在两周之际的重大社会变局中发挥了重要历史作用。

总之，随着西周社会的发展，司徒的职掌在内容上由简单渐趋丰富复杂，地位有逐渐提高的趋势，属官也随之不断调整。这些变化深刻体现了西周社会政治、经济、军事和结构、观念的变迁。

第一节　周代司徒概说

司徒所牵涉的相关问题既繁多又很复杂。晁福林说：“见于彝铭和文献的司徒，人数众多，职责庞杂，级别和地位也不一样。这说明司徒之职是一个复杂的官职问题。”[①] 因此有必要对周代司徒地位、类别和职掌做一个简明扼要的概说。

① 晁福林：《先秦社会形态研究》，第448页。

一、周代司徒的类别

通过对金文和文献的分析，发现周代司徒类别多样，大致可以分为王室司徒、诸侯国司徒，以及军队中的司徒。下面试举例说明。

（一）王室司徒

郑桓公在周幽王时期任司徒，是王室司徒在政治上有很高地位和发挥重要作用的典型例子。《史记·郑世家》云：

> 郑桓公友者，周厉王少子而宣王庶弟也。宣王立二十二年，友初封于郑。封三十三岁，百姓皆便爱之。幽王以为司徒。和集周民，周民皆说，河雒之间，人便思之。

郑桓公友是周厉王少子，也是周宣王的弟弟，封于郑。周幽王任命郑桓公为王室司徒，掌管民众，受到王畿地区民众的爱戴。

（二）诸侯国司徒

周的诸侯国中，多设置司徒之官。西周金文《伯吴父盨》（《殷周金文集成》4415）云：

> 鲁嗣（司）徒伯吴父敢肇乍（作）旅簋，万年永宝用。

伯吴父是西周鲁国司徒。西周金文《伯䣄父鼎》（《殷周金文集成》2597）云：

> 晋嗣（司）徒伯䣄父乍（作）周姬宝尊鼎。

伯䣄父是西周晋国司徒。由鲁、晋两国可以推测其他一些诸侯国也应该有司徒之官的设置。

（三）军队之司徒

这可以结合《盠方彝》加以说明。《盠方彝》（《殷周金文集成》6013）云：

> 唯八月初吉，王各（格）于周庙。穆公又（佑）盠，立中廷（庭），北鄉（向）。王册令（命）尹，易（赐）盠赤市、幽亢、攸（鋚）勒，曰："用嗣（司）六𠂤（师）王行参（叁）有嗣（司）：嗣（司）土（徒）、嗣（司）马、嗣（司）工（空）。"王令（命）盠曰："缵嗣（司）六𠂤（师）眔八𠂤（师）埶（艺）。"盠拜䭫（稽）首，敢对扬王休，用乍（作）朕文祖益公宝尊彝，盠曰："天子不（丕）叚（遐）不（丕）其（基），万年保我万邦。"盠敢拜䭫（稽）首曰："剌（烈）剌（烈）朕身，逥（更）朕先宝事。"

《盠方彝》记周王命盠掌管六师王行的"三有司"，这说明王朝军队六师王行中设置"三有司"，即司徒、司马和司空。陈梦家说："参有司即三司，明指'司土、司马、司空'，即《尚书·立政》之'司徒、司马、司空'，其顺序亦同，此三有司乃是六师王师的司土司马司工。"① 这说明，周代军队中亦设有司徒。

二、周代司徒的职掌

文献关于司徒职掌的记载比较零散。《国语·周语上》云："司徒省民。"这是先秦文献关于司徒管理民众的可靠记载。汉代的学者也持有同样的观点。东汉《白虎通·封公侯》云："司徒主人。不言人，言徒者，徒，众也。重民众。"班固《汉书·百官公卿表》云："司徒主人。"《诗经·大雅·绵》

---

① 陈梦家：《西周铜器断代》，中华书局，2004 年，第 171 页。

云："乃召司空，乃召司徒，俾立室家。"郑笺云："司徒，掌徒役之事。"[①]汉以后的注疏家也承继此说。《国语·周语上》又云："司徒协旅。"韦昭注："司徒，掌合师旅之众。"[②]《尚书·牧誓》云："王曰：'嗟，我友邦冢君，御事，司徒、司马、司空……'"孔颖达疏曰："司徒主民，治徒庶之政令。"[③]从这些文献的记载可以看出，司徒职掌主要和管理民众有关，但是这与金文的记载不甚符合。

周共王时期的《䜌簋》云："王曰：'䜌，令女（汝）乍（作）𤔲（司）土（徒），官𤔲（司）耤（藉）田。……'"由此引发了学者们对司土（徒）的重新认识。郭沫若说："司徒之官，凡器之较古者均作司土……其所职司之事之可知者有藉田。"[④]杨树达根据《散氏盘》《䜌簋》等认为，司徒"古官名本为司土，徒乃假字"[⑤]，"司土本掌土地"[⑥]。杨宽认为："司徒原为掌管土地之官，有的专门掌管藉田。"[⑦]但是这些认识与文献关于司徒职掌的记载并不一致。可以看出，周代司徒的职掌是相当复杂的问题。解决这个问题，需要从周代的社会背景出发，结合相关文献和金文，对周代司徒的类别、职掌进行条分缕析，才能得出正确的结论。应该指出的是，文献和金文关于司徒的记载并不矛盾，而可互为补充。

司徒的职掌既有神职的遗留，又有民职方面的特点。周初以来，由于社会的发展，作为重要职官的司徒所管事务繁多，职掌内容渐趋丰富而复杂。我们根据相关文献和金文，将司徒的职掌分为以下几个方面：

---

① 毛公传，郑玄笺，孔颖达等正义：《毛诗正义》卷十六《大雅·绵》，阮元校刻《十三经注疏》本，第 510 页。

② 徐元诰撰，王树民、沈长云点校：《国语集解·周语上》，第 24 页。

③ 孔安国传，孔颖达等正义：《尚书正义》卷十一《牧誓》，阮元校刻《十三经注疏》本，第 183 页。

④ 郭沫若：《周官质疑》，《郭沫若全集》"考古编"第五卷。

⑤ 杨树达：《彝铭与文字》，《积微居小学述林》卷五《通考文字之属下凡六篇》，第 165—170 页。

⑥ 杨树达：《司徒、司马、司空释名》，《积微居小学述林》卷六《故书古史杂考之属凡四十篇》，第 242—244 页。

⑦ 杨宽：《论西周春秋间的乡遂制和社会结构》，《古史新探》。

（一）神职

《戠簋》(《殷周金文集成》4255）云：

> 唯正月乙子（巳），王各（格）于大室。穆公入右（佑）戠，立中廷（庭），北卿（向）。王曰：“戠，令女（汝）乍（作）嗣（司）土（徒），官嗣（司）耤（藉）田。易（赐）女（汝）戠（织）衣、赤⊖市（韍）、䜌（銮）旗、楚走马，取征（征）五寽，用事。”戠拜䭫（稽）首，对扬王休，用乍（作）朕文考寶（宝）簋，其子子孙孙永用。

戠簋的年代大致在西周中后期。《戠簋》记王命戠做司土（徒），管理籍田。王室司徒管理籍田，乃是其神职的遗留，并非管理一般意义上的土地。“籍田”不是一般的土地，而是与社神有关的具有特殊神圣意义的土地。司徒掌管籍田，实为司土（徒）神职的遗留。

（二）礼职

根据《国语·周语上》的记载，举行籍田礼前，“王乃使司徒咸戒公卿百吏庶民”，在籍田礼中“司徒省民”。《左传》襄公九年亦云“庶人力于农穑”。西周春秋时的“民”“庶民”“庶人”是农业的主要生产劳动者。[①] 在籍田礼中“司徒省民”，所以司徒也就可以合乎情理地掌管耕作籍田的民众。

西周初期，分封诸侯。《左传》定公四年记周分封卫国时分康叔“殷民七族……聃季授土，陶叔授民”。杜预注曰：“聃季，周公弟司空……陶叔，司徒。”[②] 孔颖达疏曰：“《周礼》司空主土，司徒主民。知聃季授土，为司空也；

---

① 王玉哲：《西周春秋时的“民”的身份问题》，《南开大学学报》1978 年第 6 期。

② 杜预注，孔颖达等正义：《春秋左传正义》卷五十一“定公四年”，阮元校刻《十三经注疏》本，第 2135 页。

下陶叔授民，为司徒也。”[①] 司徒在周王举行分封诸侯礼时负责“授民”，源于司土（徒）掌管土地的神职，象征这块土地上的民众也被授给了诸侯，有明显的礼职色彩。

（三）民职

司徒负责教化民众。《尚书·尧典》云：

> 帝曰：“契，百姓不亲，五品不逊，汝作司徒，敬敷五教，在宽。”

尧帝让契做司徒，对百姓实行五种教化。《尚书·尧典》所记，当有所据。司徒由于掌管土地，进而掌管土地上的民众，所以对这些民众进行教化。由于西周实行礼乐制度，重视教化，所以掌管民众的司徒自然更多地担负起对民众进行教化的任务。《尚书·周官》云：“司徒掌邦教，敷五典，扰兆民。”周王朝立司徒之官，掌管国家教化，颁布五典，教化百姓。司徒有管民之属官，如《逸周书·尝麦解》和《史颂鼎》《令彝》提到的“里君”，以及《𩞁簋》提到的“里人”，应当都是司徒的属官。

王室司徒管理籍田。沈长云认为，《𢦏簋》中司徒“‘官司耤田’可认作是管理庶民们在耤田上助耕”[②]。籍田需要大量的劳动者，所以司徒管理的是籍田和籍田上的劳动者这样一个整体。

王室司徒管理山林泽牧。《免簠》（《殷周金文集成》4626）云：

> 隹（惟）三月既生霸乙卯，王才（在）周，令（命）免乍（作）司土（徒），𤔲（司）奠（郑）还𪲔（林）、眔吴（虞）、眔牧，女（赐）戠（织）衣、䜌（銮）。对扬（扬）王休，用乍（作）旅𩰫彝，免其万（万）年永宝（宝）用。

① 杜预注，孔颖达等正义：《春秋左传正义》卷五十一“定公四年”，阮元校刻《十三经注疏》本，第2135页。

② 沈长云：《周代司徒之职辨非》，《中国史研究》1985年第3期。

西周金文《免簠》记周王任命免做司徒。司徒掌管土地，进而延伸到掌管土地上的山林泽牧。山林泽牧需要大量的劳动者。王室司徒实际上管理山林泽牧和这些劳动者。从这个角度说，这和司徒管理籍田的情形有些类似。司徒有管理山林泽牧之属官，例如山虞、林衡、牧人、场人。这有金文《免簠》《南宫柳鼎》相关记载的有力证明。

（四）军职

周王朝的军队中设置有司徒。西周金文《曶壶》(《殷周金文集成》9728）云：

> 唯正月初吉丁亥，王各（格）于成宫。井公内（入）右（佑）曶，王乎（呼）尹氏册令（命）曶，曰："更乃且（祖）考，乍（作）冢嗣土（徒）于成周八𠂤（师）。易（赐）女（汝）秬鬯一卣、玄衮衣、赤巿、幽黄（衡）、赤舄、攸（鋚）勒、(䜌）銮旗，用事。"曶拜手䭫（稽）首，敢对扬天子不（丕）显鲁休令（命），用乍（作）朕文考厘公尊壶。曶用匄万年眉寿，永令（命）多福，子子孙孙，其永宝用。

《曶壶》大意是，周王命曶做冢司徒，管理成周八师。成周八师是西周王朝的一支非常重要的军队。随着西周中期以来，外患增多，司徒还率兵打仗。如周昭王时代的《司土斧》云："䖒，司土（徒）北征蒿卢。"司徒参与军队的管理，是其管理民众职能的延伸。

以上司徒职掌的四个方面，率皆没有离开民众，也就是劳动者。司徒职掌的民众主要指平民，包括国人和庶民。"国人"的范围，指国都中的士、农、工、商之人[①];"国人"的主体，是居于国中的士[②]。"庶民"又称庶人，主要从事生产劳动，如《左传》襄公九年云"庶人力于农穑"。周代的国人和庶民属于

---

① 童书业:《春秋左传研究》，第132—146页。

② 赵世超:《周代国野制度研究》，陕西人民出版社，1991年，第55—64页。

平民，主要从事生产劳动，是周代社会“最主要的社会劳动者”①。可以这样说，司徒的主职是管理民众。②司徒掌管民众，所以也就掌管民事，包括民众的劳役。《国语·周语中》记单子曰：“周之《秩官》有之曰：‘敌国宾至……司徒具徒……’”别国宾客至，司徒负责征发徒役修理道路。

三、周代司徒的地位

在周武王征伐商纣、建立周王朝的过程中，司徒曾以军职出现。《尚书·牧誓》云：

> 王曰：“嗟！我友邦冢君，御事，司徒、司马、司空，亚旅、师氏，千夫长、百夫长……称尔戈，比尔干，立尔矛，予其誓！”

在征伐商纣的过程中，周的官员几乎全部出动，跟随周王参加战争。司徒、司马、司空的地位皆不算高，仅在亚旅、师氏，千夫长、百夫长等之上。

《尚书·梓材》反映周初封卫史实，其云：“汝若恒，越曰：‘我有师师、司徒、司马、司空、尹、旅。’”司徒、司马、司空地位在所列职官中处于中等，与《尚书·牧誓》所云接近。

在西周中前期国家职官系统中，司徒或被认为属于“三事”之列。《尚书·立政》③云：

---

① 晁福林：《论周代国人与庶民社会身份的变化》，《人文杂志》2000 年第 3 期。

② 沈长云《周代司徒之职辨非》回顾了学术史上关于周代司徒主要职掌的讨论，结合文献和金文，指出“司徒主管民事”。参见沈长云：《周代司徒之职辨非》，《中国史研究》1985 年第 3 期。

③《尚书·立政》：“王左右常伯、常任、准人、缀衣、虎贲。……宅乃事，宅乃牧，宅乃准，兹惟后矣。”顾颉刚说：“这些官是经常跟随在周王的左右的。其中‘缀衣’即后世的‘尚衣’，掌管王的衣服，‘虎贲’护卫王的安全，都只是近侍小官。还有上面三位，看下文说：宅乃事，宅乃牧，宅乃准，兹惟后矣。可以知道他们都是高级的官吏：‘准’的意义是公平，‘准人’当是司法的长官；‘任’是执掌政务的长官，故云‘事’；‘伯’是管理民事的长（转下页）

……以敬事上帝，立民长伯。立政：任人、准夫、牧，作三事。虎贲、缀衣、趣马小尹、左右携仆、百司庶府。大都小伯、艺人、表臣、百司、太史、尹伯，庶常吉士。司徒、司马、司空、亚旅。夷微、卢烝。三亳阪尹。

翦伯赞认为，“三事”为司徒、司马、司空。[①]于省吾认为，“三事犹《诗》言‘三有事’，国之三卿：司徒、司马、司空也”[②]。郭沫若曾认为，“‘司徒、司马、司空’，其职为大夫，《小雅·雨无正》称‘三事大夫’，《书·立政》序司徒、司马、司空于‘太史、尹伯、庶常吉士’之下，《牧誓》序之于‘友邦冢君、御事’之下，均其证”[③]。《诗经·小雅·雨无正》云：“周宗既灭，靡所止戾。正大夫离居，莫知我勚。三事大夫，莫肯夙夜。邦君诸侯，莫肯朝夕。”据上所论，则司徒或属于《诗经·小雅·雨无正》所云“三事大夫”之列。

《尚书·周官》有一段关于周代官制的记载：“立太师、太傅、太保，兹惟三公。论道经邦，燮理阴阳。官不必备，惟其人。少师、少傅、少保，曰三孤。贰公弘化，寅亮天地，弼予一人。冢宰掌邦治，统百官，均四海。司徒掌邦教，敷五典，扰兆民。宗伯掌邦礼，治神人，和上下。司马掌邦政，统六师，平邦国。司冠掌邦禁，诘奸慝，刑暴乱。司空掌邦土，居四民，时地利。”周王建立官制：立太师、太傅、太保，此为三公；又立少师、少傅、少傅，辅助三公；立冢宰，掌管国家的治理，统率百官，均平四海；立司徒，掌管国家

（接上页）官，故云‘牧’。古籍简奥，它的意义固难确定，但这三个官必然是最高的行政长官，可能即是王朝的‘司徒、司马、司空’，也即是金文里的‘三有事’。”顾颉刚将王朝的“司徒、司马、司空”视为最高行政长官，似乎与周初情况有一定差距，但认为“司徒、司马、司空”在周朝政权体系中比较重要则大致不差。参见顾颉刚：《周公制礼的传说和〈周官〉一书的出现》，《文史》（第6辑）。

① 翦伯赞：《中国史纲要》（第一册），人民出版社，1979年，第42页。

② 于省吾：《双剑誃吉金文选》，中华书局，1998年，第162—163页。

③ 郭沫若：《金文丛考》，人民出版社，1954年，第55—56页。后来他又改变了这一看法，认为“三事”是政务官、事务官、地方官的总称，三者分别为准、夫、牧。郭沫若：《中国史稿》（第一册），人民出版社，1962年，第125页。

教化，颁布五典，教化百姓。与司徒平行的官，还有宗伯、司马、司寇和司空。《尚书·周官》中的司徒，其上有冢宰，冢宰之上有三公、三孤。虽然学者们对于包括《周官》在内的古文《尚书》诸篇多有争议[①],但是从对司徒的记载来看,《尚书·周官》的这部分内容还是比较符合周初实际情况的。以三公为例，周初三公——太师姜尚、太傅周公和太保召公，他们为执政卿士，位高权重，其级别在包括司徒在内的一般官员之上。

初创时期的周王朝还保留着一定的神权政治的特色，神职官员地位较高。周初司徒虽然也具有神职色彩，但是由于负责具体民事事务，所以在整个西周初期到中期，总体来说政治地位还是比较低的，更多地属于“三事大夫”之列，即负责具体事务。司徒似乎距离卿士这样的高级别官员还有一定距离。

但是到了西周后期，西周王朝为了扩大兵源和收取更多的赋税，民众受到更多的重视，因而掌管民众的司徒受到特别的重视。《史记·郑世家》云：“郑桓公友者……幽王以为司徒。和集周民，周民皆说，河雒之间，人便思之。”司徒郑桓公是西周晚期幽王时期人，位高权重，为王朝执政卿士。

西周王朝在大部分时间里繁荣昌盛，王室也处在有权威时期，诚如《论语·季氏》所云“礼乐征伐自天子出”。西周后期，从敬神保民到重民重利，由稳定繁荣到外患不断。司徒在这个社会舞台上扮演了重要角色。王室司徒的地位经历了由低到高，由一般卿大夫到执政卿士的过程。东周王室司徒大体上当是西周王室司徒的延续，但是因为史料阙载，不可详考。

上述分析表明，要以发展的眼光来看待司徒，才能对相关问题有清楚的认识。司徒的类别可分为王室司徒、诸侯国司徒和军队之司徒。司徒的职掌在性质上既有神职、礼职又有民职、军职，以民职为主；在内容上经历了由简单渐趋丰富与复杂。从西周初年到西周末年，司徒的地位逐渐有提高的趋势。总之，随着周代社会的发展，司徒的地位、职掌和属官也随之变化。

---

① 《周官》是古文《尚书》的一篇。古文《尚书》的成书年代和可靠性是一个复杂的问题，不应该一概而论，应该具体情况具体分析。

第二节　司徒与周代分封的重民观念

——从《涾嗣徒遂簋》说起

《涾嗣徒遂簋》是周初重要铭文，涉及司徒参与周初封卫史实，对于研究司徒与周代分封、宗法的相关问题非常重要。下面结合《涾嗣徒遂簋》试做分析。

一、《涾嗣徒遂簋》补说

《涾嗣徒遂簋》云：

> 王朿（来）伐商邑，征令康矦（侯）啚于卫。涾嗣（司）土（徒）遂眔啚，乍（作）厥考尊彝，[illegible]。

涾嗣徒遂簋铭文

涾嗣徒遂簋是西周成王时器。[1]铭文记载了周王征伐商邑，乃令康叔于卫建国；涾嗣土（徒）遂参加了分封卫国的典礼仪式。涾嗣徒遂后来为自己的父亲做了礼器并记此事。

关于“啚”字的解释，专家有不同的观点。陈梦家认为，“此康侯图当是康侯封：古文邦、封一字，图、鄙一字；《说文》‘邦，国也’，《广雅 · 释诂四》

① 陈梦家：《西周铜器断代》，第 11—14 页。

‘鄙，国也’。封与鄙当是一名一字”[1]。陈梦家以图（鄙）为康侯封之字。唐兰释啚（鄙）为“边境”。[2] 马承源认为：“古文啚、鄙一字。《广雅·释诂四》：‘鄙，国也。’此用为动词。”[3] 杨树达认为：“啚盖谓参与授封之典礼。”[4] 细绎铭文，两处“啚”既有相同含义，也有所区别。“康疾（侯）啚于卫”之“啚”当为“鄙”，通“国”，用作动词，有“建立侯国”之意；“渣嗣（司）土（徒）遙眔啚”之“啚”当具体指主持建立卫国的典礼及后续工作。渣嗣（司）土（徒）正是因为主持封卫典礼，所以认为这是一件十分光荣而重大的事情，故铭文于铜器。

关于渣嗣徒遙的身份，专家有不同的看法。陈梦家指出：“此器之‘渣’从水味声，应释作沬或沐。卜辞地支之‘未’或作‘木’，所以沐即沬：《说文》‘沬，洒面也’，‘沐，濯发也’，义既接近，声亦相同。地名之沬或作妹，所以沬司土即妹司徒。《酒诰》曰‘妹土司，尔股肱’很可能是‘妹司土，尔股肱’之误。同出土有沬伯遙诸器，则遙又为妹地之伯。其人为文王之子，余无可考。”[5] 观《尚书·酒诰》有语句：“王若曰：‘明大命于妹邦。……小子惟一妹土嗣，尔股肱，纯其艺黍稷，奔走事厥考厥长。’”陈梦家结合金文与《尚书》等认为渣嗣徒遙与康侯为兄弟。杨树达根据《左传》定公四年记卫祝佗说成王封康叔之事，认为渣嗣徒遙很可能是陶叔。[6] 唐兰认为渣嗣徒遙与康侯没有兄弟关系。[7] 根据《左传》定公四年的记载，周初封康叔卫时“聃季授土，陶叔授民”。杜预注曰：“陶叔，司徒。”[8] 孔颖达疏曰：“《周礼》司空主土，司徒主民。知聃季授土，为司空也；陶叔授民，为

---

① 陈梦家：《西周铜器断代》，第 13 页。

② 唐兰：《西周青铜器铭文分代史征》，中华书局，1986 年，第 28 页。

③ 马承源：《商周青铜器铭文选》（三），文物出版社，1988 年，第 20 页。

④ 杨树达：《积微居金文说》（增订本），中华书局，1997 年，第 223 页。

⑤ 陈梦家：《西周铜器断代》，第 13 页。

⑥ 杨树达：《积微居金文说》（增订本），第 223 页。

⑦ 唐兰：《西周青铜器铭文分代史征》，第 33 页。

⑧⑨ 杜预注，孔颖达等正义：《春秋左传正义》卷五十四“定公四年”，阮元校刻《十三经注疏》本，第 2135 页。

司徒也。”[9] 杜、孔从其职掌的角度推测聃季为司土、陶叔为司徒，是有相当道理的。由于卫国封地以殷遗民为主体，所以管理民众的司徒，可谓责任重大，故由康叔的兄弟陶叔担任，从而能有力地贯彻落实周王朝的治理殷商故地的政策。由此看来，《涾嗣徒逘簋》提及的主持周王朝分封卫国典礼的涾嗣徒逘，当为陶叔。

二、司徒主持周朝分封诸侯典礼

司徒主持周王分封诸侯典礼的原因和情形，当结合司徒一官的起源进行说明。司徒的产生与我国先民对土地长久进行神圣的崇拜和隆重的祭祀有关。《白虎通·社稷》云：

> 王者所以有社稷何？为天下求福报功。人非土不立，非谷不食。土地广博，不可遍敬也。……故封土立社，示有土也。

先民选定一块土地，作为居住生活的广大土地的象征，然后对其进行敬拜。所以先民对土神的崇拜和祭祀逐渐发展成为社祭。《说文·示部》云：“社，地主也。”社为祭祀土神而立。《淮南子·齐俗训》云：“有虞氏之祀，其社用土。”置社用土，正如晁福林所说：“古人常有‘封土为社’之说，甲骨文‘土’字作地上矗立的巨大土块之形，应即封土所成的社神形象。”[1] 所论甚是。

人们认为司掌土地的神即为“后土”，对后土的祭祀即为社祭，而负责这一祭祀的职官逐渐被称为司土（徒）。在西周前期的金文中，包括《涾嗣徒逘簋》，“司徒”写作“司土”，就显示了“司徒”在起源上与土神之间有密切的关系。

---

① 晁福林：《天玄地黄——中国上古文化溯源》，第 232 页。

根据《周礼·地官》的记载，大司徒在分封时主持诸侯的立社工作：

以天下土地之图，周知九州之地域广轮之数，辨其山林、川泽、丘陵、坟衍、原隰之名物；而辨其邦国都鄙之数，制其畿疆而沟封之，设其社稷之壝而树之田主。各以其野之所宜木，遂以名其社与其野。

关于“设其社稷之壝”，孙诒让指出：“此经设其社稷之壝，蒙上邦国都鄙为文，则大司徒所亲设者，当为大社、王社。其邦国以下国社、侯社、置社等，盖亦掌其法而颁之。”① 大司徒亲自设立周之大社、王社，并且主持建立诸侯之社。《周礼·地官》记小司徒的工作：“凡建邦国，立其社稷，正其畿疆之封。”孙诒让指出：“大司徒掌辨邦国之数，制其畿疆而沟封之，设其社稷之壝，此官佐其制设之事，亦命封人立之也。”② 作为大司徒的副职，小司徒具体执行建立诸侯之社。

在周人看来，社为祭祀土神设置，具有神圣的意义。周代分封时，对于土神要进行特别的祭祀。《周礼·春官》“大宗伯”云：“王大封，则先告后土。”孙诒让云：“‘王大封，则先告后土’者，谓封建诸侯也。”③ 周王封建诸侯，要在周社中祭祀后土即土神，意味着要将一部分土地和土地上的民众授予诸侯。

不仅如此，周王分封诸侯的仪式也在周社中进行，这在《宜侯夨簋》中即有体现：

隹（惟）四月，辰在丁未，王省武王、成王伐商图，征（延）省东或（国）图，王立（位）于宜，入土（社），南乡（向），王令虞侯夨曰：“繇！侯于宜……易（赐）土：厥川三百□，厥□百又廿，厥宅邑卅又五，厥□百又卌；易（赐）才（在）宜王人［十］又七生（姓），赐奠（甸）七伯，

① 孙诒让：《周礼正义》，第 693 页。
② 孙诒让：《周礼正义》，第 814 页。
③ 孙诒让：《周礼正义》，第 1418 页。

宜侯夨簋铭文

厥甶（卢）□又五十夫，易（赐）宜庶人六百又□六夫。”宜侯夨扬王休，乍（作）虞公父丁尊彝。

此处入土之“土”当释为社，社本是土神的象征。铭文记周王在查看了武王、成王伐商和东方的地图之后，进入社，命宜侯夨建侯国于宜。周王分封诸侯的主要内容即授民授土，因此在具有神圣意义的社中举行无疑是合乎情理的。

周代在社中举行分封诸侯仪式之事，在文献中也有记载。《逸周书·作雒解》云：

诸侯受命于周，乃建大社于国中。其壝东青土、南赤土、西白土、北骊土，中央亹以黄土。将建诸侯，凿取其方一面之土，苞以黄土，苴以白茅，以为土封，故曰受列土于周室。

周王朝建有大社，社内中央置黄土，四周有青、赤、白、骊土。在周大社中举行分封诸侯的仪式时，负责官员“凿取其方一面之土”，授予诸侯，让其立社，意味着该诸侯拥有了周王分封的土地及土地上的民众。

主管民众的司徒不仅为周王分封的诸侯立社，而且主持周王分封诸侯的典礼，具有极强的象征意义。这意味着诸侯拥有了受封的土地和土地上的民众，恰恰体现了周王朝对民众的重视。这对于卫国和濬嗣徒迻也是如此。濬嗣徒迻作为卫国管理民众的主管官员，主持周王分封康叔建立卫国的典礼，代表卫国接受周天子所授予的土地上的民众，表现了对卫国以殷遗民为主体的民众的重视。

三、司徒与周代分封中的重民观念

从《左传》定公四年的记载，也可以看出周初分封对民众的重视：

> 昔武王克商，成王定之，选建明德，以蕃屏周。故周公相王室，以尹天下，于周为睦。分鲁公以大路、大旂，夏后氏之璜，封父之繁弱，殷民六族，条氏、徐氏、萧氏、索氏、长勺氏、尾勺氏。使帅其宗氏，辑其分族，将其类丑，以法则周公，用即命于周。是使之职事于鲁，以昭周公之明德。分之土田陪敦，祝、宗、卜、史，备物、典策，官司、彝器。因商奄之民，命以《伯禽》而封于少皞之虚。分康叔以大路、少帛、綪茷、旃旌、大吕，殷民七族，陶氏、施氏、繁氏、锜氏、樊氏、饥氏、终葵氏；封畛土略，自武父以南及圃田之北竟，取于有阎之土以共王职，取于相土之东都以会王之东蒐。聃季授土，陶叔授民，命以《康诰》而封于殷虚。皆启以商政，疆以周索。分唐叔以大路、密须之鼓、阙巩、沽洗，怀姓九宗，职官五正。命以《唐诰》而封于夏虚，启以夏政，疆以戎索。

从上文可以看出，周代分封诸侯授予的主要包括土地、民众及官司、彝器等。这里最引人注目的是土地、民众两项。周代分封诸侯国的时候，土地只是一个宽泛的范围。例如，鲁公受封的“少皞之虚（墟）”，是指鲁都曲阜及其周围地区，但是它的四至十分模糊，没有明确的界定；康叔受封“自武父以南，及圃田之北竟”，唐叔受封“夏虚（墟）”，皆是周王朝指定一个大体的地域范围，但具体地域边界比较模糊。然而民众的数目是很具体的：“分鲁公以殷民六族”“分康叔……殷民七族”“分唐叔……怀姓九宗”。这些民众成为刚刚建立的诸侯国得以立足发展的不可或缺的重要力量。许倬云说：“西周分封并不只是周人殖民队伍分别占有一片东方的故地，分封制度是人口的再编组，每一个封君受封的不仅是土地，更重要的是分领了不同的人群。”[①] 周康王时期的《大盂鼎》提及分封时说“受（授）民受（授）疆土”。周王朝“分封时所举行的授民授疆土的仪式，表示新的诸侯国拥有土地和民众的权力”[②]。“周代分封，土地和民众两项并列，并且更为重视民众”[③]。从周初的情况来看，地广人稀，而只有拥有了一定数量的劳动力，开发土地和建设国家才会变得可能，因此对诸侯国来说，民众是最宝贵的。周代分封诸侯，让人容易首先想到土地，实际上民众更重要，这其中就蕴含重民的观念。

这种观念到春秋时期仍然如此，即一个人接受了上天授予的一块土地，意味着接受了上天将民众授予该人来治理的天命和权力。《左传》僖公二十三年记载：

> 过卫，卫文公不礼焉。出于五鹿，乞食于野人，野人与之块。公子怒，欲鞭之。子犯曰：“天赐也。”稽首受而载之。

杜注云：“得土，有国之祥，故以为天赐。”[④] 子犯以为，晋国公子重耳得到土块其将得到上天授予的民众而成为国君。这实与西周分封重民的观念一脉相承。

① 许倬云：《西周史》（增订本），第155页。

② 晁福林：《夏商西周的社会变迁》，第267页。

③ 晁福林：《夏商西周的社会变迁》，第357页。

④ 杜预注，孔颖达等正义：《春秋左传正义》卷十五“僖公二十三年”，阮元校刻《十三经注疏》本，第1815页。

周代国家在分封诸侯时十分重视民众，并对民众依据宗法制进行了组织。根据《左传》定公四年的记载，周王在分封鲁国的时候给予鲁公殷民六族，“使帅其宗氏，辑其分族，将其类丑”，显系在这些“殷民”中推行宗法制。在分封诸侯的过程中，周王朝对包括“殷民”在内的民众进行了重新整编，而这项工作当然由主管民众的司徒具体负责完成。“这些传统的氏族纳入周的分封制以后，逐渐转化成为宗族组织，以适应新的社会形式”①，从而引起社会结构的巨大变化，“随分封制而兴起的宗族成为社会上最基本的组织单位”②，进而使国人和庶人主要生活在宗族之内，并通过宗族“与政治发生了密不可分的关系”③。

分封制和宗法制的推行对周代乃至古代社会的发展产生了重大而深远的影响，而主管民众的司徒是推动这个宏大社会进程的重要职官之一。

第三节　司徒与西周籍田制的变化

——从《𢦚簋》看司徒对籍田的掌管

司徒在西周时期的金文中有时也写作“司土”，《𢦚簋》即为一例。《𢦚簋》关于司土（徒）“官司耤（藉、籍）田”④的记载，集中体现了周代司徒职掌的复杂性，具有重要的学术价值。学术界对此进行了比较深入地研究，但是仍然有可以讨论的余地。本部分拟在前贤时哲研究的基础上，结合相关文献，对《𢦚簋》铭文所记司土（徒）的职掌再做进一步探讨。

---

① 晁福林：《夏商西周的社会变迁》，第 268 页。

② 晁福林：《先秦社会形态研究》，第 55 页。

③ 晁福林：《试论宗法制的几个问题》，《学习与探索》1999 年第 4 期。

④ 金文“耤田”之耤字，先秦文献中写作“籍”字，如《国语·周语上》云“宣王即位，不籍千亩”；又有时写作藉，如《礼记·祭义》云“是故昔者天子为藉千亩”。本书除引用他文外，通常从“籍”字。

一、《𢦚簋》司土（徒）“官司耤（藉、籍）田”

关于西周𢦚簋的具体年代，说法不一。郭沫若认为在宣王之世。[①] 陈梦家认为在共王时代，其根据主要是𢦚簋器饰瓦文，乃穆王、共王时流行的纹饰。[②] 马承源认为是孝王时器。[③] 陈梦家以器饰瓦文作为根据，所以其说法可能更确切些。《𢦚簋》云：

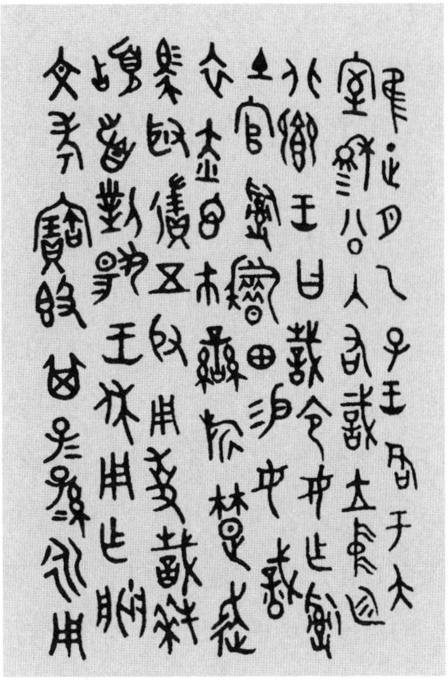

𢦚簋铭文

> 隹（惟）正月乙子（巳），王各（格）于大室。穆公入右（佑）𢦚，立中廷（庭），北鄉。王曰：“𢦚，令女（汝）乍（作）司土（徒），官司耤（藉、籍）田。……”𢦚拜稽首，對（对）扬王休，用乍（作）朕文考寶（宝）簋，其子子孙孙永用。

《𢦚簋》记周王命𢦚做司土（徒），管理籍田；穆公为佑，并有赏赐。铭文中的穆公是“西周穆恭时期人……任周王朝大尹”[④]。𢦚与穆公大体生活在同一时代，也是穆王、恭王（也作“共王”）时期的人。

《𢦚簋》中关于司土（徒）“官司耤（藉、籍）田”的内容，弥补了文献记

① 郭沫若：《两周金文辞大系图录考释》（下），第 150 页。

② 陈梦家：《西周铜器断代》，第 176 页。

③ 马承源：《商周青铜器铭文选》（三），第 231 页。

④ 吴镇烽编：《金文人名汇编》，中华书局，1987 年，第 309 页。

载的不足，为我们深入研究司徒提供了难得的宝贵资料。西周初、中期的金文中记载了“司土”职官，如《免簠》。郭沫若考定免簠是懿王时期器。[①]《免簠》云：“隹（惟）三月既生霸乙卯，王才（在）周，令（命）免乍（作）司土（徒），司奠還（还）林、眔吴（虞）、眔牧。”西周后期金文中，多以“司徒”代替“司土”。如厉王时期的《扬簋》云：“司徒单白（伯）内（入）右（佑）扬，王乎（呼）内史史先册令（命）扬……”再如宣王时期的《无惠鼎》云：“王各（格）于周庙……司徒南中（仲）右（佑）无惠内（入）门，立中廷（庭）。”为什么会出现这种变化呢？以前学者们多从文字通假的角度进行解释，并在此基础上讨论司土（徒）的职责。郭沫若说：“司徒之官，凡器之较古者均作司土……其所职司之事之可知者有藉田。”[②]（原文即用此“藉”字，本书下面引文中用“藉”字的，与此同例。）杨树达根据《散氏盘》《𢦏簋》等认为“司土本掌土地”[③]，而司徒“古官名本为司土，徒乃假字”[④]。杨宽认为：“司徒原为掌管土地之官，有的专门掌管藉田。”[⑤]但是沈长云认为：“司徒的徒并非土的借字，相反，土才是徒的借字。”[⑥]可以看出，学者们从“土”与“徒”哪个是借字的角度去考虑问题。然而张亚初、刘雨强调：“土之作徒，单纯是同音假借字，还是另有一定的思想意识内涵，这个问题是应该引起我们的重视的。”[⑦]这一说法很有启发。

要想更加准确地理解司土（徒）“官司耤（藉、籍）田”的含义和金文中从“司土”到“司徒”的变化所蕴藏的内涵，就需要重新认识司徒在周代籍田礼中扮演的角色。

---

① 郭沫若：《两周金文辞大系图录考释》（下），第90页。

② 郭沫若：《周官质疑》，《郭沫若全集》“考古编”第五卷《金文丛考》。

③ 杨树达：《司徒、司马、司空释名》，《积微居小学述林》卷六《故书古史杂考之属凡四十篇》。

④ 杨树达：《彝铭与文字》，《积微居小学述林》卷五《通考文字之属下凡六篇》。

⑤ 杨宽：《论西周春秋间的乡遂制和社会结构》，《古史新探》。

⑥ 沈长云：《周代司徒之职辨非》，《中国史研究》1985年第3期。

⑦ 张亚初、刘雨：《西周金文官制研究》，第8页。

二、司徒的神职和礼职特点

西周时期，周天子和诸侯都有籍田。《礼记·祭义》云：

> 是故昔者天子为藉千亩，冕而朱纮，躬秉耒；诸侯为藉百亩，冕而青纮，躬秉耒。以事天地、山川、社稷、先古，以为醴酪齐盛，于是乎取之，敬之至也。

孙希旦指出："藉，藉田也。……稷曰明齐。盛，谓盛之于簋也。祭祀兼有黍、稷，言'齐盛'者，以稷为主也。"[①] 周天子有藉（籍）田千亩，诸侯有藉（籍）田百亩。周天子和诸侯祭祀诸神，所用黍、稷就是来源于籍田的收获成果。

周天子和诸侯的籍田各有其位置。《礼记·祭统》云："是故天子亲耕于南郊以共齐盛……诸侯耕于东郊亦以共齐盛。"周天子亲自在南郊耕种籍田，诸侯在东郊耕种籍田，用以供祭祀用粮。由此可知周天子的籍田在京城南郊，诸侯的籍田在国都东郊。

在籍田收获的果实有重要的用途。《礼记·月令》云："（孟春）乃择元辰，天子亲载耒耜……帅三公、九卿、诸侯、大夫躬耕帝藉。"郑注云："帝藉，为天神借民力所治之田也。"贾疏云："藉田之谷，众神皆用，独言帝藉者，举尊言之。"《礼记·月令》此语及其注疏提及藉（籍）田收获的果实是用于祭祀诸神。《国语·周语上》云：

> 夫民之大事在农，上帝之粢盛于是乎出，民之蕃庶于是乎生，事之供给于是乎在，和协辑睦于是乎兴，财用蕃殖于是乎始，敦庞纯固于是乎成……

---

① 孙希旦：《礼记集解》，中华书局，1989 年，第 1222 页。

在西周社会，农业生产是百姓最重要的事情，祭祀上天之神和人民生活、社会发展等事项所需要的资源基本上直接或者间接依赖在籍田上劳作获得的果实。并且《国语·周语上》说如果籍田不耕，那么会“匮神之祀而困民之财”。《礼记·月令》《国语·周语上》及前文引《礼记·祭义》之语有相近之处，皆提及周天子和诸侯的籍田收获的果实重要的用途之一是祭祀诸神。关于这一点，杨宽也曾指出：“古时‘籍田’上的收获，按礼是要用于祭祀的。”①

籍田之处建立有和土神有关的社。孙诒让指出：

> 王社所在，经无见文。……崔氏云：“‘王社在藉田，王自所祭以供粢盛。’今从其说。故《诗·颂》云‘春藉田而祈社稷’是也。”②

社在古人心目中是土神的代表。周天子籍田之处设有王社，就是为了求得土神的保护获得丰收。

在当时人看来，举行籍田礼是对土神的礼敬和尊重。例如，《诗经·小雅·甫田》云：

> 倬彼甫田，岁取十千。我取其陈，食我农人。……以我齐明，与我牺羊，以社以方。

这是周王祭祀土地神、农神等神的祈年乐歌。诗文大意是，用大田收获的果实盛满粮仓；取出一些陈粮给农夫，并将黍稷献于社神和四方神。概而言之，周天子举行籍田礼所用的这块土地与祭神相联系，并不是一般的种植庄稼的农田，而具有特殊的地位，在当时的社会观念中有十分严肃神圣的意义。《诗经·颂·载芟》“诗序”即云“春藉田而祈社稷也”，周天子在春天率领群臣举行籍田礼祭祀土神以祈求丰收，借此体现对农业生产的重视。

---

① 杨宽：《西周史》，上海人民出版社，2003年，第272页。

② 孙诒让：《周礼正义》，第693页。

司徒作为文武百官中重要的一员参加籍田礼的准备和举行过程。《国语·周语上》云：

> 古者，太史顺时觑土，阳瘅愤盈，土气震发，农祥晨正，日月底于天庙，土乃脉发。
>
> 先时九日，太史告稷曰："自今至于初吉，阳气俱蒸，土膏其动。弗震弗渝，脉其满眚，谷乃不殖。"稷以告王曰："史帅阳官以命我司事曰：'距今九日，土其俱动，王其祗祓，监农不易。'"王乃使司徒咸戒公卿、百吏、庶民，司空除坛于籍，命农大夫咸戒农用。
>
> 先时五日，瞽告有协风至。王即斋宫，百官御事各即其斋三日。王乃淳濯飨醴。及期，郁人荐鬯，牺人荐醴，王裸鬯，飨醴乃行，百吏、庶民毕从。

从这一记载可以看出，在西周时期，太史按时观察土情，依照时令节气确定举行籍田礼的时间；立春前九天，太史向农官后稷报告应抓紧时间举行籍田礼；后稷向周天子报告说土地适宜举行籍田礼和进行农事劳作了。于是周天子命司徒告诫三公、九卿、百官和庶民做好准备，命司空在籍田上建造祭坛，命农大夫通知农夫准备好农具。到立春前五天，乐师报告有春风将来，周天子便举行斋戒，百官各治其事，并举行斋戒。到了祭祀那天，天子酌酒浇地祭告农神，祭祀礼毕，饮祭酒，然后出发，百官、平民跟随其后。籍田礼由周天子率领百官、民众一起参加，说明这一礼仪的规格颇高。根据《国语·周语上》所云，细绎籍田礼准备过程中诸官的分工情况，司徒奉周天子之命"咸戒公卿、百吏、庶民"，可见司徒在籍田礼准备过程中地位之高，是准备籍田礼的主要负责官员之一。

《国语·周语上》又云：

> 是日也，瞽帅音官以省风土，稷则遍诫百姓，纪农协功，曰："阴阳分布，震雷出滞。"土不备垦，辟在司寇。乃命其旅曰："徇。"农师一之，农正再之，后稷三之，司空四之，司徒五之，太保六之，大师七之，太史

八之，宗伯九之，王则大徇。耨获亦如之。廪于籍东南，钟而藏之，而时布之。民用莫不震动，恪恭于农，修其疆畔，日服其镈，不解于时，财用不乏，民用和同。

举行籍田礼这一天，乐师、乐官凭借音律审听风气土宜。在籍田东南建有粮仓，囤积收藏粮谷，到春耕时分发给农夫做种子。后稷告诫全国民众，要齐心协力从事农业生产，命令众人开始劳作。顺序是农师第一，农正第二，后稷第三，司空第四，司徒第五，太保第六，大师第七，太史第八，宗伯第九，然后天子履行亲耕仪式。在举行籍田礼的过程中，司徒应该负责组织人们完成籍田上的劳动工作，这也说明了司徒的职责相当重要。

从上文引述的《国语·周语上》的文字可以看出，在准备籍田礼的工作中，对籍田所在的这块土地的观察和了解是非常重要的，“太史顺时觇土”，就是要注意到和土地相关的各种事宜；在举行籍田礼前天子和百官还要进行沐浴斋戒，祭祀农神；对于用于举行籍田礼的这块土地，瞽帅、乐官以音律省土风，风气和则土气养；不仅庶民，而且从农师到周天子都要参加劳动。这些用于举行籍田礼的土地不同于一般的农田，从一个侧面印证了上文提及的周天子举行籍田礼所用的这块土地具有十分特殊的地位和严肃神圣的意义。

在籍田之处举行籍田礼体现了对土神的礼敬和尊重，并且此籍田上收获的果实的重要用途之一是祭祀诸神，而司徒是准备和举行籍田礼的主要负责官员之一，因此可知司徒势必会熏染上一定的神职色彩。

司徒是准备和举行籍田礼的主要负责官员之一，因此在籍田礼的举行过程中，司徒的礼职色彩比较明显。举行籍田礼起到了“民用莫不震动，恪恭于农，修其疆畔，日服其镈，不解于时，财用不乏，民用和同”的作用。这表明，籍田礼具有社会教化的功能。《周礼》记司徒具有社会教化的职掌，可能与此有一定关系。

从《䣄簋》记载可知“司土（徒）”管理籍田，因此从某种意义上说，这是司徒神职和礼职的体现。

三、司徒的民职特点

更为重要的是，司徒具有显著的民职特点。从《国语·周语上》虢文公对籍田的叙述可以看出，籍田的收获有民事用途：

> 夫民之大事在农……民之蕃庶于是乎生，事之供给于是乎在，和协辑睦于是乎兴，财用蕃殖于是乎始，敦庬纯固于是乎成……
>
> ……民用莫不震动，恪恭于农，修其疆畔，日服其镈，不解于时，财用不乏，民用和同。
>
> ……若是，乃能媚于神而和于民矣，则享祀时至而布施优裕也。

民众的大事在于进行农业生产，民众依靠它提供生活用品，政事的费用需要它提供保障，团结和睦的局面由此才能形成，国家财富在这个基础上增长，国力也由此变得强大。举行籍田礼能使民众积极热情地从事农业生产，这样国家财用才会充裕，百姓也会和睦相处；举行籍田礼能受到百姓的欢迎，百姓的财用也会变得十分充裕。籍田礼的功能，最终归结于它带来的社会效果。这也从一个侧面反映了司徒具有的民职特点。

《国语·周语上》云：

> 及籍，后稷监之，膳夫、农正陈籍礼，太史赞王，王敬从之。王耕一坺，班三之，庶民终于千亩。其后稷省功，太史监之；司徒省民，大师监之；毕，宰夫陈飨，膳宰监之。膳夫赞王，王歆太牢，班尝之，庶人终食。

在举行籍田礼过程中，“王耕一坺，班三之”，周王和百官的劳动，是象征性的；“庶人终于千亩”，最终由庶民完成籍田的工作；在籍田上耕作的过程中，“司徒省民”，即司徒负责管理庶民劳动的工作。周代是农业社会，农业是社会经济的基础。周代社会管理庶民劳动的工作即由司徒负责。因此《𢦚簋》记载的司土（徒）“官司耤（藉、籍）田”也是对司土（徒）管理庶民劳动这一民职特点的反映。

铭文中的“耤”字，颇值得注意。文献在提及“耤田”的时候，“耤”常作“藉”或者“籍”。《说文·耒部》云：“耤，帝耤千亩也。古者使民如借，故谓之耤。”又《周礼·天官冢宰》“甸师”郑注云：“藉之言借也。”孙诒让指出：

> 藉、籍并耤之借字，故郑《载芟》笺云：“籍之言借也，借民力治之，故谓之籍田。”孔疏及《周语》韦注亦同郑义。明藉、籍字虽乖异，义实一也。①

孙作云也认为“‘耤’的本义是借民力以耕田”②。这些学者认为“耤”的本义为“借”。但是“借”是否即为金文“耤”的本义，尚需要进一步的探讨。

关于“耤”（藉）字之义，还有另外一种说法。《汉书·文帝纪》颜注引臣瓒曰：“本以躬亲为义，不得以假借为称也。藉为蹈藉也。”③《后汉书·显宗孝明帝纪》李注引《五经要义》曰：“天子藉田，以供上帝之粢盛，所以先百姓而致孝敬也。藉，蹈也。言亲自蹈履于田而耕之。”④杨宽同意这种说法，认为“耤”“本来是躬亲耕作的意思”⑤。

“耤”有“耒”旁，当和生产工具相联系。徐中舒指出，“耤”字“象人侧立推耒，举足刺地之形”⑥。“耤”是在田地上耕作。陈梦家说：“卜辞的耤亦示

---

① 孙诒让：《周礼正义》，第 287 页。

② 孙作云：《诗经与周代社会》，中华书局，1966 年，第 101 页。

③ 班固撰，颜师古注：《汉书》卷四《文帝纪》，中华书局，1962 年，117 页。

④ 范晔撰，李贤等注：《后汉书》卷二《显宗孝明帝纪》，中华书局，1965 年，第 107—108 页。

⑤ 杨宽：《西周史》，第 278 页。

⑥ 徐中舒：《耒耜考》，《徐中舒历史论文选辑》，中华书局，1998 年，第 116 页。

耕作之义。”[①] 田地耕作非一人能完成，需要集体协作劳动。所以“耤”字之义和一种集体劳动的形式相联系。进入阶级社会后，“耤”的含义发生了变化。《孟子·滕文公上》云：“殷人七十而助……助者，藉也。”殷商时期，商王和贵族们的田地需要借助大量民力，这种“助”的方式也就是“藉”，即“借民力治之”。庶民成为生产劳动的主力，而商王和贵族们“躬亲耕作”只是一种象征。这种方式延续到西周时期。《礼记·王制》云：“古者公田藉而不税。”郑玄注：“藉之言借也。借民力治公田，美恶取于此，不税民之所自治也。”这就说明，“借民力治之”和“躬亲耕作”是“耤”的引申义。

司徒监督管理庶民的劳作，对籍田劳作过程的顺利完成，负有重要的职责。所以司土（徒）“官司耤田”可以理解为司土（徒）管理籍田和在籍田上劳动的民众。当然为了保证籍田的收获，首先要重视对人的管理。沈长云认为，《𢦏簋》记司土（徒）“‘官司耤田’可认作是管理庶民们在耤田上助耕”[②]。这一说法是很有道理的。

四、司徒管理籍田的属官

此处顺带提及司徒管理籍田的属官。《国语》中提到的“农正”和籍田礼有关，《国语·周语上》云：“及籍，后稷监之，膳夫、农正陈籍礼。”韦昭注：“农正，田大夫也。主敷陈籍礼而祭其神，为农祈也。”[③] 可知“农正”为田大夫。《诗经·豳风·七月》云：“三之日于耜，四之日举趾。同我妇子，馌彼南亩，田畯至喜。”《毛传》云：“田畯，田大夫也。”[④] 可知“田畯”指田大夫。《诗经·小雅》中的农事诗《甫田》和《大田》也提到“田畯”。《国语·周语

① 陈梦家：《殷虚卜辞综述》，中华书局，1988 年，第 540 页。

② 沈长云：《周代司徒之职辨非》，《中国史研究》1985 年第 3 期。

③ 徐元诰撰，王树民、沈长云点校：《国语集解·周语上》，第 18 页。

④ 毛公传，郑玄笺，孔颖达等正义：《毛诗正义》卷十六《国风·豳风·七月》，阮元校刻《十三经注疏》本，第 389 页。

上》云："王乃使司徒咸戒公卿、百吏、庶民，司空除坛于籍，命农大夫咸戒农用。"韦昭注："农大夫，田畯也。"[①]"农大夫"即指"田畯"，也就是田大夫。农正、田畯、田大夫和农大夫，都是司徒管理籍田的属官。

根据《周礼·天官》所记，"甸师"的职掌与籍田有关：

> 掌帅其属而耕耨王藉，以时入之，以共粢盛。祭祀，共萧茅，共野果蓏之荐。丧事，代王受眚灾。王之同姓有罪，则死刑焉。帅其徒以薪蒸役外、内饔之事。

"甸师"的职掌是负责籍田。甸师负责率领他的徒众耕种天子籍田，每年按照农时下地耕种，按时上交，以保证供应天子祭祀所用的谷物；遇有祭祀，供应艾蒿和茅草，以及野外所产的瓜果作为祭品；在王死后，向籍田之神祈祷，愿代后王承受所有过失和灾难。甸师的这些职掌，可以和《左传》中的"甸人"参照比较。

《左传》成公十年云："六月丙午，晋侯欲麦，使甸人献麦，馈人为之。"杨伯峻注云：

> 甸人，天子诸侯俱有此官，据《礼记·祭义》，诸侯有藉田百亩，甸人主管藉田，并供给野物。亦即《周礼·天官》之甸师。[②]

"甸人"负责管理籍田和提供祭祀用品，和前文所列甸师的前两项职掌基本相同。由此可见，《周礼·天官》中的甸师和《左传》等文献记载的甸人可能为类似的职官。"甸师"和籍田有关，或与亦掌土田的"田畯"相近。孙作云亦指出，"'甸师'即'田畯'一流人物……他们率领着属下……来耕、耨国

---

① 徐元诰撰，王树民、沈长云点校：《国语集解·周语上》，第 17 页。

② 杨伯峻：《春秋左传注》(修订本)"成公十年"，中华书局，1990 年，第 850 页。

王的‘耤田’”[①]，这个说法应该大致不差。

在《周礼》中，“甸师”为大宰的属官。孙诒让指出：“凡官联，有同官之联事，若司市、司门、司关为联事，同属地官是也。有异官之联事，若祭祀丧祭，六官之长为联事是也。异官之属亦多相与为联事，若《量人》云‘凡宰祭，与郁人受斝历而皆饮之’，是夏官之属与春官为联事也。……”[②]根据这一说法，则司徒与大宰的属官“甸师”在管理籍田方面为官联。

总之，上文根据籍田礼概括了司徒职掌的神职、礼职和民职特点，进而分析了《戠簋》记载的司土（徒）“官司耤（藉、籍）田”的含义，顺带提及司徒管理籍田的属官。应该说明的是，司徒职掌的这些特点在西周社会发展过程中并不是固定不变的。在西周后期，随着生产力的提高，贵族的经济有了很大的发展，他们对私田的开垦越来越重视。贵族们尽力扩大私田的面积，采用各种办法增加劳动者的数量并调动他们劳动的积极性。相比之下，由于劳动力数量的缺乏和劳动积极性的降低，籍田制变得很难维持，出现了被破坏的迹象。《诗经·齐风·甫田》云：“无田甫田，维莠骄骄”；“无田甫田，维莠桀桀”。此诗句可以形容这一现象：劳动者不愿去耕种公田，从而出现了公田荒芜的现象。在这样的社会背景下，西周国家不得不调整原来的土地制度，甚至连籍田礼也难以坚持举行。《国语·周语上》云：“宣王即位，不籍千亩。”韦昭注：“籍，借也。借民力而为之。天子田千亩，诸侯百亩，自厉王之流，籍田礼废，宣王即位，不复尊古也。”[③]随着籍田礼的逐渐废弃和籍田制的逐渐瓦解，也就无法谈及用籍田的收获祭祀诸神，所以司土（徒）的礼职和神职色彩逐渐消退。司土（徒）掌管的主要内容，由籍田、在籍田上劳动的民众变为以民众为主，因此其管理和教化民众的职责不但没有失去，反而得到加强。西周后期的金文中多以“司徒”代替“司土”，便是其职责变化的体现。

---

① 孙作云：《诗经与周代社会》，第 101 页。

② 孙诒让：《周礼正义》，第 164—165 页。

③ 徐元诰撰，王树民、沈长云点校：《国语集解·周语上》，第 15 页。

第四节　司徒与西周王室经济的关系

——以司徒对山林泽牧的管理为例

在西周社会发展中，山林泽牧作为重要的自然和经济资源，是西周王室经济的重要组成部分。[①] 根据《周礼·地官司徒》的记载，山虞、泽虞、林衡、牧人、场人等是司徒的属官，这些官员具有管理山林泽牧的职责，表明司徒在西周王室经济事务管理中发挥重要作用。

免簠铭文拓片

一、从西周金文中看“司徒”对山林泽牧的管理

司徒因为管理民众和土地，而山林泽牧既和土地相关，又需要相当数量的劳动力，从而具有了管理山林泽牧的职责。西周王室通过司徒掌管山林泽牧等自然资源。《免簠》云：

> 佳（惟）三月既生霸乙卯，王才（在）周，令（命）免乍（作）司土（徒），嗣（司）奠（郑）還歡（林）、罛吴（虞）、罛牧……

免簠是懿王时器。[②] 铭文记载王命免做司土（徒），管理“歡”“吴”“牧”。为了解此处“歡”“吴”“牧”的

① 沈长云：《金文所见西周王室经济》，《西周史研究》，《人文杂志丛刊》（第二辑），1984 年。

② 郭沫若：《两周金文辞大系图录考释》，第 90 页。陈梦家：《西周铜器断代》，第 182—183 页。

含义，可对照共、懿时期的《同簋》："王命同：差（佐）右（佑）吴（虞）大父，𤔲（司）昜（场）、林、吴（虞）、牧……"《同簋》记王命同佐吴大父（即虞大父[①]），负责管理"昜（场）""林""吴（虞）""牧"。郭沫若释《同簋》说："'𤔲昜林吴牧'，昜当读为场，《周礼》有场人。林，林衡。吴，虞，山虞泽虞之类。牧，牧人牧师之类。"[②]他据此释《免簠》说："'𤔲奠還𢼸眔吴眔牧'与《同簋》'𤔲昜（场）林吴牧，自淲東至于河，厥逆至于玄水'同例。"[③]这就是说，《免簠》中的"𢼸、吴、牧"即指《周礼·地官司徒》所说的"林衡、山虞（泽虞）、牧人"。陈梦家、杨树达、马承源等亦持相同的看法。[④]

周王室对军队驻扎地的山林泽牧非常重视。孝王时期的《南宫柳鼎》云：

> 隹（惟）王五月初吉甲寅，王才（在）康庙。武公右（佑）南宫柳，即立中廷（庭），北鄉（向）。王乎（呼）乍（作）册尹册命柳："𤔲（司）六𠂤（师）牧、陽（场）、大𡧊（友），𤔲（司）義夷陽（场）、佃史，赐女（汝）赤市、幽黄、攸（鋚）勒。"

南宫柳鼎铭文拓片

《南宫柳鼎》记载周王命南宫柳领导六师的牧人、场人、大友和義夷的场人、佃史。陈梦家指出，南宫柳当是武王时南宫

---

① 陈梦家：《西周铜器断代》，第 222 页。

② 郭沫若：《两周金文辞大系图录考释》，第 86—87 页。

③ 郭沫若：《两周金文辞大系图录考释》，第 90 页。

④ 陈梦家：《西周铜器断代》，第 182—183 页。杨树达：《积微居金文说》（增订本），第 101—102 页。马承源：《商周青铜器铭文选》（三），第 180 页。另外，唐兰释《免簠》中的"林"为"廪"，关于"吴""牧"的看法与上述诸家同。录以备考。参见唐兰：《西周青铜器铭文分代史征》，第 372—374 页。

括、成王末南宫毛之后；又指出，六师有司土之官，此铭记王命柳为大耆、六师之牧、场及某邑之场、甸史，皆属于司徒之职。[①] 此说合乎情理。宣王时期的《南宫乎钟》云：

司土（徒）南宫乎，乍（作）大鑙（林）協（协）鐘（钟）……用乍（作）朕皇祖南公、亚祖公中（仲）。

南宫乎钟铭文拓片

《南宫乎钟》记载司土（徒）南宫乎为其先祖做大型编钟。《逸周书·克殷解》云，周武王“乃命南宫忽振鹿台之财，散巨桥之粟。乃命南宫百达、史佚迁九鼎三巫”。南宫家族在武王伐纣建立周朝时即为有功之臣。《尚书·顾命》云：“太保命仲桓、南宫毛俾爰齐侯吕伋。”西周成康之际，南宫毛是太保的属官而和齐侯吕伋共事，说明南宫家族在当时已是政治地位很高的一个世卿家族。南宫柳或由掌场、甸之职而晋升为司徒。宣王时期的南宫乎很有可能是夷王时期的南宫柳的后人。南宫乎担任司徒，一般来讲是承袭其父祖之职。[②] 因此我们有理由认为南宫柳担任过司徒职务。

西周王室在消费、祭祀等方面有大量的物质需求，而山林泽牧是能够为其提供丰富产品的重要经济来源。沈长云指出，王室经济在内者，为各宫室所纠

① 陈梦家：《西周铜器断代》，第 229 页。

② 西周的世卿世禄制度是一个复杂的问题，本书就一般意义上而言。

集的臣妾百工从事的手工作业；其在外者，为王畿东西南北鄙内之籍田、山林、陂泽、牧场、园圃等。[①] 司徒负责掌管山林泽牧，显然掌控着西周王室经济的重要来源，从而在王室的经济事务管理中发挥了重要作用。

二、司徒的属官与山林泽牧的管理

根据《周礼·地官司徒》记载，司徒之下设有虞官、林衡、牧人、场人等属官，具体负责管理山林泽牧。这可与金文的记载相印证。《免簠》记王命免做司徒，管理"𢿙（林）""吴（虞）""牧"；《同簋》记王命同佐虞大父，负责管理"林""吴（虞）""牧"；《南宫柳鼎》记王命南宫柳为管理六师的牧人和场人，并为管理羲夷的场人；《同簋》记王命同佐虞大父，负责管理"场"。因此《周礼·地官司徒》记载的林衡、山虞、牧人、场人等职官应该可信。

（一）虞官

虞官起源很早。《尚书·舜典》记舜任命益，"汝作朕虞"，即命益做虞官。《国语·晋语四》又记周文王即位后"询于八虞"，韦昭注："贾、唐曰：'八虞，周八士，皆在官，伯达、伯适、仲突、仲忽、叔夜、叔夏、季随、季騧。'"《国语》所记"八虞"说明周初即存在虞官，而且文王还比较重视。这说明虞官是比较重要的官职。虞官分山虞、泽虞等官。

《周礼·地官司徒》"山虞"云：

> 掌山林之政令，物为之厉而为之守禁。……令万民时斩材，有期日。凡邦工入山林而抡材，不禁。春秋之斩木，不入禁。凡窃木者，有刑罚。若祭山林，则为主而修除，且跸。若大田猎，则莱山田之野；及弊田，植

① 沈长云：《金文所见西周王室经济》，《西周史研究》，《人文杂志丛刊》（第二辑），1984年。

虞旗于中，致禽而珥焉。[①]

孙诒让指出："'山虞'者，以下至泽虞四职，皆掌山林川泽之官，以有地守之事，故亦属地官。山虞、泽虞经典通为之虞人。"[②] 山虞掌理山林的政令，对守护山林及相关事项负有重要职责。

张亚初、刘雨指出，"同簋等器载周王命令同帮助虞大父司林。……从西周铭文看，林是由虞兼管的。《周礼》所载与金文正合。于此等处均可见《周礼》保存古代官制史料的可贵"[③]。这一说法是有道理的。《国语·周语中》云："虞人入材。"韦昭注曰："虞人，掌山泽之官。祭祀、宾客，供其材也。"《左传》昭公四年说献冰，云"山人取之"，杜注云"山人，虞官"。这些也说明山虞一职的存在。山虞掌管山中所产各种物品，与王室的消费和祭祀密切相关。

《周礼·地官司徒》"泽虞"云：

> 掌国泽之政令，为之厉禁，使其地之人守其财物，以时入之于玉府，颁其余于万民。凡祭祀、宾客，共泽物之奠。丧纪，共其苇蒲之事。若大田猎，则莱泽野；及弊田，植虞旌以属禽。

泽虞掌理国泽的政令，并掌管泽中的物产。《国语·齐语》云："泽立三虞。"韦昭注："《周礼》有泽虞之官。虞，度也。掌度知川泽之大小及所生育者。"可以看出，泽虞掌管国泽，负责王室所需要的消费、祭祀等物品。

当然，对于虞官，有时亦难分清是山虞还是泽虞，也没有必要分得十分清楚。[④]

---

① 本书对《周礼》原文的注释和译文主要参考了孙诒让：《周礼正义》；钱玄等注译：《周礼》，岳麓书社，2001年；杨天宇：《周礼译注》，上海古籍出版社，2004年。其他各处不再一一注明或说明。

② 孙诒让：《周礼正义》卷十七《地官·山虞》疏，第674页。

③ 张亚初、刘雨：《西周金文官制研究》，第11页。

④ 张亚初、刘雨：《西周金文官制研究》，第10页。

（二）林衡

《周礼·地官司徒》“林衡”云：

> 掌巡林麓之禁令，而平其守，以时计林麓而赏罚之。若斩木材，则受法于山虞，而掌其政令。

林衡掌理有关林麓的政令，负有守护林麓的职责。《国语·齐语》云：“山立三衡。”韦注云：“《周礼》有山虞、林衡之官。”《礼记·丧大记》云：“复，有林麓则虞人设阶。”《说文·林部》云：“麓，守山林吏也。”《左传》昭公二十年云：“山林之木，衡鹿守之。”[①] 这些记载说明林衡一职在历史上是存在的。木材是周王建筑宫室的重要材料，所以林衡一职对王室经济也很重要。

（三）牧人

《周礼·地官司徒》“牧人”云：

> 掌牧六牲而阜蕃其物，以共祭祀之牲牷。……凡祭祀，共其牺牲，以授充人系之。凡牲不系者，共奉之。

牧人掌理牧养六牲并使其种类繁殖，以便供应祭祀时所需的纯色的牲。郑注曰：“牧人，养牲于野田者。”孙诒让疏云：“‘牧人’者，掌牧田，亦有地守，故属地官。”[②] 这在文献中能找到根据。《说文·攴部》云：“牧，养牛人也。”《左传》昭公十七年云：“马有圉，牛有牧。”结合这些记载，可以认为牧人一职是存在的。牧人掌管王室祭祀所需要的祭牲，和王室祭祀密切相关。

---

① 杨伯峻注引杨树达《读左传》云：“鹿读为麓。……”参见杨伯峻：《春秋左传注》（修订本），第1417页。

② 孙诒让：《周礼正义》卷十七《地官·牧人》疏，第651页。

（四）场人

《周礼·地官司徒》“场人”云：

> 掌国之场圃，而树之果蓏珍异之物，以时敛而藏之。凡祭祀、宾客，共其果蓏，享亦如之。

场人掌管国家的场圃及其物产。孙诒让疏云：“场人者，掌园地之官也。”[①]又云：“此官掌树郭内场圃之疏材。”[②]场人的记载亦见于其他文献。《国语·周语上》云：“场协入。”韦昭注：“场人掌场圃，委积珍物，敛而藏之也。”场人掌管瓜果及一些珍异之物，事关王室的消费和祭祀。

随着西周社会对山林泽牧资源的开发和利用，司徒的属官也因为管理事务的需要而调整，这也使司徒管理山林泽牧的职能得到丰富和完善。

三、西周中后期司徒与王室经济

西周中后期，周王朝对山林泽牧的控制更加严密，司徒在王室经济事务中发挥着重要作用。周厉王任用荣夷公对山林泽牧实行专利[③]，把山林泽牧变成王室的专属。

《国语·周语上》云：

> 厉王说荣夷公。芮良夫曰：“王室其将卑乎！夫荣夷公好专利而不知大难。夫利，百物之所生也，天地之所载也，而或专之，其害多矣。天地百物，皆将取焉，胡可专也？所怒甚多，而不备大难，以是教王，王

---

①② 孙诒让：《周礼正义》卷十七《地官·场人》疏，第680—681页。

③ 关于厉王专利的历史影响，此处只就与司徒有关的内容加以讨论。

能久乎？夫王人者，将导利而布之上下者也，使神人百物无不得其极，犹曰怵惕，惧怨之来也。……今王学专利，其可乎？匹夫专利，犹谓之盗，王而行之，其归鲜矣。荣公若用，周必败。”既，荣公为卿士，诸侯不享，王流于彘。

芮良夫的话反映了“厉王专利”的情况。周厉王任用荣夷公为卿士所专之“利”，是“百物之所生也，天地之所载也”，应该主要是指山林泽牧。这些都由卿士荣夷公管理。

宰兽簋铭文拓片

荣夷公“好专利”，表明荣夷公和“林、虞、牧”之利有密切的关系。逨盘为宣王时器。[①]《逨盘》记载周王命逨“疋（胥）焚（荣）兑，䎽三（四）方吴（虞）䊨（林），用宫御”。荣兑是“荣氏贵族人名”[②]。宣王时期荣兑掌管“四方虞林”，应当和司徒的职掌有关，或是继承了荣夷公的职务。

荣夷公很可能担任过王室司徒。《宰兽簋》云：

唯六年二月初吉甲戌，王才（在）周师录宫。……䎽（司）土（徒）焚（荣）白（伯）右（佑）宰兽内（入）门立中廷（庭），北鄉（向）。王

① 李学勤：《眉县杨家村新出青铜器研究》，《文物》2003年第6期。
② 周晓陆：《〈徕盘〉读笺》，《北京师范大学学报》（社会科学版）2003年第5期。

乎（呼）内史尹中（仲）册命宰兽曰："昔先王既命女（汝），今伞（余）唯或（又）䌛（申）㯱乃命，更乃且（祖）考事。𢼸（兼）䙝康宫王家臣妾㝅亯（庸），外入（内）毋敢无𦖞（闻）𦖞（知）。易（赐）女（汝）赤市、幽亢、𩣸勒，用革。"

宰兽簋是夷王时器。[①]《宰兽簋》记周王命宰兽掌管康宫王家臣妾仆亯（庸），司土（徒）荣伯做傧佑。司徒荣伯很可能就是荣夷公。根据《免簠》，司徒有管理"林、虞、牧"的职掌。从年代上来说，夷王以后是厉王。厉王任命的执政卿士，不应该是没有从政经历的年轻人。司徒荣伯因为在夷王时期有长期的从政经历，尤其是有管理山林泽牧的经验，所以能在厉王时期担任执政卿士，被称为荣夷公，对山林泽牧实行专利。从官爵来说，西周有公、伯两等的爵位。[②]从称荣伯到称荣夷公，是地位上升的体现。综合以上几个方面的分析，可以推测卿士荣夷公很可能是《宰兽簋》记载的司徒荣伯。

根据前述芮良夫之言，天地百物之利本来是要"布之上下"的，"使神人百物无不得其极"。也就是说，天地百物之利主要有两方面的用途，一是用于祭祀，二是供人们使用和消费。卿士荣夷公"好专利"，以司徒之职管理山林泽牧，将山林泽牧变成王室的专属，都归王室管理和使用了。这意味着西周后期王室经济出现了变化，可能是因为这一时期西周王室经济遇到了比较大的困难，从而引起了王室对山林泽牧等自然资源的大量需求，以致必须加强对山林泽牧等自然资源的掌管。

在西周社会的发展过程中，司徒掌管山林泽牧的职能不是一成不变的，而是随着山林泽牧资源的开发、利用，以及西周王室对山林泽牧资源的重视而得到加强。这也体现了西周司徒职掌复杂的一面。

---

① 罗西章：《宰兽簋铭略考》，《文物》1998 年第 8 期。张懋镕：《宰兽簋王年试说》，《文博》2002 年第 1 期。

② 杨宽：《西周史》，第 356 页。

第五节 《曶壶》与周代司徒军事职掌新论

司徒是周代的主要职官之一。《曶壶》记载了周王命曶做冢司徒于成周八师的事情。多位专家学者对这一重要铭文进行了深入的研究，其中有不少真知灼见。本书在相关研究成果的基础上，试从冢司土（徒）与成周八师的关系出发，对周代司徒的军事职掌等相关问题再做探讨。

一、关于作冢司土（徒）与成周八师关系的争论

曶壶是西周中期器[①]，其铭文对于研究周代司徒的军事职掌提供了宝贵的信息，因此非常重要。《曶壶》（《殷周金文集成》9728）云：

隹（惟）正月初吉丁亥，王各（格）于成宫。井公内（入）右（佑）曶，王乎（呼）尹氏册令（命）曶，曰："更乃且（祖）考，乍（作）冢𤔲（司）土（徒）于成周八𠂤（師）。易（賜）女（汝）秬鬯一卣、玄衮衣、赤巾、幽黄（衡）、赤舄、攸（鋚）勒、（䜌）鑾旂，用事。"曶拜手頶

曶壶铭文拓片

① 关于曶壶，郭沫若定为孝王时器。郭沫若：《两周金文辞大系图录考释》（上），第100页。唐兰定为穆王时器。唐兰：《西周青铜器铭文分代史征》，第399—400页。

（稽）首，敢对扬天子不（丕）显鲁休令（命），用乍（作）朕文考釐公尊壶。曶用匄万年眉寿，永令（命）多福，子子孙孙，其永宝用。

《曶壶》大意是，周王命曶做成周八师的冢嗣（司）土（徒），并赏赐了曶大量物品；井（邢）公做了傧佑；曶非常感谢，并做了其文考釐公尊壶。从王命曶继承其祖考的职位做掌管成周八师的冢司徒可以看出，掌管成周八师的冢司徒一职是世袭的，所以这位釐公也做过冢司徒。铭文中的“冢司徒”和“成周八师”值得注意。郭沫若指出，“冢司土者大司徒。《周官》大宰一称冢宰。郑玄谓：‘进退异名，百官揔焉则谓之冢，列职于王则称大。冢，大之上也，山顶曰冢。’今大司徒亦言冢司徒，则冢之称不限于冢宰矣”[①]，认为冢司（嗣）土（徒）就是大司徒。

关于“成周八自（師）”，文献中未见有记载。《小臣謎簋》云：“东尸（夷）大反，白（伯）懋父㠯（以）殷八自（师）征东尸（夷）。”《小克鼎》云：“王命善（膳）夫克舍令于成周，遹正八自（师）之年。”郭沫若指出，成周八师“盖戍成周之师旅有八屯也”[②]。则成周八师是驻扎在成周的军队。

该铭文的关键是，为何由“冢司徒”掌管成周八师？这是研究周代司徒要解释的一个重要问题。

前贤时哲对这一问题做了相当多的研究，但是没有形成一致的看法。于省吾根据西周金文中的“司土”和土地有关，认为成周八师中的“冢司土”也和土地事务有关，成周八师“以兵营田”，是“我国历史上最初出现的军事屯田制”。[③] 杨宽认为，西周军队中所以会设有“冢司土”等官，该与当时的乡遂制度有关，其职掌可能与《周礼》中的小司徒相类。[④] 李道明认为：“上述两说都有同时存在的可能，即周人于征兵和军队编制实行乡遂制；于驻军

① 郭沫若：《周官质疑》，《郭沫若全集》“考古编”第五卷《金文丛考》，第150页。
② 郭沫若：《两周金文辞大系图录考释》（下），第100页。
③ 于省吾：《略论西周金文中的“六师”和“八师”及其屯田制》，《考古》1964年第3期。
④ 杨宽：《论西周金文中“六师”“八师”和乡遂制度的关系》，《考古》1964年第8期。

则行军事屯田制。”[1] 李学勤认为:“西周金文的‘六师’‘八师’只能以当时军事制度和行政制度的合一来解释。‘六师’‘八师’不仅指军队,也通指出军的乡,这乃是释读有关金文的关键。”[2] 马承源认为:“是小司徒职掌兵员以及后勤之供应,故此司徒虽是文官,但与军役直接有关,因为郊乡是提供兵员和后勤供应的来源。成周八师之冢司徒乃是掌管成周八师供应的官署,仍应为中央大司徒的属官。”[3] 徐喜辰认为,西周的军队组织和公社组织是一致的,管理公社的官吏也兼任军队的军帅。[4] 赵世超认为:“成周八师设有冢司土(徒)之官,总管土地或教化百姓方面的事务。”[5] 综上所述,学者们的意见大致分为两种:一种认为成周八师中设置司徒与屯田有关;另一种认为司徒掌管出军队的乡。

在外患不断的情况下,西周王朝不断地进行征伐战争。作为西周王朝的一支主力部队,成周八师的主要任务是进行作战,所以这样一支军队不大可能再去负责其他与战争无关的任务。相关资料还没有确切的证据说明西周存在如《周礼》中所记的乡遂制度,所以用乡遂制度来解释这个问题比较困难。可以推测的是,冢司徒掌管成周八师的原因在于冢司徒管理成周的民众,主要指迁居成周的殷遗民,这样也许能比较合乎情理地说明相关问题。

二、司徒掌管军队的主要原因

冢司徒掌管成周八师,这其中的重要原因,应该从西周社会结构中去寻求解释。

西周社会结构的一个重要特点就是兵农合一。西周军队中的士兵主要来自

① 李道明:《六师、八师新探》,《四川师范大学学报》(社会科学版)1992 年第 5 期。
② 李学勤:《西周金文的六师、八师》,《华夏考古》1987 年第 2 期。
③ 马承源:《商周青铜器铭文选》(三),第 215 页。
④ 徐喜辰:《周代兵制初论》,《中国史研究》1985 年第 4 期。
⑤ 赵世超:《西六师、成周八师不是常备军》,《瓦缶集》,人民出版社,2003 年,第 102—112 页。

贵族的中下层和平民的上层，而平民与农业生产的关系比较大。《国语·周语上》记虢文公曰："王事唯农是务，无有求利于其官，以干农功，三时务农而一时讲武，故征则有威，守则有财。"天子把农业看成第一等的大事，不让官员为追求利益去做别的事情而干扰农业生产。执行春、夏、秋三时务农，冬季农闲习武的制度，这样，出师征伐有威力，守国安邦有财用。《国语·周语上》记仲山父曰："王治农于籍，蒐于农隙，狝于既烝，狩于毕时，耨获亦于籍。"天子到籍田上亲耕督促农业生产，仲春农闲时检阅军队，在籍田上督促农民锄草、收割，秋天新谷登场后去打猎，冬天农事完毕后去打猎。《左传》隐公五年记臧僖伯云："故春蒐、夏苗、秋狝、冬狩，皆于农隙以讲事也。三年而治兵，入而振旅。……古之制也。"春蒐、夏苗、秋狝、冬狩这四种打猎的仪式，都是在农闲时讲习武事，每三年大演习一次，进入国都整顿军队。臧僖伯所言，乃是西周旧制。

西周大司徒掌管民众，负责组织民众进行农业生产，也负责组织民众进行军事训练，保障军队的兵源。由于《周礼》的成书问题尚无定论，我们引用《周礼》的材料只做一补充说明。《周礼·地官》记大司徒之职云：

> 大军旅，大田役，以旗致万民，而治其徒庶之政令。

凡有大规模的军事活动，以及大规模的田猎，大司徒就竖起画有熊虎的旗帜，用来召集万民，并负责管理指挥应召而来的徒庶。贾疏云："凡征伐田猎所用民徒，先起六乡之众，司徒主六乡，田即治其徒庶之政令。"孙诒让疏云："……案：……且司徒在军，或即为军将……"这样掌管民众的司徒到军中就可成为军中指挥。

《周礼·地官》记小司徒之职云：

> 乃会万民之卒伍而用之：五人为伍，五伍为两，四两为卒，五卒为旅，五旅为师，五师为军，以起军旅，以作田役，以比追胥，以令贡赋。

小司徒按照军队的编制编组万民，以备有事之用：五人为一伍，五伍为一两，四两为一卒，五卒为一旅，五旅为一师，五师为一军，集结起军队，完成田猎及徒役等事，考较追逐外寇、抓捕盗贼的各种部队的人数，推行贡赋的政令。贾疏云：“小司徒佐大司徒以掌六乡，六军之士出自六乡，故预配卒伍，百人为卒，五人为伍也。而用之者，即军旅田役是也。”可以看出小司徒帮助大司徒编组民众成为军队，以备有事之需。

《周礼·地官》记“小司徒”之职云：

> 大军旅，帅其众庶；小军旅，巡役，治其政令。

国家有大规模的军事行动，小司徒便召集六乡民众交给大司徒指挥；遇有小规模的军事行动，便负责巡查、督察，并掌理民徒使役的政令。关于“大军旅，帅其众庶”，郑注曰：“帅，帅而致于大司徒。”贾疏云：“案《大司徒职》：大军旅以旗致万民，明此大军旅帅其众庶者，小司徒于六乡之内，帅其众庶致于大司徒可知。”关于“小军旅，巡役，治其政令”，郑注云：“巡役，小力役之事则巡行之。”贾疏云：“大司徒大军旅大田役而治其徒庶之政令，故此小军旅、巡役，小司徒治其政令。”这表明，当国家有军事行动时，小司徒负责召集民众或者巡查民众，其职责直接和军事有关。

到春秋时期，国人在战争期间要去当兵。《左传》隐公十一年云：“郑伯将伐许，五月甲辰，授兵于大宫。”郑庄公在打算攻打许国，在太祖庙内向国人颁发武器。《左传》闵公二年记狄人伐卫，卫懿公因“好鹤”失去国人的支持：“将战，国人受甲者皆曰：‘使鹤，鹤实有禄位，余焉能战！’”卫国也是战时向国人授予甲兵。西周军队由司徒征调兵源。在西周文武不分职的传统下，司徒参与军队管理是顺理成章的。《成鼎》云：“王命西六𠂤（师）、殷八𠂤（师）。”下面以这两支军队为例加以说明。

大司徒掌管迁居成周的殷人，即成周八师的兵源。周王朝将一部分殷人迁到新建的成周洛邑是一项重要而又明智的决策。周人从成周的殷遗民中选拔士兵组成军队，然后再用他们对付东方的殷遗势力。《尚书·多士》“序”云：“成周既成，迁殷顽民。”王玉哲说：“周族对殷遗民实行镇压和安抚并用的两手政策……周初的成周八师，其中的甲士大概即来源于商族中的‘国人’。”[①]有学者指出，周人对殷遗民诸宗族的处置方式中的一种是“充分利用，化消极为积极，使归顺自己的殷遗民成为王朝与诸侯国的武士或官吏”[②]。这些说法对于继续深入思考这个问题有宝贵的启发作用。为了便于控制殷人，周人将迁居到成周的殷遗民进行了宗法改造。那么这些殷遗民迁到成周后，其社会组织处于什么样的状态呢？

《尚书·多士》记周公对殷多士说：“今尔惟时宅尔邑，继尔居；尔厥有干有年于兹洛。尔小子乃兴，从尔迁。”此句意谓，你们只有这样在这个城邑安家，继续你们的生活，你们就会在这洛邑有事可做，长久居住。关于该句中的“小子”，曾运乾《尚书正读》云：“小子，同姓小宗也。此篇诰多士，盖诰殷士大夫为大宗者。大宗既往，小宗乃兴，所谓宗以族得民也。周迁殷民皆以族相从，若《左传》分鲁卫以殷民六族七族，是也。”[③]这个说法是正确的。迁居成周的殷遗民，其社会组织已经逐渐建立了宗法制。朱凤瀚指出，“殷顽民迁居成周时仍应是以其诸宗族为组织形式的”[④]。因此可以说，迁到成周的殷人以强宗大族的形式生活。这部分殷人由于较高的文化素质，还受到周人的重用。

成周八师由大司徒掌管。西周初年周王室建立的成周八师又称殷八师，例如《禹鼎》提到“殷八师”。关于成周八师的兵源，李学勤指出：“既然六师取自六乡，八师也应有八乡或类似的组织，曶壶铭文已经表明了这一点。六乡是由大司徒统管的，成周的八乡也应有官员统辖，这就是壶铭所说的‘冢司徒’。‘冢’训为‘大’，因此在周的东都另设有专管八乡的大司徒，曶的家族世任其官，可见

① 王玉哲：《中华远古史》，上海人民出版社，2003年，第631页。赵世超也认为，“西六师征自西方的周人，成周八师征自被迁居于成周的殷人”。参见赵世超：《西六师、成周八师不是常备军》，《瓦缶集》，第102—112页。

② 朱凤瀚：《商周家族形态》（增订本），天津古籍出版社，2004年第2版，第285页。

③ 曾运乾：《尚书正读》，中华书局，1964年，第219页。

④ 朱凤瀚：《商周家族形态》（增订本），第274页。

西周中期已有这个专官的设立。”[①] 李学勤的说法是很有道理的。周的大司徒职掌成周的民众，并且保证兵源，这是冢司徒进而掌管成周八师的重要原因。

根据上文的分析，司徒管理这些殷遗民的时候，当是以宗族为单位进行的。因为西周军队的构成单位是与社会组织单位基本一致的，所以冢司徒将这些成周殷遗民编入“成周八师”时，仍然以其所属的宗族为单位。冢司徒所掌管的成周八师就是由其管理的八个殷人的强宗大族或者更多的强宗大族组成的。

西六师也由大司徒一类的官来掌管。盠方彝是共王时器。[②]《盠方彝》(《殷周金文集成》6013）云：

> 唯八月初吉，王各（格）于周庙。穆公又（佑）盠，立中廷（庭），北鄉（嚮）。王册令（命）尹，易（赐）盠赤市、幽亢、攸（鋚）勒，曰：“用嗣（司）六𠂤（师）王行參（参）有嗣（司）：嗣（司）土（徒）、嗣（司）馬、嗣（司）工（空）。”王令（命）盠曰：“纘嗣（司）六𠂤（师）眔八𠂤（师）执（艺）。”盠拜䭫（稽）首，敢对扬王休，用乍（作）朕文祖益公宝尊彝。盠曰：“天子不（丕）叚（遐）不（丕）其（基），万年保我万邦。”盠敢拜䭫（稽）首曰：“剌（烈）剌（烈）朕身，逦（更）朕先宝事。”

盠方彝铭文拓片

① 李学勤：《西周金文的六师、八师》，《华夏考古》1987年第2期。

② 陈梦家：《西周铜器断代》（上册），第174页。

铭文记周王命盠职掌六𠂤（師、师）、王行、参（叁、三）有𤔲（司），并职掌六𠂤（師、师）和八𠂤（師、师）埶（藝、艺），穆公为佑。

《盠方彝》的记载表明，西周六师中设有司徒、司马和司空，共同管理事务。西周王室的司徒、司马和司空都可以带兵打仗。如《尚书·牧誓》记载，周武王率领的军队中有“司徒、司马、司空”等职官。又如《左传》襄公二十五年云：

> 司徒致民，司马致节，司空致地，乃还。

郑国攻入陈国国内，陈国败并表示投降，郑国的司徒向陈国归还民众，司马归还军队，司空归还土地，表示没有侵犯。这表明郑国司徒、司马和司空皆参与战争。那么为什么司徒、司马和司空共同掌管军队呢？

司徒负责召集民众组建军队。这在前文已经有了说明，此处不再详论。司马掌管军队。《周礼·夏官》记大司马之职：“中春教振旅，司马以旗致民，平列陈，如战之陈。……中夏教茇舍，如振旅之陈。……中秋教治兵，如振旅之陈。……中冬教大阅。……及师，大合军，以行禁令，以救无辜、伐有罪。”大司马在仲春之时，用田猎的形式演练班师回国的阵法，并在田猎场所竖起旗帜召集众徒役，整编队列如战时的阵法；仲夏举行田猎前，先教野外宿营之法，将众徒役编成如振旅一样的队列；仲秋田猎之前，先教出兵之法；仲冬田猎前先教大检阅之法。天子巡守或会同需军队相从，大司马负责集合军队，执行禁令，救助无辜，征伐有罪。因此，从《周礼·夏官》的记载来看，司马掌管军队。司空掌管工程营造。《周礼·天官》记大宰之职所掌建邦之六典中，“六曰事典，以富邦国，以任百官，以生万民”。事典是关于营造、沟洫等事的法典，为冬官大司空所掌。对于战争来说，也需要征发民众进行工程建设。

《周礼·天官》记小宰职云：“以官府之六联合邦治：……四曰军旅之联事，五曰田役之联事……”用官府的六种联合办事方式协同办理国家的大事，包括联合办理军事活动和联合办理田猎练兵的事。《周礼》所记，虽不一定完全是西周旧制，但是我们能由此略知大概。在当时的社会条件下，司徒、司马和司空共同掌管军队是合乎情理的。[①] 当然，军队以军事活动为主，司马在其中是最主要的领导，而司徒和司空起辅助的作用。

西六师是西周王朝的另外一支主力部队，驻扎在宗周，主要由周人组成。六师在文献中有记载。《尚书·顾命》云“张皇六师”，即要扩大六师。《诗经·大雅·棫朴》曰：“周王于迈，六师及之。”周王远征，六师会集。《诗经·大雅·常武》曰：“整我六师，以修我戎。”整顿六师振奋士气，并且修理好兵器。《国语·周语下》云：“(武王)以黄钟之下宫，布戎于牧之野，故谓之厉，所以厉六师也。”武王以黄钟律为下宫声，布战阵于商郊牧野，所以名其军乐为厉，用来激励六师奋勇向前。六师在金文中也多有记载。如《鼓?簋》云：“唯巢来钕，王令东宫追以六自(師)之年……”《吕服余盘》云：“王曰：‘服余，命汝更乃祖考事，胥备仲司六自(師)服。’”该部队的主要职责是拱卫宗周的安全，亦负责征伐外敌。六师的最高指挥者是周天子，其具体的掌管者应该是王室大司徒一类的官员。

《盠方彝》中穆公的身份颇应引起注意。结合亦记载穆公做佑的《𢦚簋》可以确定穆公的身份。《𢦚簋》云：“隹(惟)正月乙巳(子)，王各(格)于大室。穆公入右(佑)𢦚，立中廷(庭)，北鄉(向)。王曰：‘𢦚，令女(汝)乍(作)司土(徒)，官嗣(司)耤(藉)田。……’”𢦚簋是共王时器。[②]《𢦚簋》铭文记周王令𢦚作司徒，穆公为佑。陈梦家指出，《𢦚簋》之佑𢦚者穆公即《盠方彝》之穆公。[③] 李学勤指出，“‘穆公’……是西周中期很重要的王官”；并根据《𢦚簋》指出，“从他和𢦚的关系，可以推知穆公应居大司徒一类官职。穆公也是盠的右者，所以后者的身份同样属于司徒一系”。[④] 在周王册命官员的时候，做佑者

---

① 陈恩林认为，“在周代，司徒、司马、司空三有司的职司是既有分工，又互相联系的。其时，‘兵农合一’，国人平日务农，归司徒管理；农闲习武，归司马管理；修筑公共工程时，归司空管理。《周礼》讲‘官联以会官治’，金文每连言‘三有司’，其意义正在这里”。参见陈恩林：《先秦军事制度研究》，吉林文史出版社，1991 年，第 73 页。

② 陈梦家将此器列在周共王时代。陈梦家：《西周铜器断代》(上册)，第 175—176 页。

③ 陈梦家：《西周铜器断代》(上册)，第 171 页。

④ 李学勤：《西周金文的六师、八师》，《华夏考古》1987 年第 2 期。

一般是这位官员的上级官员。因此穆公可能是王朝的大司徒。

由《盠方彝》可知，西六师由担任司徒的盠管辖，盠的上级属官就是王朝大司徒穆公。这可以进一步说明西周王室大司徒在一个时期内有可能掌管西六师。

三、西周司徒南仲的军事职掌

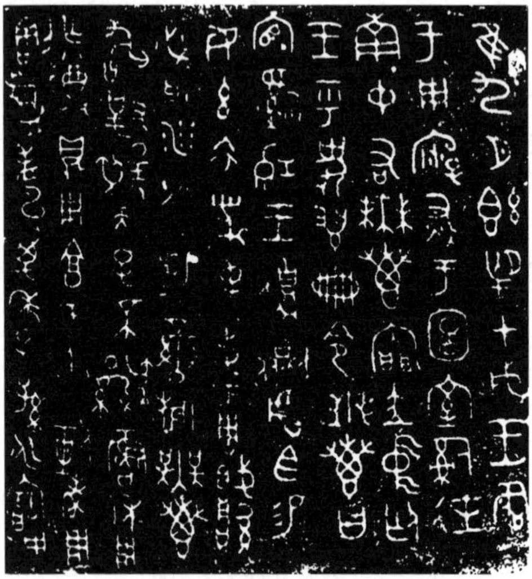
无叀鼎铭文拓片

西周中后期，司徒经常率领军队打仗。例如《司土斧》云："䱷，嗣土（徒）北征蒿虘。"而司徒南仲就是一个典型的例子。

无叀鼎为宣王时器。[①]《无叀鼎》（《殷周金文集成》2814）云：

> 隹（惟）九月既望甲戌，王各（格）于周庙，述（遂）于图室。嗣（司）徒南中（仲）右（佑）无（許）叀内（入）门，立中廷（庭）。王乎史翏（友）册令（命）无叀，曰："官嗣（司）穆王遉（正）侧虎臣，易（赐）女（汝）玄衣黹（黼）屯（純）、戈琱戟、厚（厚）必（柲）、彤沙（蘇）、攸（鋚）勒、（緣）鑾旂。"无（許）叀敢对扬天子不（丕）显鲁休，用乍（作）尊鼎，用享于朕剌（烈）考，用割（匄）頪（眉）寿万年，子孙永宝用。

《无叀鼎》记王命无叀掌管穆王虎臣，司徒南仲为佑。南仲之名，亦见于宣王时

① 郭沫若：《两周金文辞大系图录考释》（下），第151页。

期的《驹父盨盖》。《驹父盨盖》(《殷周金文集成》4464）云：

> 唯王十又八年正月，南中（仲）邦父命驹父毁（即）南者（诸）侯，逹（率）高父见南淮尸（夷），厥取厥服，堇（瑾）尸（夷）俗。遂不敢不敬（敬）畏王命，逆见我，厥献厥服。我乃至于淮，小大邦亡敢不[illegible]具（俱）逆王命。四月，还至于蔡。乍（作）旅盨，驹父其邁（萬）年永用多休。

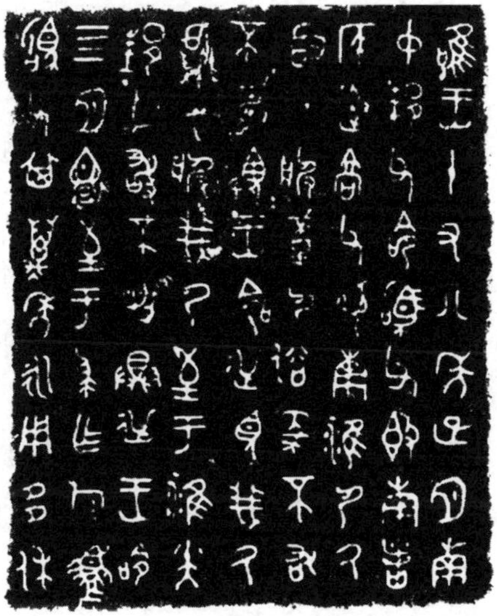

驹父盨盖铭文拓片

该铭文记驹父奉南仲之命向南淮夷索取贡赋。马承源指出，南仲邦父为“周宣王的卿士。……无叀鼎称司徒南仲，本铭则为全称”[①]。南仲邦父即《无叀鼎》中的司徒南仲。南仲之名，见于《诗经》的记载。

《诗·小雅·出车》云：

> 王命南仲，往城于方……
> 赫赫南仲，薄伐西戎，
> 赫赫南仲，猃狁于夷。

诗意谓：周王命令南仲到北方筑城防敌；声名显赫的南仲，征伐西戎威名远扬，平定猃狁立下功劳。可以看出，南仲曾经率领军队征伐北方、西戎和猃狁。《诗·大雅·常武》云：

> 赫赫明明，王命卿士，
> 南仲大祖，大师皇父：

---

① 马承源：《商周青铜器铭文选》(三)，第311页。

“整我六师，以修我戎。

既敬既戒，惠此南国。”

诗意谓：威武英明的周王，命令卿士征伐徐方，在太庙之中命令南仲和太师皇父整顿六师振奋士气，修理弓箭和刀枪，告诫士卒不要打扰民众，平定徐国造福南邦。可见南仲曾经南下平定徐国之乱。这两首诗中的南仲，即《汉书·古今人表》的南中（仲），列于宣王时期。这和宣王时期的《无叀鼎》《驹父盨盖》中的南仲的人名和所处的时代都一致。[①] 另外，《出车》和《常武》两首诗中的南仲是南征北伐的大将[②]，而《无叀鼎》《驹父盨盖》中的南仲亦为重要大臣，其地位相近。所以，《诗经》和铭文中的南仲是一个人，根据《无叀鼎》的记载做过司徒。南仲当以司徒之职率领军队，所以在周王册命无叀“官嗣（司）穆王遉（正）侧虎臣”时做傧佑合乎情理。

到了春秋初年，司徒仍然经常带兵出征。《左传》昭公二十二年云：“八月辛酉，司徒醜以王师败绩于前城。”杜注：“醜，悼王司徒。”这表明周悼王时期的王室司徒仍然有率兵打仗的职责。

总之，司徒参与管理军队，既是因为西周兵农合一的社会结构而掌管兵源，又是由于西周职官文武不分而可带兵征战。司徒的军事职能，是其职能的特色之一。

第六节　司徒与西周中后期社会变动考论

作为有周一代主管民众的职官，司徒与周代社会的发展进程紧密相连，其

---

① 可参考郭沫若的看法。郭沫若：《两周金文辞大系图录考释》（下），第151页。

② 清代学者马瑞辰认为，“南仲当即宣王时臣，则南仲实为司徒”。马瑞辰：《毛诗传笺通释》卷二十七“常武”，中华书局，1989年，第1024页。

职掌、地位的变化，成为观察周代社会变动的一个非常重要的窗口。西周中后期的金文中出现“三有司”（司徒、司马、司空）之称，并以司徒为首，当非偶然，颇值得深入探讨。西周中后期司徒的职掌范围有何变化？政治地位是否升高？又体现了周代社会经济、政治结构、观念怎样的变动？下面从社会变迁的视角，缕析金文与相关文献，探寻这些问题的答案。

一、司徒等“三有司”共管贵族土地交易

土地是西周社会经济的基础。随着西周社会的发展，周王分封、赏赐贵族的土地越来越多，久而久之出现了贵族之间的土地交易。但是这种土地交易，不仅是贵族之间的事情，而且国家也派官员依据一定的程序进行管理。司徒、司马和司空，在西周中后期的金文中有“三有司”之称，共同管理贵族之间的土地交易。裘卫诸器铭中的《卫盉》《五祀卫鼎》[①]和《散氏盘》等即为明证。

《卫盉》（《殷周金文集成》9456）云：

> 隹（惟）三年三月，既生霸壬寅，王爯旗于丰。矩伯（伯）庶人取堇（瑾）章（璋）于裘卫，才（裁）八十朋，厥賈其舍田十田。矩或（又）取赤虎（琥）两、麀（韨）两、麀（贲）韐一，才（裁）廿朋，其舍田三田。裘卫乃彘（矢）告于白（伯）邑父、焚（荣）白（伯）、定白（伯）、琼白（伯）、单白（伯）。白（伯）邑父、焚（荣）白（伯）、定白（伯）、琼白（伯）、单白（伯）乃令参（三）有嗣（司）：嗣（司）土（徒）微邑、嗣（司）马单旟、嗣（司）工（空）邑人服，眔受（授）田。燹趞、卫小子

① 赵光贤指出：“裘卫诸器的重要性在于它提供给我们关于西周中叶土地交易的第一手资料，证明当时土地不仅是贵族阶级占有的对象，而且是交易的对象。西周时的土地在王有的名义下，通过赏赐、分封、交易等方式，已逐渐落到大小贵族手里。……值得重视的是，当时的土地交易，从这几篇铭文来看，是完全合法的，是经过官方的许可、正式的手续才成立的，因而是具有法律效力的。”赵光贤：《从裘卫诸器铭看西周的土地交易》，《周代社会辨析》，第233—234页。

> 𫄬逆者（诸）其乡（飨）。卫用乍（作）朕文考惠孟宝般（盘），卫其万年永宝用。

卫盉是周恭王时器。铭文记载了矩伯从裘卫处第一次取得瑾璋，值八十朋，折合成为十田后达成以田易物；第二次取得赤琥两、韨两、贲韐一，值二十朋，折合成为三田后达成以田易物。土地交易过程的第一步是裘卫出物，矩伯“舍田”，以货币衡量物、田的价值，实现物、田等价，双方均同意“賞”田。第二步是裘卫要取得伯邑父等五位执政大臣代表国家对“賞”田这一方式的许可。第三步是司徒、司马和司空即“三有司”奉五位执政大臣命令前去办理，并受到裘卫派𤼈趞等人迎接，然后主持裘卫“受”田仪式。最后是裘卫在仪式结束后举行了飨礼以招待“三有司”。裘卫将土地转让之事铭于铜器，可以说是“大约剂书于宗彝”[①]，作为见证。由此看来，当时的西周贵族非常重视这类事情。

《五祀卫鼎》（《殷周金文集成》2832）云：

> 隹（惟）正月初吉庚戌，卫吕（以）邦君厉告于井白（伯）、白（伯）邑父、定白（伯）、𬘭白（伯）、白（伯）俗父，曰：“厉曰：‘余执龏（恭）王恤（恤）工（功），于卲（昭）大室东逆（朔）焚（营）二川’；曰：‘余舍女（汝）五田。’”正乃讯厉曰：“女（汝）賞田不？”厉乃许曰：“余　（审）賞田五田。”井白（伯）、白（伯）邑父、定白（伯）、𬘭白（伯）、白（伯）俗父乃顜，事（使）厉誓，乃令参（三）有嗣（司）嗣（司）土（徒）邑人趞、嗣（司）马頍人邦、嗣（司）工（空）陶矩、内史友寺刍，帅履裘卫厉田四田，乃舍寓（宇）于厥邑。厥逆（朔）疆眔厉田，厥东疆眔散田，厥南疆眔散田，眔政父田，厥西疆眔厉田。邦君厉眔付裘卫田。

① 《周礼·秋官·司约》云：“凡大约剂书于宗彝，凡小约剂书于丹书。”凡是重要的契约券书，都写在宗庙的礼器上；一般的契约券书，就用丹朱写在竹帛上。

> 厉叔子夙（夙）、厉有嗣（司）䜌（申）季、庆癸、燹（豳）□、荆人敢、井人偈屖，卫小子逆其乡（飨）、匍（剩）。卫用乍（作）朕文考宝鼎，卫其万年永宝用。隹（惟）王五祀。

《五祀卫鼎》记载，因为邦君厉违背补偿占用裘卫土地的承诺，所以裘卫向井伯等五位执政大臣起诉，最后通过“賞”田的方式，裘卫得到补偿。

这个事情的第一阶段是，裘卫向井伯等五位执政大臣控告邦君厉，并讲明事情原委：邦君厉为了执行周共王关心人民劳苦的命令，在昭大室东北方治理两条河流，而裘卫同意“舍田”，邦君厉愿意补偿；但是在水利工程完成后，邦君厉却违背了当初的承诺，没有向裘卫补偿。第二阶段是，井伯等五位执政大臣讯问邦君厉是否愿意通过“賞”田的方式补偿，邦君厉同意，并以誓约作为保证。第三阶段是，“三有司”司徒邑人趙、司马頵人邦、司空陶矩和内史友寺刍奉行井伯等五位执政大臣的命令向裘卫办理付田事宜，并勘定了田的四界。最后是裘卫为邦君厉方面的人员举行了飨礼。

对裘卫诸器中的“賞”字的释读理解，是说明司徒、司马和司空等“三有司”在土地交易中作用的关键。“賞”，从贝从“𡧊”。《宁未盉》之“𡧊”字，即释为“宁”。因此，“賞”释为“貯”，通“贮”。关于“賞”的解释，学者们争论很大，或释为“予”[①]，或释为“租”[②]，或释为“贾”[③]，或认为“貯”（“贮”）就是受田的下级向赐田的上级履行的封建贡纳义务[④]。

---

① “賞”释为“予”。王国维在研究《颂鼎》时指出，“按‘贮’‘予’古同部字，‘贮廿家’犹云‘赐廿家’也，‘贮用宫御’犹云‘赐用宫御也’”。王国维：《观堂集林》第四册附《观堂别集·颂壶跋》，中华书局，1959 年。马承源认为，“‘贮’，假借为予”。马承源：《商周青铜器铭文选》（三），第 127 页。

② 郭沫若在考释《格伯簋》时认为，“贮读为租”。郭沫若：《两周金文辞大系考释》，上海书店出版社，1999 年，第 82 页。唐兰在谈到裘卫四器、《倗生簋》（《格伯簋》）时说，“賞”为“租”。唐兰：《用青铜器铭文来研究西周史——综论宝鸡市近年发现的一批青铜器的重要历史价值》，《文物》1976 年第 6 期。

③ 赵光贤：《周代社会辨析》，第 223 页。

④ 王玉哲：《西周金文中的“贮”和土地关系》，《南开大学学报》1987 年第 3 期。

铭文中“賈”的含义究竟为何，是个相当复杂的问题，当从“賈”的本义出发进行探讨。“賈”隶定作“贮”，这是学术界的共识。“贮”的本义，《说文·贝部》云：“贮，积也。从贝宁声。”“贮”，从贝，当和财物有关，本义为积聚财物。《左传》襄公三十年记舆人诵子产曰：“取我衣冠而褚之，取我田畴而伍之。”杜注：“褚，畜也。奢侈者畏法，故畜藏。”[①]《吕氏春秋·先识览·乐成》引郑国民众诵子产云：“我有田畴，而子产赋之。我有衣冠，而子产贮之。”“褚”通“贮”，有蓄藏之义。值得注意的是，在《吕氏春秋·先识览·乐成》中，“赋”与“贮”对应。《说文·贝部》云：“赋，敛也。从贝，武声。”“赋”“贮”都有敛聚、积聚财物之意。由此可见，陈梦家在释《颂鼎》时说“贮是储藏货贿之所”[②]，则大体接近“贮”之本义。赵光贤说：“从裘卫诸器铭与其他器铭合看，凡用此字者均有货物、交易、价钱、商人诸义，这些意义是相因的。”[③]从《卫盉》来看“贮”田的内容，包括“舍”田和“受”田或“付”田两个方面，概指土地“交易”的整个过程。这个过程至少具有以下三个特点：第一，以物易地。在《卫盉》中，货币是用来估量物、田价格的，并不是直接用来交换田地的。《五祀卫鼎》则没有提到货币。第二，国家管理。执政大臣委派“三有司”等代表国家管理“賈”田的整个过程。第三，周礼约束。“賈”田结束举行飨礼，保证“賈”田的顺利圆满。我们可以看出，“賈”田作为贵族之间的土地交易，是以物易地或以地易地，并受到国家的认可和管理，加以周礼的严格约束。

另外值得注意的一点，西周后期的诸侯国土地转让也有“三有司”参与。《散氏盘》（《殷周金文集成》10176）云：

用夨𢦚（薄）散邑。迺（乃）即散用田眉（堳）。……夨人有司眉

---

① 杜预注，孔颖达等正义：《春秋左传正义》卷四十“襄公三十年”，阮元校刻《十三经注疏》本，第 2014 页。

② 陈梦家：《西周铜器断代》（上册），第 280 页。

③ 赵光贤：《周代社会辨析》，第 222 页。

（堳）田：……

凡十又五夫。正眉（堳）夨舍（舍）散田：司土（徒）屰（逆）寅、司马單（单）𢀩、

邦人司工（空）骍君……凡散有司十夫。……

散氏盘是周厉王时器[①]，铭文记载夨国向散国转让土地，有司负责具体事宜。引人注目的是散国的有司中即包括司徒、司马和司空。

司徒、司马和司空为什么共管贵族之间的土地交易呢？这其实与司徒、司马和司空的职掌有密切的关系。李学勤指出，西周中晚期土地的转让常需有三有司参加，原因是司徒管理土地户口，司马管理军赋，司空管理土地度量，与土地转让都有关系。[②]贵族之间进行土地交易时，涉及土田和附属于土田的民众及依土田而出的赋役等，要求司徒、司马和司空都要参加管理，所以三者的职掌都与土地有关系。

司徒、司马、司空由于管理的对象紧密相连，甚至会出现兼职现象。如周恭王时期的《免簠》记载了周王命免做司徒，而根据同一时期的《免尊》（《殷周金文集成》6006）记载，免又被周王任命为司空：

隹（惟）六月初吉，王才（在）奠。丁亥，王各（格）大室，井叔右（佑）免。王蔑免曆，令史懋易（赐）免載市冋黄，乍嗣（司）工（空）。对扬王休，用乍（作）尊彝，用享于朕剌（烈）考，免其万年永宝用。

司徒和司空的共同管理对象都涉及土地，在职掌内容上有交叉，这是出现兼职现象的重要原因。

---

① 郭沫若：《两周金文辞大系图录考释》，第129—131页。

② 李学勤：《西周金文中的土地转让》，《光明日报》1983年11月30日第4版。赵光贤也认为西周中叶存在土地交易。赵光贤：《从裘卫诸器铭看西周的土地交易》，《周代社会辨析》，附录第221—235页。

《诗经·北风》云："溥天之下，莫非王土。"在西周人的观念中，周王是土地的最高所有者。周王持续不断地对贵族赏赐土地，使贵族逐渐拥有越来越多的土地。随着社会商品经济的发展，贵族之间的土地交易开始出现并趋于频繁。以司徒为首的"三有司"代表西周国家主持、管理和监督贵族土地交易，表明国家对贵族土地交易既予以适当承认，又加以一定约束，在社会经济的巨大变动中进行适应调整。

二、司徒等"三有司"共掌民众赋役征发

司徒掌管民众及其徒役，与民众的关系自不待言，而司马、司空和民众也有密切关联。

司马掌管军队、军赋。《左传》襄公二十五年云："楚蔿掩为司马，子木使庀赋，数甲兵。甲午，蔿掩书土、田：……"楚国的蔿掩做司马后，子木让他管理军赋。蔿掩清查土田的情况，当然也要清查民众的数量，根据土地肥瘠和民众数量来征收军赋。司马组建军队，需要民众当兵和征收军赋，与民众当然有重要关系。

司空掌管工程建设。[①]《尚书·尧典》记舜命"伯禹作司空"，负责"平水土"，即负责治理水土。《礼记·王制》云："司空执度，度地居民，山川沮泽，时四时，量地远近，兴事任力。"司空执尺丈量土地，以安排民众之住处。因此，司空组织工程建设，需要人力和征发劳役，也与民众有关。

应该指出，"三有司"即司徒、司马、司空各自的职掌与民众皆有关联，所以"三有司"共掌民众赋役征发，但是由于司徒主管民众，而司马、司空所需的人力无法绕开司徒，所以司徒位于"三有司"之首就成为当然且合乎情理的事情了。

---

① 沈长云：《谈古官司空之职——兼说〈考工记〉的内容及作成时代》，《中华古史论丛》1983年第3期（总27辑），上海古籍出版社，1983年。

在西周前期，国家主要通过贵族间接管理民众，征发赋役。到了西周中后期，从“三有司”的出现来看，国家对管理民众的方式进行重大调整。虽然史书对此语焉不详，但是可以推测其大体情形。

第一，周王朝重视国人的力量，加强对国人的控制。随着西周社会的发展，国人作为一个社会阶层逐渐觉醒和壮大，社会影响力也越来越大。周厉王在经济上实行专利和在政治上实行止谤，实质加强了对国人的防范和控制，最终导致公元前841年国人“相与畔，袭厉王。厉王出奔于彘”（《史记·周本纪》）。“国人暴动”在当时震惊朝野，改变了西周的历史进程，彰显了国人惊天动地的伟大力量。无论“共和行政”，还是宣王掌政，西周王朝都要重视和考虑如何应对日益壮大的国人阶层，加强对国人的控制以稳固统治。因此从国家职官层面，司徒、司马、司空协调联合，强化力量，优化职能，称“三有司”，共管民众，也是形势使然，顺势而为。

第二，周王朝改善庶民的处境，调整对庶民的管理。《国语·周语上》云“宣王即位，不籍千亩”。韦昭注：“籍，借也。借民力而为之。天子田千亩，诸侯百亩，自厉王之流，籍田礼废，宣王即位，不复尊古也。”[①] 西周后期社会生产力的发展导致了私田的兴盛和公田的衰落，因而贵族难以将劳动者紧紧约束在井田之上劳动。周宣王即位后不得不顺应籍田制走向瓦解的形势，“不籍千亩”。这在一定程度上解放了附属于土地的劳动者，削弱了庶民对贵族的人身隶属关系，转而由国家直接掌管一部分庶民。《国语·周语上》云“困民之财”，实质是国家征收财赋直接“取于民也”[②]，而尽量避免通过贵族这个中间环节。

周宣王时期，周朝军队征讨南方失败。《国语·周语上》云：“宣王既丧南国之师，乃料民于太原。”韦昭注曰：“料，数也。”[③] 周宣王征伐南国而军队受

---

① 徐元诰撰，王树民、沈长云点校：《国语集解·周语上》，第15页。
② 徐元诰撰，王树民、沈长云点校：《国语集解·周语上》，第21页。
③ 徐元诰撰，王树民、沈长云点校：《国语集解·周语上》，第24页。

到重创，所以要“料民于太原”[①]，除了希望在此基础上补充兵源、征收军赋、征发劳役外，背后还蕴藏着对民众管理的重大调整，即打破贵族对民众的垄断，进行直接有效地管理。

西周王朝在新的社会形势下调整对民众的管理，包括加强对国人的控制、调整对庶民的管理等，实际由司徒、司马、司空等各有分工，又共同掌管征发如徒役、军赋、劳役等方面。这从国家职官的层面突出显示了西周中后期社会结构的深刻变动，即国人阶层的壮大和庶民阶层的兴起，也深刻体现了西周后期在社会观念上对民众愈加重视。

三、司徒等“三有司”共助周王处理政务

随着西周中后期社会的发展，以司徒为首的“三有司”共管土地、民众，共助周王处理政务，作用更加突出，从而居于更高的政治地位。例如，《永盂》（《殷周金文集成》10322）云：

> 隹（惟）十又二年初吉丁卯，益公内（入）即命于天子。公乃出厥命，易（赐）畀师永厥田湌（阴）昜（阳）洛疆眔师俗父田。厥眔公出厥命，井（邢）白（伯）、燓（荣）白（伯）、尹氏、师俗父、趞（遣）仲。公乃命酉（郑）嗣（司）徒函父、周人嗣（司）工（空）眉、亚史、师氏、邑人奎父、毕人师同，付永厥田，厥率[illegible]（堳）厥疆宋句。永拜䭫（稽）首，对扬天子休命。永用乍（作）朕文考乙伯尊盂。永其邁（万）年，孙孙子子，永其逹宝用。[②]

永盂是周恭王时器。[③]从铭文可以看出，益公传达和执行周王的命令，和井

① 郝铁川认为，周宣王时期，三有司地位显著提高的原因与三有司是治民之官，宣王料民于太原、与贵族争夺劳动人手有关。郝铁川：《西周中央官制的演变》，《河南大学学报》（哲学社会科学版）1985年第4期。

②③ 唐兰：《永盂铭文解释》，《文物》1972年第1期。

（邢）伯、焚（荣）伯、尹氏、师俗父、趞（遣）仲一起对师永赏赐田地。尹氏是作册，而师俗父是师。益公、井（邢）伯和焚（荣）伯是什么官职呢？

先来看井（邢）伯的身份。周恭王时期的《师奎父鼎》云："隹（惟）六月既生霸庚寅，王各（格）于大室，司马井（邢）白（伯）右师奎父。"同一时期的《师瘨簋盖》云："隹（惟）二月初吉戊寅，王才（在）周师司马宫，各（格）大室，即立（位）。司马井（邢）白（伯）親右（佑）师瘨入门立中廷。"另有同一时期的《走簋》云："隹（惟）王十又二年三月既望庚寅，王才（在）周，各（格）大室即立（位），司马井（邢）白（伯）□（入）右（佑）走。"这三件器都属恭王时代，铭文中的司马井（邢）白（伯）都是司马。尤其是《走簋》和《永盂》中年代相同，都是周共王十二年。这充分说明《永盂》中的井（邢）伯任司马。

《永盂》中的益公多见于同一时期金文。《益公钟》云："益公为楚氏龢钟。"此钟是益公为其夫人楚氏所作。唐兰认为是恭王时器。[①] 马承源指出，《益公钟》中，"益公，器主名，见于永盂、乖伯簋、休盘及二年王臣簋、十七年询簋等器，为西周恭、懿时王臣"[②]。陈梦家认为，"益公与十七年《询簋》、廿年《休盘》之右者益公应是一人"[③]。概而言之，益公是周恭王时期的一位非常重要的人物，其生活年代可能延至周懿王时期。吴镇烽亦推测，益公"西周恭懿时期人，官职可能是司土"[④]。《永盂》所记，益公传达王命赐师永田，说明益公和土地有关，而管理土地也是司徒的主要职责之一，在同参朝政的井（邢）伯任司马的情况下，所以益公任王朝司徒的判断大致不差。

那么荣伯就是"三有司"中的司空了，其为周恭王时期的一位重要人物。例如，恭、懿时期的《同簋》(《殷周金文集成》4271）云："隹（惟）十又二

① 唐兰：《西周青铜器铭文分代史征》，第 429 页。
② 马承源：《商周青铜器铭文选》(三)，第 139 页。
③ 陈梦家：《西周铜器断代》，第 302 页。
④ 吴镇烽：《金文人名汇编》，第 212 页。

月初吉丁丑，王在宗周，各（格）于大庙，焚（荣）白（伯）右（佑）同，立中廷，北乡（向）。”荣伯在周王册命同的时候做傧佑，地位也相当高。

综合上述分析，永盂铭文中的益公为司徒，井（邢）伯为司马，荣伯为司空[①]，合称为王朝的“三有司”。有学者指出，西周有公、伯两等的爵位[②]，因此益公的地位在司马井（邢）伯和司空荣伯之上，又能进出王宫，领奉王命，当为执政卿士。

《永盂》的记载表明，司徒益公主持并与司马井（邢）伯、司空荣伯共同处理周王对土地的赏赐，其他大臣师俗父和尹氏、趞（遣）仲也协助这项工作。地方西（郑）司徒函父、周人司空眉、亚史、师氏、邑人奎父、毕人师同则负责具体的工作。

还有其他一些金文能说明西周后期司徒政治地位升高。《鲜钟》（《殷周金文集成》143）云：

> 隹（惟）□月初吉□寅，王在成周嗣（司）土（徒）淲宫。王赐鲜吉金。鲜拜手䭫（稽）首，敢对扬天子休，用乍（作）朕皇考䕨（林）钟，用侃喜上下，用乐好宾，用祈多福，孙子永宝。

鲜钟为周孝王时器。[③]鲜钟铭文记载了周王在成周的嗣土（徒）淲宫对鲜进行赏赐的事情。《十三年𤼈壶》（《殷周金文集成》9723）也提及“司土（徒）淲宫”：

> 隹（惟）十又三年，九月初吉戊寅，王在成周嗣土（徒）淲宫，各（格）大室，即立（位）。徲父右（佑）𤼈，王乎（呼）乍（作）册尹册易（赐）𤼈：画靳、牙僰、赤舄。𤼈拜䭫（稽）首，对扬王休。𤼈其万

① 唐兰也有相同的看法。唐兰：《永盂铭文解释》，《文物》1972年第1期。
② 杨宽：《西周史》，第356页。
③ 陈梦家：《西周铜器断代》，第246页。

年永宝。

十三年癲壶也是周孝王时器。[①]两器铭文均提到的“成周𤔲土（徒）虒宫”，应该是同一场所，可以作为周王赏赐官员的场所，因此这位司徒的地位之高，可想而知。

两器铭文中的司徒与孝、夷时期的纪侯同名虒，所以𤔲土（徒）虒可能是纪侯虒。《史记·齐太公世家》记齐“哀公时，纪侯谮之周，周烹哀公”。己侯钟的年代也能作为证明。事当周夷王时期。《己侯钟》云：

己㑨（侯）虒乍（作）寶（宝）鐘（钟）。

陈梦家指出，“此钟形制花纹，和𧇠钟、迟父钟、鲜钟相同，应是懿、孝时器”[②]。纪侯作为诸侯国君，曾为王朝司徒，而且政治地位非常高。

从《此鼎》也可以看出司徒地位的升高。《此鼎》云：

隹（惟）十又七年，十又二月，既生霸乙卯，王才（在）周康宫徲宫。旦，王各（格）大室，即立（位）。𤔲土（徒）毛叔右（佑）此，入门，立中廷（庭）。王乎（呼）史翏册令（命）此，曰：“旅邑人、善（膳）夫，易（赐）女（汝）玄衣黹屯（纯）、赤市、朱黄、䜌（銮）旅（旗）。”此敢对扬天子不（丕）显（显）休令（命），用乍（作）朕皇考癸公尊鼎，用享孝于文申（神），用匄眉寿。此其万年无疆，畯臣天子，霝（灵）冬（终），子子孙孙永宝用。

此鼎为西周后期器。[③]铭文记周王册封此掌管邑人、膳夫，司徒毛叔作为傧佑。

① 马承源：《商周青铜器铭文选》（三），第211页。

② 陈梦家：《西周铜器断代》，第228—229页。

③ 唐兰定此鼎为宣王时器，马承源定此鼎为厉王时器。参见唐兰：《西周青铜器铭文分代史征》，第514—515页；马承源：《商周青铜器铭文选》（三），第292—293页。

一般地说，作为傧佑的司徒，政治地位比较高。[①] 所以司徒毛叔应该是朝之重臣。

后世文献对西周后期司徒地位升高多有附会。《尚书大传》云："天子三公：司徒公，司马公，司空公。"郑注云：

> 《周礼》天子六卿，与太宰、司徒同职者，谓之司徒公；与宗伯、司马同职者，谓之司马公；与司寇、司空同职者，谓之司空公。一公兼二卿，举下以为称。[②]

郑玄提出了"一公兼二卿"的说法：太宰、司徒同职，称作司徒公；宗伯、司马同职，称作司马公；司寇、司空同职，称作司空公。《汉书・百官公卿表》亦云："太师、太傅、太保，是为三公，盖参天子，坐而议政，无不总统，故不以一职为官名。又立三少为之副，少师、少傅、少保，是为孤卿，与六卿为九焉。记曰三公无官，言有其人然后充之，舜之于尧，伊尹于汤，周公、召公于周，是也。或说司马主天，司徒主人，司空主土，是为三公。"《汉书・百官公卿表》认为太师、太傅、太保为三公，或者司徒、司马、司空为三公。"司徒、司马、司空"为三公之说，并不可信[③]，但是这也曲折反映了西周后期司徒、司马、司空地位升高的事实。

通过上面的分析可以看出，以司徒为首的"三有司"政治地位升高是西周中后期官制发展的一个重要趋势。诚如段志洪所说，西周后期，司徒等原王室家臣均已成为控制王朝政权的大臣了。[④]

---

① 杨宽指出，"从金文来看，作为'右'者都是公卿大臣，有称为'公'和'伯'的，有官为司马、司徒、司工、宰、公族的"。参见杨宽：《西周史》，第343页。

② 皮锡瑞：《尚书大传疏证》卷三之"夏传"，上海古籍出版社，1995年。

③ 宫长为经过研究后认为，今文学派以六卿之中的三有司即司徒、司马、司空为三公，是以汉制说周制，不足为取；古文学派以太师、太傅、太保为三公，根据是较为可靠的。参见宫长为：《西周三公辨析》，《北华大学学报》（社会科学版）1994年第4期。

④ 段志洪：《周代卿大夫研究》，第88页。

四、王朝司徒郑桓公与两周之际的重大变局

西周中后期，王朝司徒的政治地位逐渐升高，在国家事务中发挥越来越大的作用。这种情况不仅从西周金文中可察端倪，而且文献记载也能与此相互印证。西周末年郑桓公担任周王朝司徒，位至执政卿士，面对岌岌可危的周王朝顺时应变而力挽狂澜，即明显事例。

郑桓公，即王子友，是周厉王之子、周宣王之弟。[①]《史记·郑世家》云：

> 郑桓公友者，周厉王少子而宣王庶弟也。宣王立二十二年，友初封于郑。封三十三岁，百姓皆便爱之。幽王以为司徒。和集周民，周民皆说，河雒之间，人便思之。

王子友被周宣王封于郑，成为郑国的始封之君，称郑桓公。郑桓公“封三十三岁，百姓皆便爱之”。郑桓公有贤德和功绩，得到百姓爱戴尊敬。《国语·郑语》云：“幽王八年而桓公为司徒。”郑桓公被周幽王委以王朝司徒之要职，负责管理民众，能够“和集周民”，而“周民皆说，河雒之间，人便思之”。甚至当时的太史伯都说郑桓公“今公为司徒，民皆爱公”（《史记·郑世家》）。《国语·郑语》云“桓公为司徒，甚得周众与东土之人”，说的也是这个意思。周幽王时期，西周王朝已是大厦将倾，而以诸侯国君身份出任王朝司徒的郑桓公深得民众拥护而力撑危局，胜任了王朝司徒的职务。

郑桓公是一位有忧患意识且颇有远见的政治家。《史记·郑世家》云：

> （郑桓公）为司徒一岁，幽王以褒后故，王室治多邪，诸侯或畔之。

---

① 《史记·郑世家》记郑桓公死于幽王之难。沈长云曾对此进行详细辨析，认为郑桓公未死于幽王之难。详参沈长云：《郑桓公未死幽王之难考》，《文史》（第43辑），中华书局，1998年。

于是桓公问太史伯曰："王室多故，予安逃死乎？"太史伯对曰："独雒之东土，河济之南可居。"公曰："何以？"对曰："地近虢、郐，虢、郐之君贪而好利，百姓不附。今公为司徒，民皆爱公，公诚请居之，虢、郐之君见公方用事，轻分公地。公诚居之，虢、郐之民皆公之民也。"公曰："吾欲南之江上，何如？"对曰："昔祝融为高辛氏火正，其功大矣，而其于周未有兴者，楚其后也。周衰，楚必兴。兴，非郑之利也。"公曰："吾欲居西方，何如？"对曰："其民贪而好利，难久居。"公曰："周衰，何国兴者？"对曰："齐、秦、晋、楚乎？夫齐，姜姓，伯夷之后也，伯夷佐尧典礼。秦，嬴姓，伯翳之后也，伯翳佐舜怀柔百物。及楚之先，皆尝有功于天下。而周武王克纣后，成王封叔虞于唐，其地阻险，以此有德与周衰并，亦必兴矣。"桓公曰："善。"于是卒言王，东徙其民雒东，而虢、郐果献十邑，竟国之。

周幽王之时，西周王朝已处于风雨飘摇之中。郑桓公对周王朝安危忧心忡忡，积极寻找出路。他找太史伯商量此事。太史伯给他指出一条明路，建议郑桓公迁至"雒（洛）之东土，河济之南"。郑桓公采纳了太史伯的建议，将郑东迁。《左传》昭公十六年记子产曰："昔我先君桓公，与商人皆出自周，庸次比耦，以艾杀此地，斩之蓬蒿藜藋，而共处之。"郑桓公率领郑人披荆斩棘，艰苦创业，将蛮荒之野逐渐建设成为富足之地，也使郑国更为强盛。

郑桓公通过与史伯的谈话，更加知道人心向背和政局走向。周幽王时期朝政昏乱，致大臣不满、诸侯背离，而太子宜臼却得到大臣拥护、诸侯支持。作为王朝重臣司徒，郑桓公选择了拥有民心的太子宜臼。"余甚且怀疑桓公自与史伯谈话之后，即转而投向与幽王对立的申侯、宜臼一边。"[①] 总之，"郑桓公当西周之末年，在与史伯纵论天下大势后，采取明智行动，弃周东迁，在政治上

① 沈长云：《郑桓公未死幽王之难考》，《文史》（第 43 辑）。

倒向平王势力集团”[①]。郑桓公又一次做出了明智的政治决断。郑桓公迁郑于河洛之间，实为后来的平王东迁洛邑奠定了坚实基础。

但是司徒郑桓公并没有等到周之东迁就已经去世。《史记·郑世家》云郑桓公东迁郑国“二岁，犬戎杀幽王于骊山下，并杀桓公。郑人拥立其子掘突，是为武公”。郑武公，姬姓，名掘突。《左传》隐公六年记周桓公对周桓王说：“我周之东迁，晋、郑焉依。”杜注云：“幽王为犬戎所杀，平王东徙，晋文侯、郑武公左右王室，故曰‘晋、郑焉依’。”[②]平王东迁，主要依靠郑国等国的帮助才得以实现，可见郑国的实力之强。郑武公在周的东迁中建立了很大功劳，按照世袭制当是继任了郑桓公的王朝司徒之职。

《史记·郑世家》云：“（郑）武公十年，娶申侯女为夫人，曰武姜。生太子寤生……二十七年，武公疾。……是岁，武公卒，寤生立，是为庄公。”[③]郑庄公，姬姓，名寤生，郑国第三代国君。《左传》隐公九年云：“郑伯为王左卿士。”鲁隐公九年是公元前 714 年，此时的郑伯为郑庄公，则郑庄公也当继承了郑桓公、郑武公之职为王朝司徒，并任卿士。顺便提及，郑国于郑庄公时期在春秋诸国中率先实现“小霸”[④]，开启了春秋列国争霸的局面。

从以上可以看出，在两周之际乃至周之东迁的过程中，作为王朝司徒的郑桓公、郑武公父子二人前后相继辅佐周王室，在周王朝生死存亡的转折时期发挥了重要作用。其后郑庄公则开启了春秋列国争霸局面，深刻影响了春秋社会的发展进程。

---

① 沈长云：《郑桓公未死幽王之难考》，《文史》（第 43 辑）。

② 杜预注，孔颖达等正义：《春秋左传正义》卷四“隐公六年”，阮元校刻《十三经注疏》本，第 1731 页。

③《史记·郑世家》司马贞索隐云：“谯周云‘名突滑’，皆非也。盖古史失其名，太史公循旧失而妄记之耳。何以知其然者？按下文其孙昭公名忽，厉公名突，岂有孙与祖同名乎？当是旧史杂记昭厉忽突之名，遂误以掘突为武公之字耳。”司马迁撰，裴骃集解，司马贞索隐，张守节正义：《史记》卷四十二《郑世家》，第 1759 页。

④ 童书业：《春秋左传研究》，第 40—43 页。

总之，西周中后期，以司徒为首的“三有司”，共管贵族土地交易，共掌民众赋役征发，共助周王处理政务；司徒在原来管理民众的主职未变的基础上，职掌范围扩大、政治地位升高，渐成举足轻重之势，充分体现了西周中后期社会经济、政治和结构、观念的深刻变动。郑桓公及子郑武公、孙郑庄公担任王朝司徒，成为执政卿士，在两周之际的重大社会变局中发挥了不可替代的重要历史作用。

第三章

司徒与春秋战国社会的变革和转折

——以鲁国大司徒为典型(上)

东周王室衰微，其王朝司徒少见于文献记载。关于春秋诸国司徒的资料则相对丰富，其中尤以涉及鲁国司徒的相关记载最为详尽。晁福林指出，“周代的礼乐文化虽于彝铭和文献中有所记载，但却比较简略零散，因此研究周文化的学者往往从鲁文化中寻其渊源、窥其底蕴，实为不可替代的良方。究其原因，盖在于鲁本为周公的封国，其子伯禽就封时带去其父手制之礼乐文化，乃情理中事”[①]。杨朝明指出，“鲁国社会是整个西周以至春秋战国社会的一个缩影,可以把研究鲁国作为观照两周的一个重要视角”[②]。这些都启发我们可以从春秋战国时期各国司徒的整体情况出发，重点研究鲁国大司徒，进而考察鲁国乃至整个春秋战国时期社会的变迁。

春秋时期，随着民众、土地、军队逐渐成为各个诸侯国生存乃至变革图强的重要条件，司徒掌管民众并兼管军队、土地、赋税，地位较之西周更加重要。战国时期，在国家官僚制度转型的背景下，司徒的职掌逐渐弱化，地位渐趋下降。

---

① 杨朝明:《鲁文化史》晁福林序。

② 杨朝明:《鲁国的历史地位与鲁国史研究》,《史学集刊》1995 年第 4 期。

根据出土金文和传世文献的记载，鲁国设置有大司徒，其原因为鲁国是周公之后，笃行周礼，官制仿效王官。鲁国大司徒担任鲁国冢卿，最为典型，其职掌变化和地位沉浮集中反映了鲁国乃至春秋战国社会巨大、深刻的变动。

鲁桓公之子季友的出生颇具神秘色彩。季友在鲁庄公晚年力克庆父之难，拥立、辅佐鲁僖公，在关系鲁国安危、发展的关键时刻，扮演了举足轻重的关键角色。季友成为鲁国冢卿，是鲁国卿权始盛的标志性事件，其后由季氏世任鲁国大司徒，并逐渐执掌鲁国国政，直至战国初年。

季文子执掌鲁政，前后辅佐三代鲁君，为改变鲁国内忧外患的局面，实行“作丘甲”，加强军队训练，调整对外关系，推动了鲁国社会的初步变革，对于稳定鲁国政局和稳固鲁国在列国舞台上的地位发挥了重要作用。季文子等卿大夫的作为，标志着春秋社会卿权渐盛，实开春秋战国之际社会变革的先路。

大司徒季武子在周礼盛行的鲁国，敢于冲破旧有制度的束缚，“作三军”，“舍中军”，推动鲁国社会的重大变革，并尚贤择才，是应该给予肯定的改革家。季武子决策鲁国的邦交，在晋齐矛盾中斡旋，为鲁国寻找生存的空间，又是一名外交家；同时率兵打仗，堪称军事家。大司徒季武子执掌鲁政意味着鲁国卿权的强盛。

春秋后期，大司徒季平子主导鲁国外交和军事，平定南蒯之乱并与卿大夫矛盾激化，甚至驱逐了鲁昭公。季平子的作为，意味着卿权达到极盛，并与鲁国甚至春秋社会的重大变动紧密相连，是鲁国也是春秋社会卿大夫掌权而政治权力下移的典型代表。

第一节　司徒与春秋战国社会变动考论

春秋战国时期是中国历史上的大变动时期，各诸侯国开展的轰轰烈烈的改革变法运动推动了政治、经济、文化和社会的巨大转型。各诸侯国多设有司徒之官。司徒掌管民众，兼管军队、土地、赋税，因而与社会的变革紧密相连。战国时期，随着国家官僚制度的转型，司徒的职掌逐渐弱化，地位渐趋下降。与东周王室司徒和各诸侯国司徒相比，鲁国大司徒最为典型[①]，有关史料也最为丰富。鲁国大司徒成为集中映照鲁国乃至春秋战国时期社会变动的一面清晰明亮的镜子，值得深入探讨。

春秋社会与战国社会虽然同处社会大转折、大变动时期，但是两个阶段由于历史条件的差异，仍然呈现出不同的特点。故而作为适应社会需要而设置的司徒一官，除其共同特点外，也具备不同的特色。下面拟分春秋、战国两阶段，分别阐述王室和诸侯国司徒与社会变动的关系。

一、司徒与春秋社会的变动

春秋时期，周代社会发生了重大变动。[②]王室衰微，天子失政，诸侯称霸，政在大夫。司徒之官的职掌、地位与春秋社会的变动紧密相连。

（一）春秋时期王室和各诸侯国司徒的概况

东周王朝设有司徒。《左传》襄公二十一年云：

> 栾盈过于周，周西鄙掠之。……王……使司徒禁掠栾氏者，归所取焉。

鲁襄公二十一年（公元前552年），栾盈经过周，周西部边境的人劫掠他。周

---

① 有专家指出齐鲁文化在中华文明发展史上具有特殊地位，“周代的礼乐文化确已集中到鲁国，鲁成为周礼文化的代表及重心所在”。可见在春秋诸侯国中，鲁国司徒成为典型亦非偶然。王志民：《从文化重心到人文圣地：齐鲁文化在中华文明发展中历史地位的演变》，《山东师范大学学报》（人文社会科学版）2012年第1期。

② 有专家指出，“至春秋时期，随着社会形态的演变和政治格局的变迁，原有的社会秩序分崩离析，出现了‘礼坏乐崩’的局面”。就周代礼乐文化而言，与司徒的职掌有重要关系。丁鼎：《儒家礼乐文化的价值取向与中华民族精神》，《山东师范大学学报》（人文社会科学版）2014年第6期。

王让司徒制止那些劫掠栾氏的人，并归还所掠取的东西。此司徒是王室司徒。

在一些诸侯国，司徒位列执政卿之中。如郑国，《左传》襄公十年云：“于是子驷当国，子国为司马，子耳为司空，子孔为司徒。”郑国国君之下，设有执政卿。司徒仅在当国之下，和司马、司空并列执掌国政，可见其地位相当高。根据《左传》襄公二十五年的记载：“司徒致民，司马致节，司空致地，乃还。”鲁襄公二十五年（公元前548年），郑国攻入陈国，陈国战败并表示投降。郑国则由司徒向陈国归还俘虏的民众、司马归还符节、司空归还土地，表示不加侵夺。在这次战争中，“司徒致民”表明司徒主管民众，并且带兵打仗。

卫国也设置有司徒。《左传》哀公十五年云：

> 孔悝立庄公。庄公害故政，欲尽去之，先谓司徒瞒成曰：“寡人离病于外久矣，子请亦尝之。”归告褚师比，欲与之伐公，不果。

鲁哀公十五年（公元前480年），孔悝立了卫庄公。卫庄公认为原来的大臣都靠不住，想要全部清除他们，将司徒瞒成作为优先考虑除掉的对象，这说明卫国的司徒处在一个比较重要的位置。

又《左传》哀公二十五年记卫侯夫人的弟弟期是“大叔疾之从孙甥也，少畜于公，以为司徒”。期是大叔疾的外孙，小时候养在卫侯那里而受重视，卫侯让他做司徒。由此可见卫国司徒地位确实比较重要，否则卫侯不会让期去任此官。

宋国设有司徒，如《左传》成公十五年记宋共公卒后：

> 于是华元为右师，鱼石为左师，荡泽为司马，华喜为司徒，公孙师为司城，向为人为大司寇，鳞朱为少司寇，向带为大宰，鱼府为少宰。

这表明，在宋国执政卿中，司徒与右师、左师、司马、司城、大司寇、少司寇、大宰和少宰共同管理国事，地位也相当高。又如《左传》哀公二十六年云：

于是皇缓为右师，皇非我为大司马，皇怀为司徒，灵不缓为左师，乐茷为司城，乐朱锄为大司寇。

这是宋景公时的事情。此处以皇、灵、乐三族为序排列，并非以官序排列。其实司徒在其中的地位并不低。

陈国的司徒甚至可以置废国君。《左传》昭公八年云：

陈哀公元妃郑姬，生悼大子偃师，二妃生公子留，下妃生公子胜。二妃嬖，留有宠，属诸司徒招与公子过。[①] 哀公有废疾。三月甲申，公子招、公子过杀悼大子偃师，而立公子留。

夏四月辛亥，哀公缢。

杜注曰："招及过皆哀公弟也。"[②] 陈哀公之弟招担任陈国的司徒，并且深得陈哀公的信任，负责照顾哀公的宠子留。司徒招最后能做到杀嫡立庶弑君，可以说与他作为司徒手握陈国重权有密切关系。

当时尚被视为偏远地区的楚国亦设有司徒之职，如《左传》宣公十一年云："令尹蒍艾猎城沂，使封人虑事，以授司徒。"令尹蒍艾猎在沂地筑城，派遣封人考虑工程计划，报告给司徒。

还有一些国家虽然也设有司徒，但由于种种原因，名称发生了改变，如晋国。《史记・晋世家》云："十八年，靖侯卒，子厘侯司徒立。"晋厘（僖）侯名司徒，结果如《左传》桓公六年所云："晋以僖侯废司徒。"晋国为避晋厘（僖）侯名之讳，将司徒之名取消，改为中军。

另外有的诸侯国军队中也设有司徒，如齐国军队中设有"锐司徒""辟司

---

① 杨伯峻说："本无'司'字，今从'校勘记'及金泽文库本增。"杨伯峻：《春秋左传注》（修订本），第 1301 页。

② 杜预注，孔颖达等正义：《春秋左传正义》卷四十四"昭公八年"，阮元校刻《十三经注疏》本，第 2052 页。

徒”。鲁成公二年（公元前 589 年）鞌之战齐侯免于被俘以后，从徐关进入齐国临淄，遇到一位女子。《左传》成公二年云：

> 遂自徐关入。齐侯见保者，曰：“勉之！齐师败矣。”辟女子，女子曰：“君免乎？”曰：“免矣。”曰：“锐司徒免乎？”曰：“免矣。”曰：“苟君与吾父免矣，可若何！”乃奔。齐侯以为有礼，既而问之，辟司徒之妻也。予之石窌。

这是一个很有意思的故事，从中可以看到齐国军队中设置司徒的情况。齐侯在鞌之战中战败脱逃，从徐关进入齐国临淄。齐侯所坐车的前卫驱使一个女子躲开。这个女子问锐司徒免于祸难了吗？回答说免了。原来她是齐军中锐司徒的女儿、辟司徒的妻子。杨伯峻指出：“锐是古代矛类兵器，《尚书·顾命》：‘一人冕执锐。’‘锐司徒’或是主管此种兵器之官。”[①] 又指出：“辟司徒，杜注以为‘辟’乃‘壁’之借字，因谓其为‘主垒壁者’。”[②] “锐司徒”和“辟司徒”为齐军所置。春秋司徒出现变名和异名的现象，当与春秋时期社会发生的复杂变化有关。随着春秋时期战争的频繁和战事的需要，齐国军队即有“锐司徒”和“辟司徒”的设置。

（二）春秋时期司徒职能的扩大、地位的升高与社会变动

春秋时期鲁、郑等一些国家的司徒地位显著。童书业对此有很好的说明：“春秋官制之变，一言以蔽之，乃由王宫大臣及臣仆式之官吏向司民、司军、司政官吏之转变。最突出之表现为司徒、司马、司空‘三司’之官之被逐渐重视。”[③] 与此形成强烈反差的是宰的地位下降。西周时期，宰具有很高的地位，辅相周王。春秋时期，宰除了在吴、宋等一些国家还具有一定的权力外，在其

---

①② 杨伯峻：《春秋左传注》（修订本），第 796 页。

③ 童书业：《春秋左传研究》，第 339 页。

他国家已经不太重要，通常远离政治权力的核心。那么春秋时期司徒地位升高的原因是什么呢？这和社会发生变动带来的司徒职能的扩大密切相关。

第一，在春秋时期国、野差别渐趋缩小和社会结构变动的情况下，司徒通过掌管更为广大的民众以掌控国家的民政和兵源。例如根据《国语·齐语》的记载，管仲在回答齐桓公“伍鄙若何”时谈到“相地而衰征”。韦注：“相，视也。衰，差也。视土地之美恶及所生出，以差征赋之轻重也。”[①]有学者指出，齐国实行“相地而衰征”后，“西周的籍田剥削从此废止，实物地租取代了劳役地租，国人和野人的经济权力的差别开始泯灭，国野对立的经济基础开始瓦解”[②]。多数诸侯国实行的类似政策推动了国、野差别渐趋缩小，进而引起社会结构的变动。鲁国成公元年“作丘甲”，陈恩林认为是向野人征赋，征召野人当兵。[③]司徒掌管赋税和兵源，因此类似“作丘甲”的措施实际上使野人直接进入了司徒的管理范围而使司徒管理的民众更为广泛。春秋时期，战争需要使许多诸侯国大规模地征发民众服徒役和兵役。如《左传》桓公十六年云：“冬，城向。”《左传》襄公十三年云：“冬，城防。”而诸侯国发动战争的例子不胜枚举。司徒通过掌管最广大的民众以征发徒役和兵役，也就是掌控国家的民政和兵源，这在战争不断的春秋时代，可谓十分重要。

第二，在春秋社会国、野差别渐趋缩小和社会结构变动的背景下，司徒掌管更为广大的土地，按土地征收赋税，掌控国家的财政。西周时期，祭祀、消费和军需等主要源于王室和公室籍田的收入，而司徒掌管籍田。《左传》哀公十一年云：“初，辕颇为司徒，赋封田以嫁公女。”杜注：“封内之田，悉赋税之。”[④]辕颇为陈国司徒，对国内所有土田征收赋税用来作为出嫁国君女儿的费

① 徐元诰撰，王树民、沈长云点校：《国语集解·齐语》，第227页。

② 田昌五、臧知非：《周秦社会结构研究》，西北大学出版社，1996年，102页。

③ 陈恩林：《先秦军事制度研究》，第132—134页。

④ 杜预注，孔颖达等正义：《春秋左传正义》卷五十八“哀公十一年”，阮元校刻《十三经注疏》本，第2166页。

用。不仅陈国，其他诸侯国也有类似的举措。根据《左传》的记载，这一过程在鲁国是大司徒通过“用田赋”等改革来完成的。[①]春秋时期，司徒征收赋税的范围从籍田扩大到了更多土田，不再局限于国、野之分。这些举措促进了国、野差别的缩小和社会结构的变动，使籍田之外的野人的土地也由司徒管理，扩大了司徒管理土地的范围。这些都表明，司徒通过掌管最广大的土地以征收赋税，从而掌控了国家的财政和国家的经济命脉。

春秋时期，各个国家需要充足的人力、兵源和财源以生存图强，并满足频繁的战争需要。随着春秋时期国、野差别渐趋缩小，还有社会结构变动和土地、赋税、兵役制度的变化，司徒职掌范围扩大，掌管国家民政、财政和兵源；司徒地位升高，在职官中显得尤为重要。

（三）春秋时期司徒的属官与社会事务

春秋时期有里人一职。《国语·鲁语上》记鲁文公打算扩建宫室，想占用孟文子、郈敬子的住宅，孟文子则以守护先王建政之制和有利于政务为由，婉拒了鲁文公的想法。孟文子说：“若罪也，则请纳禄与车服而违署，唯里人所命次。”韦昭注曰：“里人，里宰也。有罪去位，则当受舍于里宰。”[②]此句意谓，国君如果以为孟文子有罪，就免去他的爵禄，让他交还车舆服饰而离开官署，让里人来安排他的住宅，由里宰负责本里的政令。同篇记郈敬子云：“先臣惠伯以命于司里……请从司徒以班徙次。”韦昭注曰：“司徒，掌里宰之政，比夫家众寡之官也。敬之自以有罪，君欲黜之，故请从司徒徙里舍也。”[③]此句意谓，先臣惠伯接受司里的命令住在这所房子里，而君王如果以我有罪而黜退的话，请司徒按照班次安排我的住宅。这表明，里人、司里皆为一里

① 关于鲁国的“初税亩”“作丘甲”和“用田赋”还有许多争论，本书兹不详辨。但这是鲁国在籍田制面临瓦解的形势下对土地和赋税制度进行的改革，总的倾向是土地越来越受到重视，逐渐成为国人和庶民交纳赋税的标准。

② 徐元诰撰，王树民、沈长云点校：《国语集解·鲁语上》，第163页。

③ 徐元诰撰，王树民、沈长云点校：《国语集解·鲁语上》，第164页。

之负责官员，负责具体安排官员的住宅事宜，是司徒的属官。①

春秋时期，司徒从西周时期就有的下属虞官一职仍然存在。《国语·周语中》云："虞人入材。"韦昭注曰："虞人，掌山泽之官。祭祀、宾客，供其材也。"②《左传》昭公四年说献冰，云"山人取之，县人传之"，杜注云："山人，虞官。县人，遂属。"③孔颖达疏曰："《周礼》山虞掌山林之政令。知山人，虞官也。《周礼》五县为遂，是县为遂之属也。"④可知此处山人当为山虞，亦为虞官的一种。顺便提及，里人、里君、县人等的存在，也间接证明《周礼·地官》"五家为邻，五邻为里，四里为酂，五酂为鄙，五鄙为县，五县为遂"基本可信。

春秋时期，司徒有属官贾正（即贾师）。《左传》昭公二十五年记臧会离开臧氏"奔郈。郈鲂假使为贾正焉。计于季氏"。郈鲂假让臧会任贾正之职，给季氏送账本。杜注云："贾正，掌货物使有常价，若市吏。"⑤孔疏云："贾正如《周礼》之贾师也。……云'各掌其次之货物贿之治，辨其物而均平之'，'禁贵儥者，使有恒贾'。此郈邑大夫使为贾正，使为郈市之贾正也。郈在后为叔孙私邑，此时尚为公邑，故使贾正通计簿于季氏。"⑥杨伯峻亦指出："贾正为司徒属官，据昭四年传，季武子为司徒，季氏当世袭此职，故臧会送其账本于季氏。"⑦据此可知贾正为司徒属官。

春秋时期，司徒有属官封人。《左传》宣公十一年云："令尹蔿艾猎城沂，使封人虑事，以授司徒。"杨伯峻注解说："《左传》隐元年有颍谷封人，桓

---

① 有专家撰文对秦汉社会乡里官吏做过深入研究，可作为类推了解先秦社会乡里官吏的参考。仝晰纲：《秦汉乡官里吏考》，《山东师范大学学报》（社会科学版）1995 年第 6 期。

② 徐元诰撰，王树民、沈长云点校：《国语集解·周语中》，第 67 页。

③④ 杜预注，孔颖达等正义：《春秋左传正义》卷四十二"昭公四年"，阮元校刻《十三经注疏》本，第 2034 页。

⑤ 杜预注，孔颖达等正义：《春秋左传正义》卷五十一"昭公二十五年"，阮元校刻《十三经注疏》本，第 2110 页。

⑥ 杜预注，孔颖达等正义：《春秋左传正义》卷五十一"昭公二十五年"，阮元校刻《十三经注疏》本，第 2110—2111 页。

⑦ 杨伯峻：《春秋左传注》（修订本），第 1468 页。

十一年有祭封人，文十四年有萧封人，昭十九年有郹阳封人，二十一年有吕封人，《论语·八佾》有仪封人，诸封人皆是典守封疆之官。此封人不与彼同。《周礼·地官》有封人：‘凡封国，设其社稷之壝，封其四疆；造都邑之封域者亦如之。’则是并掌建筑城郭。……虑事……此为筹度工事，估计工程工需之类。”[①]“封人为司徒之属官，故其虑事毕，上于所司也。”[②]令尹蔿艾猎在沂地筑城，派遣封人考虑工程计划，报告给掌管徒役的司徒。此处的封人为司徒的属官。

可以看出，春秋时期司徒的属官较之西周增多，可考者有里人（里君、司里）、山人（山虞）、贾师（贾正）、封人等，管理社会、山林、经济、疆土，这意味着司徒管理的社会事务更加丰富。

（四）春秋战国之际卿大夫家的司徒与社会变动

春秋中后期，许多诸侯国国君权力也开始式微，而卿大夫的实力增强，出现了礼乐征伐“自大夫出”（《论语·季氏》）的现象。诸侯国公室的衰微，导致了如《左传》昭公三年所说的“政在家门”。[③]关于“家”的含义，朱凤瀚认为“指包含大宗、小宗家族在内的诸卿宗族整体”[④]。卿大夫的“家”包括采邑上的土地民众在内，是一个相对完整的政治经济实体，主要由以家宰或邑宰为首的家臣来治理。家臣制度“消除了宗法制度之下同一人既是‘臣’又是‘君’的矛盾现象”[⑤]。这是战国封建官僚制度的萌芽。春秋战国之际，卿大夫的“家”的实力更加壮大，其内部结构更加成熟和完善。

---

①② 杨伯峻：《春秋左传注》（修订本），第712页。

③ 《左传》桓公二年记晋国师服云：“天子建国，诸侯立家，卿置侧室，大夫有贰宗，士有隶子弟，庶人、工、商，各有分亲，皆有等衰。”杜注“诸侯立家”云：“卿大夫称家。”杨伯峻指出：“诸侯分采邑与卿大夫。卿大夫曰家。”诸侯国在自己国家内分封卿大夫，卿大夫建立“家”。参见杨伯峻：《春秋左传注》（修订本），第94页。

④ 朱凤瀚：《商周家族形态研究》（增订本），天津古籍出版社，2004年第2版，第464页。

⑤ 王兰仲：《试论春秋时代宗法制与君主专制的关系》，《中国史研究》1984年第1期。

春秋时期，随着卿大夫的实力超过国君，卿大夫的“家”开始走向“国”。赵伯雄认为，“春秋战国之际，卿大夫取代了国君，大夫之‘家’扩充而为‘国’，家宰之宰遂演化而为宰相之制”[①]。邵维国亦指出，“卿大夫的家与春秋中前期以前比，在性质上已发生了根本性变化。……这样一来，其内部的家臣的身份也发生了变化，实质上已成为国家政权的官吏”[②]。可以这样说，春秋战国之际管理卿大夫“家”的家臣所代表的官僚组织正处于向封建国家官僚体制过渡的阶段。春秋时期，随着卿大夫采邑的扩大，作为管理土地民众的家臣，司徒的职责也必然随之增强。在这样的情况下，属于以家宰或邑宰为首的家臣系统中的司徒在春秋社会变动中也扮演了相应的角色。限于资料的缺乏，在这里以鲁国季孙氏和孟孙氏家臣中的司徒为例进行探讨。

季孙氏费邑家臣中有司徒。《左传》昭公十四年云：

> 南蒯[③]之将叛也，盟费人。司徒老祁、虑癸伪废疾，使请于南蒯曰：“臣愿受盟而疾兴，若以君灵不死，请待间而盟。”许之。二子因民之欲叛也，请朝众而盟。遂劫南蒯曰：“群臣不忘其君，畏子以及今，三年听命矣。子若弗图，费人不忍其君，将不能畏子矣。子何所不逞欲？请送子。”请期五日。遂奔齐。

季孙氏费邑之宰南蒯将要叛变，反被司徒老祁、虑癸盟费众而挫败。杨伯峻对此有说明：

> 孔《疏》引《世族谱》谓司徒老祁为一人。司徒，服虔以为姓，马宗琏《补注》则云，“此司徒盖即小司徒，季氏家臣为之”，亦有据。虑癸为

① 赵伯雄：《周代国家形态研究》，湖南教育出版社，1990 年，第 251 页。

② 邵维国：《周代家臣制述论》，《中国史研究》1999 年第 3 期。

③《左传》昭公十二年：“季平子立，而不礼于南蒯。”杜注：“蒯，南遗之子，季氏费邑宰。”杜预注，孔颖达疏：《春秋左传正义》卷四十五“昭公十二年”，阮元校刻《十三经注疏》本，第 2062 页。

又一人。马宗琏又云："盖老祁、虑癸二人皆为司徒也。"二人服虔以为季氏家臣，杜注以为"南蒯家臣"，当从服说。杜预据下文二人于南蒯称臣，故云"南蒯家臣"。顾炎武《补正》云："其请于南蒯亦称臣者，古人之谦辞尔，《史记·高祖纪》'注'张晏曰：'古人相与言自称臣。'"此说是。[①]

杜注云二人为"南蒯家臣"，不确。杨伯峻同意马宗琏的老祁、虑癸为季氏家臣司徒的看法。《左传》昭公二十五年叔孙氏之司马鬷戾当众明讲："我，家臣也，不敢知国。"叔孙氏有家臣司马，季孙氏、叔孙氏家臣设置情况当基本类似，则季孙氏家有家臣司徒亦合乎情理。所以老祁、虑癸为季氏家臣司徒的看法是正确的。另外，从司徒老祁、虑癸"请于南蒯"，二人虽身份低于邑宰，但从能"朝众而盟"来看，二人也是季氏在费地的家臣，而绝非南蒯的家臣，并且其职掌与民众有关。所以老祁、虑癸皆为季氏费邑以邑宰为首的家臣系统中的司徒，并且有较高的地位和较强的实力，这样才能挫败邑宰南蒯。

孟孙氏家臣也有司徒。《礼记·檀弓上》云："孟献子之丧，司徒旅归四布。"孔疏云："孟献子之丧，送终既具，赙布有余，其家臣司徒敬子禀承主人之意，使旅下士归还四方赙主人之泉布也。"[②]孔氏认为司徒敬子是家臣司徒。司徒为孟献子的丧事奔波，则该司徒当是孟献子的家臣司徒。

随着卿大夫家臣系统管理的事务逐渐增多，其结构亦不断完善，家臣司徒亦有属官，可考者有虞人等。《左传》定公八年记阳虎欲去三桓，"阳虎前驱，林楚御桓子，虞人以铍、盾夹之，阳越殿"。阳虎驱车走在前边，林楚为桓子驾车，虞人手持铍、盾在两边夹护，阳越走在最后，则此虞人为季氏之家臣。前文论及，虞人为司徒属官。可知此虞人为季氏家臣司徒的属官，其能用武器铍、盾，或与其看护山林泽牧所用的武器有关。

---

① 杨伯峻：《春秋左传注》（修订本），第1364页。

② 郑玄注，孔颖达等正义：《礼记正义》卷八《檀弓上》，阮元校刻《十三经注疏》本，第1292页。

二、司徒与战国社会的改革

战国时期，诸侯国君称王，设置将、相之官，积极推行变法。随着战国社会的改革，司徒在官僚体系中的地位和职掌也相应发生变化。

（一）战国诸国司徒的概况

战国时期，许多诸侯国如魏、韩、赵和齐、楚都设有司徒类职官。仍然设有司徒。

魏国在相之下设置了司徒。《战国策·赵策四》记载了魏国的司徒："魏王许诺，使司徒执范座，而未杀也。"此司徒可能也负责刑罚之事。《吕氏春秋·应言》也提到魏国司徒："魏令孟卬割绛、汾、安邑之地以与秦王。王喜，令起贾为孟卬求司徒于魏王。"秦王命令起贾为孟卬向魏王求做司徒。以上两则材料说明魏国设有司徒之职。《战国策·魏策三》云：

> 芒卯谓秦王曰："王之士，未有为之中者也。臣闻明王不胥中而行。王之所欲于魏者，长羊、王福、洛林之地也。王能使臣为魏之司徒，则臣能使魏献之。"秦王曰："善。"因任之以为魏之司徒。

芒卯如果做了魏的司徒，就能让魏献长羊、王福、洛林之地。这可能与魏国司徒掌管土地有关。

魏国设置有虞人之官。《战国策·魏策一》云：

> 文侯与虞人期猎。是日，饮酒乐，天雨。文侯将出，左右曰："今日饮酒乐，天又雨，公将焉之？"文侯曰："吾与虞人期猎，虽乐，岂可不一会期哉！"乃往，身自罢之。魏于是乎始强。

此记魏文侯和虞人打猎之事，而打猎多在山林川泽。此处虞人当为掌山泽之官。根据本书前文研究，西周时期虞官包括山虞、泽虞等，为司徒的属官，春秋时亦有虞人之称，则魏国的虞人很有可能是司徒的属官。

韩国在相之下设置了司徒。《史记·高祖功臣侯者年表》云：“（张良）以厩将从起下邳，以韩申徒下韩国。”张良在韩国做过申徒。申、司古音相通，申徒即司徒。韩国司徒为相之下负责民事的职官。

韩国设置有廪吏、封人等官。《韩非子·内储说下》云：“韩昭侯之时，黍种尝贵甚有。昭侯令人覆廪，廪吏果窃黍种而粜之甚多。”[①] 韩昭侯之时，黍种藏在廪中，则当有廪吏负责看管。《吕氏春秋·开春论》云：“韩氏城新城，期十五日而成。段乔为司空，有一县后二日，段乔执其吏而囚之。囚者之子走告封人子高曰：‘唯先生能活臣父之死，愿委之先生。’封人子高曰：‘诺。’”这里还提到了封人。高诱注：“子高，贤者也。封人，田大夫，职在封疆，故谓之封人。”[②] 高氏所云正确。西周、春秋时期的司徒属官即有廪人。因此，韩国的廪吏和封人很有可能是司（申）徒的属官。

另外，三晋还有都司徒。李学勤指出，三晋都官印有“夏虚都司徒”。[③] 这是在战国社会进一步发展的背景下，司徒有新的类别出现。

赵国有司徒类职官田部吏。《史记·廉颇蔺相如列传》云：“赵奢者，赵之田部吏也。收租税而平原君家不肯出租，奢以法治之，杀平原君用事者九人。平原君怒，将杀奢。奢因说曰：‘君于赵为贵公子，今纵君家而不奉公则法削，法削则国弱，国弱则诸侯加兵，诸侯加兵是无赵也，君安得有此富乎？以君之贵，奉公如法则上下平，上下平则国强，国强则赵固，而君为贵戚，岂轻于天下邪？’平原君以为贤，言之于王。王用之治国赋，国赋大平，民富而府库实。”赵奢为田部吏，掌管“收租税”，后被

① 引文据王先慎：《韩非子集解》卷第十《内储说下六微》，中华书局，1998年，第252页。王先慎并指出：“各本‘甚有’二字作‘甚’，据《艺文类聚》八十五引改。谓民间甚有黍种也。”“各本不重廪字，据《艺文类聚》引补。”

② 许维遹撰，梁运华整理：《吕氏春秋集释》卷二十一《开春论·察贤》，中华书局，2009年，第584页。

③ 李学勤：《战国题铭概述》，《文物》1959年第8期。

赵王“用之治国赋”，职掌与司徒相近，亦为相之下的管理田地、赋税的职官。

齐国设置有右司徒。李学勤指出，齐国印玺有“右司徒……之玺”[①]。右司徒为相之下管理民事的职官。

楚国设置有司徒及其属官。《史记·屈原贾生列传》云：“屈原……为楚怀王左徒。”《史记·楚世家》云：“（楚）考烈王以左徒为令尹，封以吴，号春申君。”晁福林说：“从战国中期开始，楚国中央官府里面，却出现了相当重要的左徒之职。依照左、右尹是为令尹辅佐助手之例，可以推测左徒起初可能是司徒的辅佐，后来才变为地位甚高的职官。”[②]

（二）司徒与战国官僚体制的改革

春秋战国之际，相逐渐成为辅佐周天子和各诸侯国君的“百官之长”（《荀子·王霸》），也就是官僚机构的首脑。东周王室设置了相。《战国策·东周》云：“昭献在阳翟，周君将令相国往，相国将不欲。”又云：“周相吕仓见客于周君。”周天子以相国（相）辅佐治国，应该是一个巨大的历史突破。

《韩非子·外储说左下》说“解狐荐其仇于简主以为相”。晋国解狐推荐仇人给赵简子为相。“到春秋晚期，当晋国进步的卿大夫开始使用官僚管理政务的时候，‘相’就成为官僚机构的首脑。”[③]“将军原是春秋时代晋卿的称号，因为春秋时代卿大夫不仅有统治权力，而且有宗族和‘私属’的军队亲自统率着。到战国时代，由于统治范围的扩大、官僚机构的庞大复杂，由于常备兵的建立和征兵制度的推行、战争规模的扩大和战争方式的改变，在官僚机构中不得不文武分家，产生了文官的首长——相，和武官的首长——将。”[④]公元前403年，晋国分为魏、赵、韩三国。魏、赵、韩三国的官僚制度在晋国原来的基础上继

---

① 李学勤：《战国题铭概述》，《文物》1959年第8期。

② 晁福林：《春秋战国的社会变迁》，商务印书馆，2011年，第716页。

③ 杨宽：《战国史》，上海人民出版社，2003年，第221页。

④ 杨宽：《战国史》，第222页。

续变革。

魏国变革较早。《史记·魏世家》记魏文侯向李克询问置相的事情。《汉书·艺文志》载《李克》七篇，注云："子夏弟子，为魏文侯相。"[①]这些都说明魏国自魏文侯时起就开始设相。《史记·魏世家》云："(魏)武侯卒，子罃立，是为惠王。"魏武侯后，魏君称王。魏国也设置将。《战国策·赵策三》云："秦围赵之邯郸，魏安釐王使将军晋鄙救赵。"总之，魏王之下设置了将、相。与魏国相同，赵国、韩国也有了王的称号和将、相的设置。

战国时期的齐国，加强了君主集权。《史记·田敬仲完世家》记齐威王时"齐最强于诸侯，自称为王，以令天下"。《战国策·齐策一》云："成侯邹忌为齐相，田忌为将，不相说。"齐威王并任命邹忌为齐相，田忌为将。齐国的政权组织结构发生了根本的变化。

燕国和卫国也是如此。《史记·燕召公世家》记燕国"文公卒，太子立……十年，燕君为王"。燕君称王，并设置相、将。《史记·乐毅列传》云："燕昭王悉起兵，使乐毅为上将军。"《史记·赵世家》还提到燕相子之。与燕国相似，春秋战国之际，卫国也有相的设置。[②]楚国稍有差别，辅佐楚王的最高执政为令尹，并设有将军。

秦国实行改革，效果明显。《史记·秦本纪》云："(秦)昭襄王元年，严君疾为相。……八年，使将军芈戎攻楚，取新市。"到秦昭襄王时代，将、相的设置已经比较完备。

综上所述，"战国时代各大诸侯国先后形成为中央集权的政治体制，出现了以相、将为首的官僚机构，这在中国古代政治历史上是一种进步现象"[③]。在君主集权这种新的政治体制下，司徒掌控民政、影响朝政的地位被相取代；

---

① 班固撰，颜师古注：《汉书》卷三十《艺文志》，第1724页。

② 《战国策》卷三十二《宋卫策》记卫人殷顺且向卫嗣君进谏后："君曰：善。"与之相应，曰："我死，子制之。"嗣君死，殷顺且以君令相公期。卫嗣君将相印授予殷顺且，此后殷顺且按照卫嗣君的命令为卫嗣君子公期之相。

③ 杨宽：《战国史》，第223页。

带兵打仗、掌控兵役的职责被将代替。司徒的政治地位由此下降，最终成为相之下的一个属官。

（三）司徒与战国社会土地制度的改革

战国时期，随着各国的改革，井田制逐渐废除，出现了授田制，如魏国。《汉书·食货志》云：

> 李悝为魏文侯作尽地力之教……今一夫挟五口，治田百亩，岁收亩一石半，为粟百五十石，除十一之税十五石，余百三十五石。……行之魏国，国以富强。

魏国按人口划分田亩，相对应的是按田亩收税。

秦国也进行了改革。《汉书·食货志》云："及秦孝公用商君，坏井田，开阡陌，急耕战之赏……"秦国在商鞅的主持下，废除井田。《史记·商君列传》云："于是以鞅为大良造。……为田开阡陌封疆，而赋税平。"其关键是变革土地制度，突破和瓦解井田制度，实施新的土地制度，也就是授田制，并按田亩收税。

《荀子·王霸》云匹夫"百亩一守"，"农分田而耕"，成为"天下莫不平均"的一个前提条件。"国家的授田制在战国时期成为影响很大的土地分配方式，并且直接影响到赋税制度的变化。"①"战国时期虽然多种土地占有方式并存，但在各个诸侯国却以国家的授田制占主导地位。"②井田制下，人与土地紧密结合，以劳役地租为主，因此以管理民众为主要职掌的司徒对人与土地严密控制，兼管土地、赋税；授田制下，土地与人的关系分离，实行按亩收税，因此以管理民众为主要职责的司徒逐渐不再兼管土地、赋税。司徒掌管国家财政

① 晁福林：《春秋战国的社会变迁》，第 593 页。
② 晁福林：《春秋战国的社会变迁》，第 595 页。

的职能也相应被削弱，甚至逐渐消失。

总之，随着战国社会的改革，在君主集权这种新的政治体制下，司徒的地位明显下降，职能大为削弱，最终成为相之下的属官。

第二节　鲁国大司徒概说
——春秋时期最为典型的司徒

根据出土金文和传世文献的记载，春秋时期鲁国设置有大司徒。鲁国设置大司徒的原因，尚需深入研究。从鲁国历史和文化来看，鲁礼和周礼的相同之处是鲁国设置大司徒的重要原因，而鲁国崇尚礼乐教化的社会背景，使鲁国对大司徒之职有非同一般的重视。下面从这些方面试做分析。

一、鲁国设置大司徒

从春秋鲁国金文来看，鲁国设有大司徒一职，而且地位显赫。这里以涉及春秋时期鲁国大司徒的金文为例。

春秋早期的《鲁大司徒子仲白匜》云：

> 鲁大嗣（司）徒子仲白乍（作）其庶女厉孟姬媵匜，其眉寿万年无疆，子子孙孙永宝用之。①

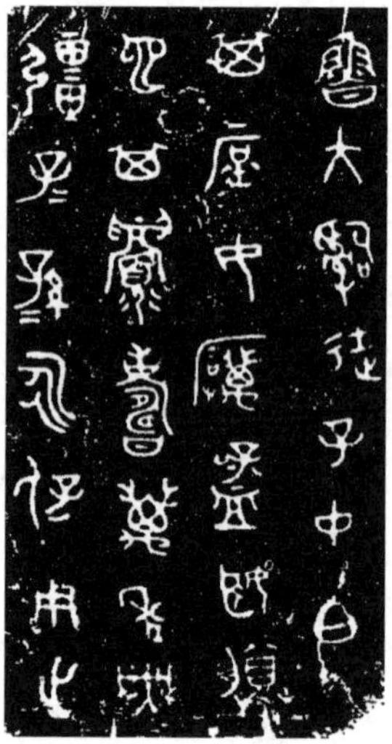

鲁大司徒子仲白匜铭文

① 马承源认为该器是春秋早期器。马承源：《商周青铜器铭文选》（四），文物出版社，1990年，第518—519页。

鲁大司徒子仲白为其女儿做匜，用于陪嫁。其具体做于春秋何时，无法确考。

春秋中期《鲁大司徒元簠》云：

> 鲁大嗣（司）徒厚氏元乍（作）善（膳）匶（簠），其眉寿万年无疆，子子孙孙永宝用之。①

这是鲁大司徒厚氏元自做的簠。

春秋中期《鲁大左司徒元鼎》云：

> 鲁大左嗣（司）徒元乍（作）善鼎，其万年眉寿，永宝用之。

这是鲁大左嗣（司）徒元自做的鼎。

春秋中期《鲁大司徒元盂》云：

> 鲁大嗣（司）徒元乍（作）饮盂，万年眉寿，永宝用。

这是鲁大司徒元自做的盂。“厚”为“郈”。因为从春秋中期起，鲁国司徒一直由季氏担任，厚（郈）氏元做司徒当在季氏之前。从金文来看，春秋时期鲁国大司徒似乎有左右之分，但是这些字数较少，很难进行深入探讨。

鲁大司徒元簠铭文

鲁大左司徒元鼎铭文

鲁大司徒元盂铭文

---

① 马承源认为该器和鲁大司徒元簠、鲁大左司徒元鼎、鲁大司徒元盂都是春秋中期器。马承源：《商周青铜器铭文选》（四），第519—521页。

《左传》昭公四年记季孙氏与杜泄的对话，杜泄说：

> 吾子为司徒，实书名。夫子为司马，与工正书服。孟孙为司空，以书勋。

“吾子为司徒”，杜注云：“谓季孙也。书名，定位号。”这句话的意思是，季孙做司徒，记载姓名；叔孙做司马，让工正记载车服；孟孙做司空，以记载功勋。季、叔、孟三家是鲁国最重要的卿大夫家族，分掌了鲁国最重要的官职，其中以季氏家族权势最大，季孙氏以司徒之职任鲁国冢卿，在春秋中后期执掌鲁国国政。

二、从鲁国与周礼的关系看鲁国大司徒

《左传》昭公二年记韩宣子云：“周礼尽在鲁矣。”鲁礼与周礼同。鲁国官制是鲁礼的一部分，则鲁国职官设置和周王朝的职官设置也应该大体相同。太宰之下，设有大司徒、大司马、大司空、宗伯、大司寇之职。鲁用王礼，得以设置大司徒。①

《左传》昭公五年有关于鲁礼的记载：

> 叔仲子谓季孙曰：“带受命于子叔孙曰：‘葬鲜者自西门。’”季孙命杜泄。杜泄曰：“卿丧自朝，鲁礼也。吾子为国政，未改礼，而又迁之。群臣惧死，不敢自也。”既葬而行。

叔仲子对季孙说：“带在子叔孙那里接受命令，说：‘安葬不得善终的人从西门出去。’”杜泄说：“卿的丧礼从朝门出去，这是鲁国的礼仪。您掌握国政，没有正式修改礼仪而现在又加以改变。下臣们害怕被诛戮，不敢服从。”安葬完

① 周的诸侯国中，鲁国之外，宋国亦设有大司徒。《左传》昭公二十二年云“宋公使……边卬为大司徒”。宋继殷祀，用殷商之王礼，设置大司徒之职可能与此有关。因为周公之故，在诸侯位次中有“班长”之称，故用周之王礼，设置大司徒之职。

毕就出走了。这里杜泄提到了“鲁礼”。其实“鲁礼”实为“王礼”。鲁礼何以与王礼相同呢？这与周王朝对鲁国特别的嘉赏有关。《礼记·明堂位》对此有更加详细的说明：

> 武王崩，成王幼弱，周公践天子之位以治天下。六年，朝诸侯于明堂，制礼作乐，颁度量，而天下大服。七年，致政于成王。成王以周公为有勋劳于天下，是以封周公于曲阜，地方七百里，革车千乘，命鲁公世世祀周公以天子之礼乐。……凡四代之服、器、官，鲁兼用之。是故鲁，王礼也，天下传之久矣。

周公先助武王灭商，后又辅佐成王东征，平定三监之乱，力挽狂澜，封建诸侯，勤劳王室，为周王朝的建立和巩固立下了伟大的功劳。所以周王封周公于鲁，给予特别的优待和赏封。周公忙于国政，而以其长子伯禽代封。“鲁公世世祀周公以天子之礼乐”，这就是说鲁国享有使用周天子礼乐制度的特权，是故鲁有王礼，“凡四代之服、器、官，鲁兼用之”。这一说法，应当有所根据。

《左传》定公四年记子鱼曰：

> 以先王观之，则尚德也。昔武王克商，成王定之，选建明德，以蕃屏周。故周公相王室，以尹天下，于周为睦。分鲁公以大路，大旂，夏后氏之璜，封父之繁弱，殷民六族，条氏、徐氏、萧氏、索氏、长勺氏、尾勺氏。使帅其宗氏，辑其分族，将其类丑，以法则周公，用即命于周。是使之职事于鲁，以昭周公之明德。分之土田陪敦，祝、宗、卜、史，备物、典策，官司、彝器。因商奄之民，命以《伯禽》，而封于少皞之虚。……皆启以商政，疆以周索。

因为“周公相王室，以尹天下，于周为睦”，在周王朝有特殊而重要的地位，所以周王朝为“昭周公之明德”，在分封鲁国的时候赏赐给鲁公本该只属天子所用的器物。[①]其中又有“官司”，也就是百官。郭克煜指出，“……大司徒应为天子之官职。而鲁置大司徒，则因周公有功于周，特设此职以崇鲁国”[②]。这一说法比较合理。

三、从礼乐的推行看鲁国大司徒

周公“制礼作乐”，《汉书·地理志》云：

> 周公始封，太公问：“何以治鲁？”周公曰：“尊尊而亲亲。”

周公为鲁国立下了“尊尊而亲亲”的治国之训，推行周礼，实为他的立国方针之一。“鲁既有行天子之礼的特权，则鲁人自不能忘记祖述先王之训，追忆周公之礼。”[③]鲁公伯禽为周公长子，继承周公之训不遗余力地推行礼乐。《史记·鲁周公世家》云：

> 鲁公伯禽之初受封之鲁，三年而后报政周公。周公曰：“何迟也？”伯禽曰：“变其俗，革其礼，丧三年然后除之，故迟。”

伯禽在鲁国“变其俗，革其礼”，显然是变革殷礼而实行周礼。这是认认真真地按照周公之训去做，推行礼乐教化，并使之成为鲁国的治国传统，为历代鲁公仿效。所以鲁国形成十分重视礼乐教化的浓厚氛围，而具体负责推行礼乐的，就是大司徒。

《左传》文公十八年的记载也说明了这一点。莒国太子仆弑纪公奔鲁，鲁宣公要赏以城邑，大司徒季文子却派人将其逐出国境。鲁宣公问这样做的原

---

① 《礼记·明堂位》云“大璜”为“天子之器也”。

② 郭克煜等：《鲁国史》，第66页。

③ 郭克煜等：《鲁国史》，第224页。

因，季文子让太史克回答说：

> 先大夫臧文仲教行父事君之礼，行父奉以周旋，弗敢失队（坠）。曰：“见有礼于其君者，事之如孝子之养父母也。见无礼于其君者，诛之如鹰鹯之逐鸟雀也。”先君周公制《周礼》曰：“则以观德，德以处事，事以度功，功以食民。……”

应该引起注意的是，在这里提到了“先君周公制《周礼》”的问题。杨伯峻指出：“《周礼》，据文，当是姬旦所著书名或篇名。”[①] 作为鲁国大司徒的季文子对周公所制作的《周礼》当然非常熟悉，理解其要义为“则以观德，德以处事，事以度功，功以食民”。这也说明春秋时期鲁国以大司徒为代表的卿大夫，不仅深谙周礼的要义，而且坚定地在鲁国推行周礼。

总的来说，因为鲁国得以用王礼，谨守周礼，所以鲁国可以像周王朝那样设置大司徒。通过研究鲁国的司徒，尤其是大司徒，可以了解鲁国乃至春秋社会的变迁。在东周王室司徒资料缺乏的情况下，也可以认识东周王室乃至西周王室司徒的相关情况。同时，春秋诸国，多设有司徒，但是相关史料却记载阙如。相比之下，鲁国司徒也最为典型。因此研究鲁国司徒，也可以去类推春秋诸国司徒的情况。

第三节　位列上卿与世任司徒：季友与春秋前期鲁国社会

在进入春秋社会后，鲁桓公是鲁国继鲁隐公之后的国君。鲁桓公（约公元前731—前694年），姬姓，名允，鲁惠公之子，鲁隐公之弟。鲁桓公有四子：

---

① 杨伯峻：《春秋左传注》（修订本），第633页。

庶长子庆父，庶次子叔牙，嫡长子公子同即鲁庄公，嫡次子季友。季友（？—前644年），又称成季，姬姓，是鲁桓公和文姜的幼子。季友从鲁庄公晚年开始辅佐鲁政，为鲁国重臣，在鲁国危难之际发挥了关键作用，成为鲁国和春秋社会舞台上的重要政治人物，奠定了季氏担任鲁国大司徒的政治基础，意味着鲁国卿权开始强盛。

一、季友的出生颇具神秘色彩

关于季友之生年，史书记载不详，仅可根据有关史料略做推测。季友之父为鲁桓公姬允，娶文姜。季友之母为文姜，文姜是齐僖公之女。季友之兄为鲁庄公姬同（公元前706—前662年），是鲁桓公与文姜的嫡长子，生于鲁桓公六年，卒于鲁庄公三十二年。庄公在位期间基本保持了鲁国的稳定局面，与齐国进行了著名的长勺之战。季友为文姜之子，鲁庄公之母弟，则生年比其兄鲁庄公至少小一岁，当在鲁桓公七年（公元前705年）或以后，当然最晚不会迟于鲁桓公十八年（公元前694年）即鲁桓公逝世之年。考虑到鲁庄公二十五年（公元前669年），季友访问陈国并能卓有成效开展一系列活动，应该已经具备较为成熟的政治和社会经验，此时其兄鲁庄公也已经即国君之位二十五年，所以季友的年龄至少当在30岁左右。因此可以推测季友最晚当在鲁桓公十二年（公元前700年）左右出生。

不仅季友的生年史书记载不详，其出生也颇具神秘的色彩。《左传》闵公二年云：

> 成季之将生也，桓公使卜楚丘之父卜之。曰："男也。其名曰友，在公之右。间于两社，为公室辅。季氏亡，则鲁不昌。"又筮之，遇《大有》☲之《乾》☰，曰："同复于父，敬如君所。"及生，有文在其手曰"友"，遂以命之。

季友将出生之时，经占卜，非常吉利。鲁国都城曲阜雉门之外，右有周社，左有亳社即商社。“间于两社，外朝正当其地，其实亦总治朝内朝言之。治朝不但有君臣日见之朝，诸臣治官书亦在焉。……间于两社者，不仅朝廷之所在，亦执政大臣治事之所在也。间于两社谓为鲁之大臣。”[①] 根据杨伯峻对《左传》这段话的解释，是谓季友其尊与父同，其贵与君同。[②] 卜楚丘之父预言季友能成为执国政之臣，使季友的身世蒙上一层神秘的色彩；并且季友出生时有文在手，更显神秘。

《左传》昭公三十二年记晋国史墨也说：

> 昔成季友，桓之季也，文姜之爱子也，始震而卜。卜人谒之，曰：“生有嘉闻，其名曰友，为公室辅。”及生，如卜人之言，有文在其手曰“友”，遂以名之。既而有大功于鲁，受费以为上卿。

鲁昭公三十二年（公元前 510 年）距离鲁桓公十二年（公元前 700 年）有近二百年的时间，同时晋国距离鲁国路途遥远，说有千里大概也不算为过。这说明，关于季友出生的神秘传说流传久且广，甚至远在千里之外的晋国人都知道。这种神秘色彩似乎既为季友将来辅佐鲁政增添了某种理所应当的理由，让当时的人们感觉是上天之意，无法改变，也不可违抗；同样的道理，也为季友后人季氏执掌鲁政增加了某种正当性。

季友的青年时代，处于春秋社会的前期，就当时天下形势来看，在周王朝东迁洛邑以后，周天子虽然还拥有一定权威，但是逐渐式微，诸侯图强争霸的局面已经初步显露。在列国诸侯当中，公元前 685 年，齐桓公继位后，在管仲的辅佐下实行改革，渐成春秋首霸。两国比较而言，齐强鲁弱的局面逐步形成。总体上看，此时鲁国尚强，仍然不失为一个东方大国，国力尚能自保，但是鲁国也逐渐面临更为严峻的外部形势，处境变得更加艰难。鲁国内部，君主依然掌握国政，但是君权已经不如西周时期那样稳固，同时贵族阶层发展壮

① 杨伯峻：《春秋左传注》（修订本），第 263—264 页。
② 杨伯峻：《春秋左传注》（修订本），第 264 页。

大，卿权呈现上升趋势。正是在这样一个时代，季友逐渐成长为一位具有文韬武略的人物，走上春秋社会的舞台。

季友在鲁庄公时期的活动，可考者如鲁庄公二十五年（公元前669年）访问陈国。《春秋》经庄公二十五年云：

> 二十有五年春，陈侯使女叔来聘。……冬，公子友如陈。

鲁国为答谢陈国女叔的访问而派季友访陈，也使季友在陈国结下丰富人脉。《左传》庄公二十七年云：

> 秋，公子友如陈，葬原仲，非礼也。原仲，季友之旧也。

鲁庄公二十七年（公元前667年），季友因旧友原仲去世而去陈国参加葬礼，非受鲁国国君之命，所以违礼。但是足见季友与陈国卿大夫交好，以致后来他在政治斗争失败时可以出奔陈国，能有容身避难之处。季友也是在这个过程中历练了政治才能和外交本领，为以后在鲁国危难时发挥重要作用积累了实力。

二、季友力克庆父之难与鲁国僖公中兴的奠基

鲁庄公时期，季友在当时的鲁国逐渐拥有特殊而重要的政治地位，具有非同凡响的社会影响力。这是为什么呢？如果细究原因，或可以从以下几个方面加以说明。《左传》昭公三十二年记晋国史墨云，季友“文姜之爱子也”，这说明鲁桓公和文姜对其子季友非常疼爱与重视，从而决定了季友在公室宗族中有非同一般的身份地位。季友出身公室，受到了良好教育和悉心培养，掌握了处理国家大事的杰出本领。季友与鲁庄公是亲兄弟，也是鲁庄公的重要支持力量，所以自然深得鲁庄公的信任和倚重，从而决定了季友在鲁国的重要政治地位。此外，季友通过出访诸侯国，结下丰富人脉，锻炼了杰出的

外交才能。或许由于上述原因，季友成为鲁国公室和政治领域的关键人物之一，而他在力克庆父之难和拥立鲁国国君的过程中发挥的关键作用也证明了这一点。

《左传》庄公三十二年云：

公疾，问后于叔牙。对曰："庆父材。"问于季友，对曰："臣以死奉般。"公曰："乡者牙曰庆父材。"成季使以君命命僖叔待于鍼巫氏，使鍼季鸩之，曰："饮此则有后于鲁国，不然，死且无后。"饮之，归及逵泉而卒，立叔孙氏。

八月癸亥，公薨于路寝。子般即位，次于党氏。冬十月己未，共仲使圉人荦贼子般于党氏。成季奔陈。立闵公。

成季即季友，僖叔即叔牙，共仲即庆父。鲁庄公曾经许诺将子般立为继承人。鲁庄公三十二年（公元前662年），鲁庄公病重将终，在国君继承人的问题上，询问叔牙的建议，叔牙推荐庆父，认为庆父有治国之才能；问季友的建议，季友坚定地表示将不惜以生命为代价奉立公子般。季友由此假国君之命令让叔牙自杀，而叔牙不得不遵命服从，其后为叔孙氏。这表明，季友善于谋划，能做到果断决策，以自己的特殊地位，假国君之命令，迅速处理如此重大的问题。这与他很高的政治地位和杰出的政治本领都有关系，而在鲁国君权尚且巩固的情况下，其他一般贵族大臣是无法做到这点的。

此后公子般被立为国君继承人，若推测得到季友拥立当符合情理。庆父不甘于失败，派人将公子般杀害。这使季友被迫出奔到陈国。季友早年结好于陈国，等到这时候派上用场，使自己能有避难之地，并可获得陈国的支持以东山再起。庆父立庄公子开为国君，即为鲁闵公。《左传》闵公元年云：

秋八月，公及齐侯盟于落姑，请复季友也。齐侯许之，使召诸陈，公次于郎以待之。"季子来归"，嘉之也。

鲁闵公继位后，季友回国，但是庆父并不善罢甘休。《左传》闵公二年云：“秋八月辛丑，共仲使卜齮贼公于武闱。”鲁闵公二年（公元前660年），庆父派卜齮杀了闵公。《左传》闵公二年又云：

> 成季以僖公适邾。共仲奔莒。乃入，立之。以赂求共仲于莒，莒人归之。及密，使公子鱼请，不许。哭而往，共仲曰：“奚斯之声也。”乃缢。
>
> ……
>
> 成风闻成季之繇，乃事之，而属僖公焉，故成季立之。

成风为鲁庄公之妾，鲁僖公（公子申）之母。成风听到成季出生时占卜的卦辞，就和他结交，并且把公子申托付给他，“例以春秋时婚姻制度，则季友直是‘皇父摄政王’也”[①]。因此季友拥公子申去了邾国。当庆父逃奔莒后，季友奉公子申回到鲁国，立其为国君，即为鲁僖公，并想将庆父召回国杀之。庆父自杀，其后为孟孙氏。叔牙、庆父的后人仍然得以继承卿的职位。

这一段历史，史书称为“庆父之难”，几乎陷鲁国于危亡之灾，甚至齐桓公也几欲乘机灭掉鲁国。在这一系列的君位争夺过程中，季友不仅以其强有力的手腕掌控鲁国政局，而且拥立鲁僖公即位，展现出了有勇有谋的政治本领，结束了鲁国自庄公去世后君位争夺、内乱频仍的历史，使鲁国进入了一个新的相对稳定的发展时期，为鲁国实现“僖公中兴”奠定了基础。

三、季友辅佐鲁政与鲁国家卿政治的开始

季友在鲁僖公前期辅佐鲁政，时值齐桓公称霸，鲁国面临强大外部压力。在季友的辅佐之下，鲁僖公带领鲁国度过难关，奋发图强，为此后实现鲁国中兴的繁荣景象奠定了基础。

---

① 童书业：《春秋左传研究》，第331页。

鲁僖公元年（公元前659年），鲁僖公刚刚即位，就受到莒国的挑战。季友率兵保卫鲁国，巩固鲁僖公的国君之位。《左传》僖公元年云：

> 冬，莒人来求赂。公子友败诸郦，获莒子之弟拏。非卿也，嘉获之也。公赐季友汶阳之田及费。

季友率鲁军击败莒人，立下战功，并因此受封汶阳之田和费邑。“汶阳之田边齐，后为齐人所取，费则僻在东南，故长为季氏所有，季氏以此为根据地而执鲁政。”[①] 此后直至战国初期，季氏世代在此苦心经营，招徕民众，开垦良田，营建城池，扩充军队，使之成为这个家族最重要的根据地和人力、物力、财力的来源，成为其在政治舞台上活动的基础。

《左传》昭公三十二年记晋国史墨云，季友“既而有大功于鲁，受费以为上卿。至于文子、武子，世增其业，不废旧绩”。季友由此成为鲁国上卿，奠定、巩固了自己在鲁国和公室的重要地位和政治实力。“鲁三家季氏首先得势，季友号为‘贤臣’”[②]，由此季氏逐渐成为春秋中后期鲁国最显赫的强盛卿族，也为鲁国卿权政治的强大奠定了基础[③]。季友后人季文子、季武子在此基础上继续努力，续建功业，世代继续为鲁国上卿。季氏与孟孙氏、叔孙氏合称“三桓”，左右鲁国政治。季友的作为，决定了处于上升阶段的鲁国卿权的一些发展特点和大致走势，可以约略说明如下。

第一，季友的作为，使其后季氏以大司徒之职为上卿，而大司马叔孙氏、大司空孟孙氏则位居其次，在春秋中后期共同掌控鲁国国政。《左传》昭公四年云：

---

①② 童书业：《春秋左传研究》，第331页。

③ 有学者指出：“三桓渐渐由君主的辅佐变成了君权的代行者，并逐步建立起卿权政治，卿权开始干预君权，取代君权，形成了‘政令在家’的局面。然而这一过程绝不是一蹴而就的，鲁国三桓亦并非一次性抛开公室，轻而易举就完成其功业的。”参见黄国辉：《略论三桓分公室与春秋晚期的鲁国政治》，《历史教学》2009年第10期。

> 公使杜泄葬叔孙。……杜泄将以路葬，且尽卿礼。南遗谓季孙曰："叔孙未乘路，葬焉用之？且冢卿无路，介卿以葬，不亦左乎？"季孙曰："然。"使杜泄舍路。不可，曰："夫子受命于朝，而聘于王。王思旧勋而赐之路，复命而致之君。君不敢逆王命而复赐之，使三官书之。吾子为司徒，实书名；夫子为司马，与工正书服；孟孙为司空，以书勋。今死而弗以，是弃君命也。书在公府而弗以，是废三官也。若命服，生弗敢服，死又不以，将焉用之？"乃使以葬。

关于"吾子为司徒"，杜注云："谓季孙也。书名，定位号。"[①]季孙氏做司徒，记载姓名；叔孙氏做司马，让工正记载车服；孟孙氏做司空，以记载功勋。此季孙氏虽为鲁昭公时期的季武子，但是季武子任大司徒一职，乃是季友当年奠定基础后世袭而来的。叔孙氏任大司马、孟孙氏任大司空也是相同的道理。鲁国也有太宰，但是已非要职。杜注曰："冢卿谓季孙。介，次也。"[②]可见在鲁国，大司徒季氏担任"冢卿"，又称上卿，也就是鲁国的第一执政卿，在冢卿大夫中权势最大，而大司马叔孙氏、大司空孟孙氏都是介卿，辅佐大司徒季氏。季、叔、孟三家是鲁国最重要的卿大夫家族，分掌了鲁国最重要的官职，在春秋中后期掌控鲁国国政。

第二，季友的作为，使大司徒季氏成为权卿之首，进而逐步削弱君权，甚至有取而代之之势。如前所述，鲁庄公去世后，公子般、公子申（鲁僖公）继承国君之位，皆是在季友的支持帮助下得以实现的。此后大司徒季氏的力量逐步壮大。鲁国国君之位是否可以维系，多与季氏有较大关系，这或许非季友所能预见。如季文子曾经辅佐鲁宣公、鲁成公、鲁襄公。季武子在鲁襄公时期三分公室，在鲁昭公时期四分公室，使君权走向衰弱。以大司徒季氏为首的三桓不仅拥立、辅佐

---

① 杜预注，孔颖达等正义：《春秋左传正义》卷四十二"昭公四年"，阮元校刻《十三经注疏》本，第 2037 页。

② 杜预注，孔颖达等正义：《春秋左传正义》卷四十二"昭公四年"，阮元校刻《十三经注疏》本，第 2036 页。

国君，甚至到春秋后期，也有驱逐国君之举，如昭公奔外、哀公逊越等。

第三，季友的作为，使大司徒季氏成为权卿之首，左右卿大夫的废立。如上文所提及，季友力克庆父之难，能够左右叔牙、庆父的生死，并能为其选择继承人。这也体现在大司徒季氏对待叔孙氏、孟孙氏和其他卿大夫上。如《左传》成公十六年记叔孙侨如奔齐后云：“十二月，季孙及郤犨盟于扈。归，刺公子偃，召叔孙豹于齐而立之。”鲁成公十六年（公元前575年），季文子左右叔孙氏继承人的继立，立叔孙豹。季文子还曾驱逐公孙归父奔齐。《左传》昭公二十五年云：“及昭伯从公，平子立臧会。”鲁昭公二十五年（公元前575年），季平子左右臧孙氏继承人的继立，否定臧昭伯而立臧会。

第四，季氏以大司徒之职，主导鲁国军事和邦交，包括带兵打仗，外出访问，参加盟会。如前所述，鲁僖公元年（公元前659年），季友率兵保卫鲁国，与莒国进行战争。季友还代表鲁国频繁参加盟会、访问等活动，其中尤以缓和鲁国与齐国的关系，进而改善鲁国的外部环境为重点。《左传》僖公三年云：

> 秋，会于阳谷，谋伐楚也。
>
> 齐侯为阳谷之会，来寻盟。冬，公子友如齐莅盟。

鲁僖公三年（公元前657年），阳谷之会，由齐、宋等国主持，鲁国没有参加。因此齐桓公派人来鲁国寻求盟会。这年冬天，公子季友到齐国会盟。此后季友数次到齐国访问。《春秋经》僖公七年云：“公子友如齐。”《春秋经》僖公十三年云：“冬，公子友如齐。”

总之，由于季友平定“庆父之难”的作为，使自己的后人季氏逐渐成为鲁国最重要的卿族，并与叔牙、庆父的后人叔孙氏、孟孙氏分任鲁国大司徒、大司马、大司空共掌鲁政；又因为季氏、叔孙氏、孟孙氏都是鲁桓公的后裔，所以称为“三桓专政”，他们在春秋社会舞台上叱咤风云，一直延续到春秋末年至战国初年。这也印证了童书业所指出的：“春秋官制之变，一言以蔽之，乃由王宫大臣及臣仆式之官吏向司民、司军、司政官吏之转变。最突出之表现为司徒、司马、司空‘三司’之官之被逐渐重视。”[①] 由于这其中以大司徒季氏为家（上）卿，所以是鲁国家卿政治的开始。

四、季氏世任鲁国大司徒

《左传》僖公十六年记载，是年（公元前 644 年）春天，有五块陨石落于宋国，有六只鹢鸟因风大退飞过宋都，这些在当时人们看来是天降异象。此时恰逢对天象有研究的周内史叔兴聘于宋，宋襄公问他这是否预示着不祥，是否有吉凶出现。内史叔兴回答说："今兹鲁多大丧，明年齐有乱，君将得诸侯而不终。"此语言及是年"鲁多大丧"，实在是不幸而言中。鲁僖公十六年（公元前 644 年）三月，鲁国杰出的政治家季友去世，并因周内史叔兴之语蒙上了神秘的色彩。

综上所述，季友在鲁僖公在位前期，以上（家）卿身份，既勇于率师出征，又能频繁出国访问，在关系鲁国安危、发展的重要问题上，扮演举足轻重的决策角色。对于这一时期多灾多难的鲁国来说，季友力挽狂澜，为鲁国在斗争激烈的春秋社会舞台上的生存发展发挥了不可替代的作用。

季友有子仲无佚，事迹无考，湮没不显。无佚之子季文子则大有作为，出任鲁国大司徒、冢卿，此后直至战国初年，季氏世任鲁国大司徒。下为春秋时期季氏家族的传承谱系。

春秋时期鲁国季氏家族继承人谱系

名	谥号	史　称	生卒年月	职务	身份	在位时间
友	成	成季公子友	？—前644年		上卿	公元前659—前644年（鲁僖公前期）
无佚		公孙无佚	不详	不详	不详	不详

① 童书业：《春秋左传研究》，第 339 页。

（续表）

名	谥号	史　称	生卒年月	职务	身份	在位时间
行父	文	季文子	公元前621—前568年	大司徒	上卿	公元前601—前568年
宿	武	季武子	？—前535年	大司徒	冢卿	公元前568—前535年
纥	悼	季悼子	不详	不详	未及为卿而夭	公元前535—前530年
意如	平	季平子	？—前505年	大司徒	冢卿	公元前530—前505年
斯	桓	季桓子	？—前492年	大司徒	冢卿	公元前505—前492年
肥	康	季康子	？—前468年	大司徒	冢卿	公元前492—前468年

季文子之后，季氏第四代，即季文子之子季武子（季孙宿）任鲁国大司徒、上（冢）卿共33年（公元前568—前535年）；第五代：季悼子（季孙纥），接替其父后五年（公元前535—前530年）未及立卿而卒；第六代：季平子（季孙意如）任鲁国大司徒、上（冢）卿共25年（公元前530—前505年）；第七代：季桓子（季孙斯）任鲁国大司徒、上（冢）卿（公元前505—前492年）共13年；第八代：季康子（季孙肥），任鲁国大司徒、上（冢）卿共24年（公元前492—前468年）；之后两代无考；第十一代为季昭子。

季友因为自己的作为有功于鲁国，成为上（冢）卿，是鲁国卿权开始强盛的标志性事件，其后季氏世任鲁国大司徒，逐渐执掌鲁国国政，是周代卿权发展到春秋时期在鲁国的具体表现。春秋时期的鲁国冢卿制是非常有特色的制度，对这一时期的鲁国社会产生了重要影响。应该说，这是春秋社会卿大夫执政制的一个重要组成部分[①]，在春秋列国中也是十分典型的代表。

① 朱凤瀚：《商周家族形态研究》（增订本），第517—528页。

第四节　忠廉辅国与卿权始盛：大司徒季文子与春秋中期鲁国社会的变革图存

春秋中期，列国争霸、礼坏乐崩的社会形势进一步加剧，各诸侯国为了自身的生存和发展，纷纷寻找出路，一些优秀的卿大夫在其中发挥了关键作用，成为诸侯国社会变革的主导力量，他们的所作所为实开春秋战国之际社会变革的先路。春秋中期的鲁国季文子即为这方面的一个代表人物。季文子（公元前 621？—前 568 年），即季孙行父，姬姓，季氏，谥文，故又称“季文子”，父为无佚，祖父为季友。季文子任鲁国冢卿、大司徒，执掌鲁政三十余年（公元前 601—前 568 年），忠廉辅国，集中表现在“作丘甲”和整顿鲁国的邦交、军事上，力图让内忧外患的鲁国实现社会变革，在列国争霸的舞台上变强图存。

一、大司徒季文子登上政治舞台与执掌鲁政

春秋时期的鲁国在季友去世以后，东门氏东门襄仲（公子遂）、公孙归父等父子二人相继执掌鲁政，季氏被排斥在鲁国最高权力之外，其间只能看到季友之孙季文子于鲁文公六年（公元前 621 年）登上春秋社会政治舞台。《春秋经》文公六年云：“夏，季孙行父如陈。”季孙行父一如其祖季友，延续与陈国的友好关系。

东门氏的好景不长。《左传》宣公十四年云：“冬，公孙归父会齐侯于谷。见晏桓子，与之言鲁乐。桓子告高宣子曰：‘子家其亡乎，怀于鲁矣。怀必贪，贪必谋人。谋人，人亦谋己。一国谋之，何以不亡？’”公孙归父贪而“谋人”，并欲除去三桓。《左传》宣公十八年云：

> 公孙归父以襄仲之立公也，有宠[①]，欲去三桓以张公室。与公谋而聘于晋，欲以晋人去之。冬，公薨。季文子言于朝曰："使我杀适立庶以失大援者，仲也夫。"[②]臧宣叔怒曰:"当其时不能治也，后之人何罪？[③]子欲去之[④]，许请去之。"遂逐东门氏。

公孙归父以其父东门襄仲拥立鲁宣公有功，得宣公之宠而想要借用晋国人的力量除去三桓。季文子之语虽闪烁其词，但其实想表明，在文公去世后鲁君继位之争中，拥立鲁宣公而杀嫡立庶并因此失掉强援之事是东门襄仲指使。鲁宣公十八年（公元前591年），在以季文子为首的三桓反击之下，公孙归父被驱逐出鲁国。这里透露出来的一个重要信息是，实际上季文子有意寻找理由从而驱逐公孙归父。鲁国司寇臧宣叔虽然不满，但是也没有办法，只好按照季文子的意思驱逐了襄仲。在鲁国这场复杂的政治斗争中，大司徒季文子在驱逐东门氏的过程中展现了极强的政治手腕，发挥了主导作用。"宣公卒，季氏遂逐东门氏，自此季氏专国大柄。"[⑤]东门氏被逐后，季文子任鲁国大司徒、冢卿，由此季氏得以重掌鲁政。

如果说此时鲁国内有东门氏与三桓的斗争，外又失去"强援"而屡遭大国威胁，那么在大司徒季文子担任冢卿后，鲁国社会进入了在内忧外患中图存求变的新时期。

---

① 杨伯峻注云："襄仲杀恶及视而立宣公……归父为襄仲之子，故有宠。"杨伯峻:《春秋左传注》(修订本)，第778页。

② 杨伯峻注云："归罪于襄仲，将去公孙归父。'杀适立庶'，襄仲之谋。'失大援'，'大援'不知谁指……沈钦韩《补注》谓此为'行父之诡词欺众'，义或然也。"杨伯峻:《春秋左传注》(修订本)，第778页。

③ 杨伯峻注云："此揭露季孙行父之用心。季孙行父恨归父之欲去三桓，因欲逐之，而不便明言，故托词以罪其父。臧孙许则云：若谓襄仲失大援，则当时须治之，其子无罪，不受责。"杨伯峻:《春秋左传注》(修订本)，第778页。

④ 杨伯峻注云："点明季孙行父之阴谋。"杨伯峻:《春秋左传注》(修订本)，第778页。

⑤ 童书业:《春秋左传研究》，第332页。

二、大司徒季文子与鲁国“作丘甲”的社会变革

鲁宣公在位期间，大部分时间与齐国修好。这与当时的鲁国执政卿大夫东门氏很有关系。鲁宣公十七年（公元前592年），鲁、晋、卫等国举行断道之盟。鲁宣公十八年（公元前591年），鲁国企图向楚借师攻齐，但此事未成。从此鲁、齐两国关系恶化，鲁国要随时防备齐国的进攻。《春秋经》成公元年云：“三月，作丘甲。”①《左传》成公元年云：“为齐难故，作丘甲。”杜预注：“前年，鲁乞师于楚，欲以伐齐，楚师不出。故惧而作丘甲。”②鲁成公元年（公元前590年），鲁国为防备齐国的进攻，不得不采取措施，“作丘甲”，扩充兵源，增加军赋，壮大军队。虽然史料无明确记载，但因为此时季文子已经执掌鲁政，所以“作丘甲”当是得到了季文子的认可和支持，这也是他执掌鲁政后在内忧外患之下最先推出的重大措施，以图鲁国恢复强大。因此推测鲁国“作丘甲”由季文子推行应该基本符合历史事实。

“作丘甲”的具体内容是什么呢？先来看“丘”。《说文·北部》云：“丘，土之高也，非人所为也。从北，从一。一，地也。人居在丘南，故从北……一曰四方高，中央下，为丘。”丘附近为人居之地。《孟子·尽心下》说：“得乎丘民而为天子”。朱熹注云：“丘民，田野之民，至微贱也。”③晁福林指出：

> “丘”是一种地方基层组织名称。《周礼·小司徒》谓：“九夫为井，四井为邑，四邑为丘，四丘为甸。”《左传》昭公四年载“郑子产作丘赋”，

---

① 《左传》杜预注：“《周礼》：九夫为井，四井为邑；四邑为丘。丘十六井，出戎马一匹，牛三头。四丘为甸，甸六十四井，出长毂一乘，戎马四匹，牛十二头，甲士三人，步卒七十二人。此甸所赋，今鲁使丘出之，讥重敛。”杜预注，孔颖达等正义：《春秋左传正义》卷二十五“成公元年”，阮元校刻《十三经注疏》本，第1892页。

② 杜预注，孔颖达等正义：《春秋左传正义》卷二十五“成公元年”，阮元校刻《十三经注疏》本，第1892页。

③ 朱熹撰：《四书章句集注》，《新编诸子集成》（第一辑），中华书局，1983年，第367页。

《孟子·尽心》下篇谓“得乎丘民而为天子”,《孙子兵法·作战》篇载“财竭则急于丘役”。这里所提到的“丘赋”“丘民”“丘役”之丘皆和“丘甲”之丘相同。[①]

“丘民”即居住在广大原野上的“野人”或者“庶人”，与“国人”相对。晁福林又指出：

关于“作丘甲”的甲，其内容大致有两说，一指铠甲，一指甲士。《左传》成公元年杜注谓“丘十六井，出戎马一匹，牛三头，四丘为甸，甸十六井，出长毂一乘，戎马四匹，牛十二头，甲士三人，步卒七十二人。此甸所赋，今鲁使丘出之，讥重敛，故书”。杜注所言丘、甸出军赋数量源于《司马法》，然《司马法》有异说。《左传》孔疏所引《司马法》与杜注同。《周礼·小司徒》注引司马法则谓“通十为成，成百井，三百家，革车一乘，士十人，徒二十人”。杜注谓“作丘甲”指丘出甸赋，比通常赋额增加四倍。是否如此，似不必拘泥。“作丘甲”谓以丘为单位增加军赋则还是可以肯定的事情。[②]

我们循着这一思路理解，丘恐怕既要出人力，也要出财物。“‘作丘甲’，就是让‘野人’（丘民）负担起为甲士出兵役的任务。”“‘丘甲’地位似乃稍低于‘国人’中的甲士”；“鲁的‘丘甲’很可能是一种地方‘民兵’”。[③]

但是“作丘甲”并不是一件容易推行的举措，而是要克服困难，冲破鲁国社会的传统束缚，这可以从《公羊传》和《穀梁传》的记载略窥端倪。《公羊传》云：“作丘甲何以书？讥。何讥尔？讥使丘始也。”“始”字意味着此前未有，因为违背传统遭致《公羊传》要予以讥讽，但这也恰恰说明，

①② 晁福林：《春秋战国的社会变迁》，第 570 页。

③ 郭克煜等：《鲁国史》，第 208、209 页。

“作丘甲”是冲破传统的创新举措。《穀梁传》云：“丘甲，国之事也。丘作甲，非正也。”这是指出，作为国之大事，“作丘甲”与往常相比不符合正常做法，同样证明“作丘甲”是革故鼎新之举。但是“作丘甲”因为符合当时鲁国的实际需要，所以能够得以成功推行。首先，鲁国面临着不断的战争，需要更多的人力、物力和财力。除上文提及的面临齐国的威胁外，仅从鲁宣公十一年到十八年，鲁国就有“伐莒”“伐杞”等事，可以说因为战争，鲁国迫切需要扩充兵力，增加军赋，建立强大的军队。其次，随着社会生产力的提高和私田的兴起、农业的发展，庶人、野人人口增多，物质生活逐渐改善，经济条件有所提高，所以这个阶层能够成为鲁国扩充兵力和征收军赋的对象之一。

大司徒季文子推动“作丘甲”，在鲁国和整个春秋时期都是很重要的事件，具有一定的历史进步意义。

首先，“作丘甲”增强了鲁国的军事力量。《左传》成公二年云：

> 二年春，齐侯伐我北鄙，围龙。……齐侯亲鼓，士陵城，三日，取龙，遂南侵及巢丘。

鲁成公二年（公元前589年），齐侯亲自击鼓上阵，攻打了三天，才攻打下鲁国的边境北部的龙邑。虽然鲁国最终没有抵挡住强大的齐国的进攻，但是可见“作丘甲”之后，其军事力量明显增强。

其次，“作丘甲”缩小了鲁国的国、野区别。加入军队成为“甲士”本来是鲁国社会中国人的特权，但在“作丘甲”之后，生活在社会下层的庶人、野人也有服兵役成为甲士的权利，这无疑促进了野人社会地位的提高。

最后，“作丘甲”改变了鲁国的社会观念。西周以来，国、野的严格区分，导致贵族对生活在社会底层的庶人、野人有观念上的偏见。“作丘甲”在一定意义上突破了对庶人、野人的偏见，促进了鲁国在社会观念上更加重视庶人、野人。

三、大司徒季文子与鲁国对外政策的调整

在春秋社会列国争霸的背景之下，鲁国面临着十分不利的外部局势。季文子对此具有清醒的认识，对鲁国的生存充满强烈的危机意识，根据《左传》成公七年的记载，是年（公元前 584 年）吴伐郯，郯求和。季文子对吴国抱有警惕，说："中国不振旅，蛮夷入伐，而莫之或恤，无吊者也夫！《诗》曰：'不吊昊天，乱靡有定。'其此之谓乎！有上不吊，其谁不受乱？吾亡无日矣！"认为事关鲁国的安危，并充满忧虑。季文子在鲁国邦交和军事方面进行大力整顿，并采取具体的措施，取得积极效果。

第一，季文子重视与友好国家的联系，尤其是加强与大国晋国的关系。

前文已经提及，季文子在登上政治舞台之后非常注重加强鲁国与传统友好国家陈、晋等国的关系。《左传》文公六年云："夏，季文子聘于陈，且娶焉。"季文子更是以婚姻之好加强了鲁、陈两国关系。《左传》文公六年云："秋，季文子将聘于晋。"同年，季文子还访问了晋国。此后季文子频繁地访问晋国，将加强鲁、晋两国关系作为鲁国对外交往的重点。鲁文公十三年（公元前 614 年），季文子在与鲁文公去晋国的途中，顺道访问卫国；从晋国返回途中，又顺道访问郑国。此次访问，季文子使鲁国与晋、卫、郑三个大国加强了友好关系。《左传》文公十五年云："十五年春，季文子如晋，为单伯与子叔姬故也。"又云："秋，齐人侵我西鄙，故季文子告于晋。"《左传》成公六年云："冬，季文子如晋，贺迁也。"鲁成公六年（公元前 585 年），季文子作为特使，贺晋迁都。季文子的目的是加强鲁、晋两国关系，使鲁国在列国纷争的严峻局面下得到强国支持。

但是季文子并不是一味对晋友好，而是善于观察和思考。根据《左传》成公四年的记载，是年（公元前 587 年）鲁成公见晋侯而不受礼遇。因此鲁成公打算与楚国友好，而背叛晋国。季文子认为"晋侯必不免"，即晋侯不会免于祸难，但同时认为：

> 晋虽无道，未可叛也。国大臣睦，而迩于我，诸侯听焉，未可以贰。史佚之《志》有之，曰："非我族类，其心必异。"楚虽大，非吾族也，其肯字我乎？

此语意谓，因为晋国君臣和睦，国力强大，诸侯咸服，鲁国背叛晋国会给鲁国带来灾难；而鲁国与楚国不是同族，其心必异，所以楚国不会同鲁国真正友好。鲁成公听了季文子的话，停止了这件事。这体现了季文子在外交上具有远见之明。

因为晋国的压力，季文子还代表鲁国与晋国会盟。《左传》成公十一年云：

> 十一年春，王三月，公至自晋。晋人以公为贰于楚，故止公。公请受盟，而后使归。
>
> 郤犨来聘，且莅盟。
>
> 夏，季文子如晋报聘，且莅盟也。

鲁成公十一年（公元前 580 年），晋人认为鲁成公叛晋而友楚，故不让鲁成公回国。鲁成公答应与晋国会盟才脱身。季文子代表鲁国前去与晋国会盟。

第二，季文子注重防范对鲁国有威胁的国家，尤其是对大国齐国，示好与抵抗并用。季文子向齐国示好。《左传》文公十六年云：

> 十六年春，王正月，及齐平。公有疾，使季文子会齐侯于阳谷。请盟，齐侯不肯，曰："请俟君间。"

鲁文公十六年（公元前 611 年），鲁文公派季文子会齐侯于阳谷，请盟，但遭到齐侯的拒绝。又如《左传》宣公元年云："夏，季文子如齐，纳赂以请会。"鲁宣公元年（公元前 608 年），季文子通过送财礼的方式，请求参加与会。《左传》宣公十年云："季文子初聘于齐。"鲁宣公十年（公元前 599 年），季文子到齐国正式聘问。这些表明季文子想加强鲁国与齐国的友好关系。

但是季文子又力主抵抗齐国对鲁国的进攻。《春秋经》成公二年云：

> 二年春，齐侯伐我北鄙。
>
> ……
>
> 六月癸酉，季孙行父、臧孙许、叔孙侨如、公孙婴齐帅师会晋郤克、卫孙良夫、曹公子首及齐侯战于鞌，齐师败绩。

鲁成公二年（公元前589年），季文子等人率鲁军和晋、卫、曹军联合与齐军展开鞌之战，并打败齐国，取得胜利。

第三，大司徒季文子在鲁国邦交方面，以礼义和美德为标准，坚持诚信等原则，坚决捍卫鲁国利益。

季文子以周礼作为邦交评价的标准。莒仆弑莒纪公，携宝玉投奔鲁国。季文子坚决反对鲁宣公接纳莒仆并授予城邑。《左传》文公十八年记载了季文子阐述的理由：

> 先大夫臧文仲教行父事君之礼，行父奉以周旋，弗敢失队（坠）。曰："见有礼于其君者，事之如孝子之养父母也。见无礼于其君者，诛之如鹰鹯之逐鸟雀也。"先君周公制《周礼》曰："则以观德，德以处事，事以度功，功以食民。"作《誓命》曰："毁则为贼，掩贼为藏，窃贿为盗，盗器为奸。主藏之名，赖奸之用，为大凶德，有常无赦，在《九刑》不忘。"行父还观莒仆，莫可则也。孝敬忠信为吉德，盗贼藏奸为凶德。夫莒仆，则其孝敬，则弑君父矣；则其忠信，则窃宝玉矣。其人，则盗贼也；其器，则奸兆也。保而利之，则主藏也。以训则昏，民无则焉。不度于善，而皆在于凶德，是以去之。

季文子以周礼为评判标准，认为莒仆弑君父，无孝敬忠信；并举舜"举十六相，去四凶”之事，认为“舜有大功二十而为天子，今行父虽未获一吉人，去一凶矣，于舜之功，二十之一也，庶几免于戾乎！”（《左传》文公十八年）因此将莒仆赶出国境。

另一则体现在季文子对齐侯的评价上。鲁文公十五年（公元前612年），齐进攻鲁国西部边境，并攻打曾经朝见鲁国的曹国。《左传》文公十五年记季文子说云：

> 齐侯其不免乎。己则无礼，而讨于有礼者，曰：“女何故行礼！”礼以顺天，天之道也，己则反天，而又以讨人，难以免矣。诗曰：“胡不相畏，不畏于天？”君子之不虐幼贱，畏于天也。在周颂曰：“畏天之威，于时保之。”不畏于天，将何能保？以乱取国，奉礼以守，犹惧不终，多行无礼，弗能在矣！

鲁文公十五年，齐懿公接连对鲁、曹发动战争。季文子认为齐侯无礼，而对守礼的小国发动战争，所以必不能免于难。这仍然是以周礼作为外交评价的标准。

季文子努力通过道义捍卫鲁国的利益。鲁成公八年（公元前583年），晋侯使韩穿来言汶阳之田划给齐国。季文子为韩穿举行宴会送行，据理力争。《左传》成公八年记季文子说：

> 大国制义以为盟主，是以诸侯怀德畏讨，无有贰心。谓汶阳之田，敝邑之旧也，而用师于齐，使归诸敝邑。今有二命曰：“归诸齐。”信以行义，义以成命，小国所望而怀也。信不可知，义无所立，四方诸侯，其谁不解体？《诗》曰：“女也不爽，士贰其行。士也罔极，二三其德。”七年之中，一与一夺，二三孰甚焉！士之二三，犹丧妃耦，而况霸主？霸主将德是以，而二三之，其何以长有诸侯乎？《诗》曰：“犹之未远，是用大简。”行父惧晋之不远犹而失诸侯也，是以敢私言之。

指出汶阳之田本为鲁国的土地，而晋国却在七年之中时予时夺，使作为盟主的晋国失去信用、道义，因此这样的霸主无法以德得到列国的支持。季文子显然是想努力保全鲁国的利益。

此事还有后续效应。根据《左传》成公九年的记载，是年（公元前582年），因为晋国让鲁国将汶阳之田划给齐国之事，诸侯对晋国离心离德。晋国召集诸侯国在蒲地盟会。季文子向范宣子指出，“德则不竞，寻盟何为？”即德行已经失去，重温盟会没有用处。这是季文子因汶阳之田故，以德行为标准，与范文子据理力争。

第四，季文子关于对外行动的决策具有灵活性，小心谨慎，具有忧患、警惕之心。《左传》成公八年云：

> 晋士燮来聘，言伐郯也，以其事吴故。公赂之，请缓师。文子不可，曰：“君命无贰，失信不立。礼无加货，事无二成。君后诸侯，是寡君不得事君也。燮将复之。”季孙惧，使宣伯帅师会伐郯。

鲁成公八年（公元前583年），晋国的士燮来访，通知要求鲁国攻打郯国的事情。鲁成公希望推迟出兵的时间，遭到士燮的拒绝和威胁施压。季文子担心不利于鲁国而赶紧令宣伯出兵，在对外关系上不失灵活。

同时，季文子小心谨慎对待外交关系和战争。《左传》成公十八年云：

> 晋士鲂来乞师。季文子问师数于臧武仲，对曰：“伐郑之役，知伯实来，下军之佐也。今彘季亦佐下军，如伐郑可也。事大国，无失班爵而加敬焉，礼也。”从之。

鲁成公十八年（公元前573年），晋国士鲂请求鲁国出兵。季文子在对外关系和战争上，没有盲目决策，而是求教于臧文仲。

季文子主张有备无患。根据《左传》文公六年的记载，是年（公元前621

年）季文子将到晋国访问，派人求问遭到丧事以后使用的礼仪，其人很不理解为什么要这样做，季文子解释说："备豫不虞，古之善教也。求而无之，实难，过求何害？"这就是说，要做好遇到预料不到的情况的防备，然后才可以出发。

另外，季文子注重加强边境防御和建设。如《春秋经》文公十二年云："季孙行父帅师城诸及郓。"这是积极营建鲁国边境城市，增强边防力量。

季文子的外交生涯在鲁成公十六年（公元前 575 年）经受了严峻考验。根据《左传》成公十六年的记载，在鲁国和晋国等国攻打郑国的过程中，叔孙宣伯派人向郤犨密告季氏、孟氏掌握鲁国的政治决策，二人是影响鲁国是否叛晋的关键人物。因此"晋人执季文子"而欲杀之。鲁国子叔声伯为季氏请于晋说："侨如之情，子必闻之矣。若去蔑与行父，是大弃鲁国，而罪寡君也。若犹不弃，而惠徼周公之福，使寡君得事晋君，则夫二人者，鲁国社稷之臣也。若朝亡之，鲁必夕亡。以鲁之密迩仇雠，亡而为仇，治之何及？"子叔声伯认为，第一，季文子是"鲁国社稷之臣"，若朝亡之，鲁必夕亡；第二，若季文子亡，那当然也就削弱了鲁国对齐国的牵制。同时，晋国范文子也认为："季孙于鲁，相二君矣。妾不衣帛，马不食粟，可不谓忠乎？"此谓季文子廉洁奉公，忠心耿耿辅佐鲁宣、成二公，杀掉季文子是抛弃忠良而信谗言小人，无法让诸侯信服。因此晋国只好答应了子叔声伯的请求，释放了季文子。

四、大司徒季文子以忠廉节俭辅国

作为鲁国优秀的政治家，季文子身上能够体现周代卿大夫的优秀品格。《说苑·善说》记卫将军文子曾问子贡"季文子三穷而三通"之事，子贡回答："其穷事贤，其通举穷，其富分贫，其贵礼贱。穷以事贤则不侮，通而举穷则忠于朋友，富而分贫则宗族亲之，贵而礼贱则百姓戴之。"大司徒季文子任用贤人，自己虽富而照顾穷人，位高而尊重下人，深得宗族和百姓的拥护。季文子的政治风格颇具个人特色，并集中表现于其忠廉节俭辅国。

季文子注重节俭。《史记·鲁世家》也说季文子"家无衣帛之妾，厩无食粟之马，府无金玉”。《国语·鲁语上》记鲁国仲孙它对季文子的节俭非常不理解，因而进谏。季文子说：

> 吾亦愿之。然吾观国人，其父兄之食粗而衣恶者犹多矣，吾是以不敢。人之父兄食粗衣恶，而我多美妾与马，无乃非相人者乎！且吾闻以德荣为国华，不闻以妾与马。

他认为在民众食粗衣恶的情况下，自己不该追求锦衣玉食，以德荣显者，方能为国光华。孟献子因仲孙它言语不当而对他加以惩罚。附带指出，因为仲孙它知错能改，也变得节俭，作为冢卿的季文子还任命其为上大夫。刘康公对季文子节俭的认识更为深刻。刘康公奉周定王之命聘于鲁而归，回答周定王“鲁大夫孰贤”时，认为季氏能够“长处鲁”，原因是季氏“俭，其能足用矣，用足则族可以庇”（《国语·周语中》），即其家族在鲁国可以长期立足。

另外，在春秋社会背景下，季文子的表现也有不足之处。《左传》成公六年云：“二月，季文子以鞌之功立武宫，非礼也。”鲁成公六年（公元前585年），季文子以鞌之功建武宫，不符合周礼。鞌之战中鲁国向晋国请求出兵抵抗齐对鲁的进攻，所以鲁国在这场战争中听从晋人指挥。在这样的情况下季文子是不应该立武宫的。《左传》襄公二年云：“夏，齐姜薨。初，穆姜使择美槚，以自为榇与颂琴。季文子取以葬。”鲁襄公二年（公元前571年），鲁成公夫人齐姜去世。季文子用鲁宣公夫人穆姜以前准备的棺和颂琴葬其儿媳妇齐姜，这是不符合周礼的。《左传》襄公四年云：“秋，定姒薨。不殡于庙，无榇，不虞。”鲁襄公四年（公元前569年），鲁成公夫人定姒去世。季文子作为鲁国上卿，不行祖庙停殡待葬之礼，甚至不愿用蒲圃之槚做棺，也不行虞礼。这说明季文子不以国君夫人之礼葬定姒，不让鲁襄公终其母之丧。这也是不符合周礼的。季文子的上述表现，也可看作在春秋社会变革时期卿权上升而试图突破周礼束缚的必然结果。《左传》昭公三十二年记晋国史墨就说：“至于文子、武子，世增其业，不废旧绩。鲁文公薨，而东门遂杀适立庶，鲁君于是乎失国，政在季氏……”季文子得以掌鲁政，并任鲁国冢卿，除承袭其祖季友而来之外，与其本人“世增其业，不废旧绩”是分不开的，并最终奠定了鲁国三桓专政、“政在季氏”的政治格局。

总的来看，季文子深受鲁国国君的倚重。如《左传》成公九年云：

> 夏，季文子如宋致女，复命，公享之。赋《韩奕》之五章，穆姜出于房，再拜，曰：“大夫勤辱，不忘先君以及嗣君，施及未亡人。先君犹有望也！敢拜大夫之重勤。”又赋《绿衣》之卒章而入。

鲁成公九年（公元前582年），季文子到宋国慰问伯姬，回国向鲁国国君复命时，鲁成公设宴招待。鲁宣公夫人穆姜高度评价季文子为国辛苦而没有辜负鲁宣公去世前的厚望和在位的鲁成公的重托。

季文子去世后，鲁国给予高规格的葬礼。《左传》襄公五年云：

> 季文子卒。大夫入殓，公在位。宰庀家器为葬备，无衣帛之妾，无食粟之马，无藏金玉，无重器备。君子是以知季文子之忠于公室也。相三君矣，而无私积，可不谓忠乎？

鲁襄公五年（公元前568年），季文子去世，根据周礼，大夫帮助入殓，鲁襄公亲自到场主持。家臣收集家中器物为葬具。发现季文子家里的妾衣服朴素，也没有吃粟米的马，没有金铜玉之器，没有过多的家具，所以是知季文子以忠廉节俭辅国。

季文子从公元前601年至前568年共在鲁国执政三十余年，担任鲁国大司徒、冢卿，辅佐鲁宣公、鲁成公、鲁襄公三代鲁公，其间“作丘甲”以加强军队，调整对外关系，积极推动面临内忧外患的鲁国变强图存，为稳固鲁国在列国舞台上的地位，发挥了重要作用。季文子继承和发扬了季友的政治风范，是鲁国三桓政治的又一奠基人物，也是春秋时期一位优秀的政治家，标志着春秋社会卿权始盛。

第五节 三分公室与卿权渐盛：大司徒季武子与春秋中期鲁国社会的重大变动

季武子（？—前535年），即季孙宿，姬姓，季氏，名宿（一作夙），谥武，父为季文子（季孙行父），子为季悼子（季孙纥），孙为季平子（季孙意如）。季武子是春秋时期鲁国大司徒，公元前568—前535年执政。

一、大司徒季武子任大司徒与鲁国社会的重要改革

季武子接替其父位任大司徒之时，鲁国君弱臣强的局面已经出现。季武子首先考虑的是如何增强自己的经济、军事实力，从而进一步强化卿权，削弱君权。《左传》襄公七年云：

> 南遗为费宰。叔仲昭伯为隧正，欲善季氏而求媚于南遗，谓遗："请城费，吾多与而役。"故季氏城费。

鲁襄公七年（公元前566年），大司徒季氏营建费邑，在民众、经济和军事上为其专权鲁国奠定了重要基础。

季武子抓住关键即掌控鲁君。《左传》襄公九年云：

> 公送晋侯。晋侯以公宴于河上，问公年。季武子对曰："会于沙随之岁，寡君以生。"晋侯曰："十二年矣！是谓一终，一星终也。国君十五而生子。冠而生子，礼也。君可以冠矣！大夫盍为冠具？"武子对曰："君冠，必以祼享之礼行之，以金石之乐节之，以先君之祧处之。今寡君在

行，未可具也。请及兄弟之国而假备焉。”晋侯曰：“诺。”公还，及卫，冠于成公之庙，假钟磬焉，礼也。

沙随之会在鲁成公十六年（公元前575年），是年鲁襄公出生。鲁襄公九年（公元前564年），鲁襄公在季武子陪同下前往晋国。故此时鲁襄公十二岁。季武子在晋悼公建议下，于归国途中在卫国为鲁襄公举行冠礼。鲁襄公年幼，由大司徒季武子实掌其权。此后大司徒季武子顺应形势，推进改革，通过三分、四分公室，一步步削弱君权，逐步掌握、扩大军权和财权，掌握鲁政，使鲁国公室更加弱小。

《左传》襄公十一年云：

十一年春，季武子将作三军，告叔孙穆子曰：“请为三军，各征其军。”穆子曰：“政将及子，子必不能。”武子固请之。穆子曰：“然则盟诸？”乃盟诸僖闳，诅诸五父之衢。

鲁襄公十一年（公元前562年），大司徒季武子力主“作三军”，但受到掌有军权的大司马叔孙穆子的强烈反对。《国语·鲁语下》云：

季武子为三军，叔孙穆子曰：“不可。天子作师，公帅之，以征不德。元侯作师，卿帅之，以承天子。诸侯有卿无军，帅教卫以赞元侯。自伯、子、男有大夫无卿，帅赋以从诸侯。是以上能征下，下无奸慝。今我小侯也，处大国之间，缮贡赋以共从者，犹惧有讨。若为元侯之所，以怒大国，无乃不可乎？”弗从，遂作中军。

三桓当中，季氏当时的实力并不占绝对优势。鲁襄公五年（公元前568年）季文子卒，季武子要重新恢复和壮大季氏的优势，就必须趁机削弱年少的鲁襄公的权力和大司马叔孙穆子的军权，以牢牢地控制和扩张兵权。“作三军”刚好能实现季武子的想法。叔孙穆子深知季武子的意图，所以明确反对，但是最后还是无奈屈从，不过要求与季武子盟誓以做保证。

根据《左传》襄公四年的记载，是年（公元前 569 年）鲁襄公前往晋国，经反复争取征得晋国同意后，准备把鄫国变成鲁国的附属国，但是风云突变，“冬十月，邾人、莒人伐鄫。臧纥救鄫，侵邾，败于狐骀”。莒国消灭了鄫国。《左传》襄公六年云：“莒人灭鄫，鄫恃赂也。”晋国责备鲁国无力保护鄫国，以致季武子不得不前往晋国解释。《左传》襄公六年云：

> 晋人以鄫故来讨，曰：“何故亡鄫？”季武子如晋见，且听命。

鲁襄公六年（公元前 567 年），季武子到晋国听候处置，这让他感到非常耻辱，加强鲁国军队的实力就成为必须要做的事情。

鲁襄公十一年（公元前 562 年），大司徒季武子“作三军”。具体内容是什么呢？《左传》襄公十一年云：

> 正月，作三军，三分公室而各有其一。[①]三子各毁其乘。[②]季氏使其乘之人，以其役邑入者无征，不入者倍征。[③]孟氏使半为臣，若子若

① 杨伯峻注云：“三分公室与作三军相连，亦与下文相连，自是所言亦作三军之事，前人有解为三分鲁公室之货财或税收者，自是谬误。若三分鲁襄公之货财，岂不成为公然叛乱？若三分鲁襄公之税收，则鲁襄公何以为鲁襄公，如何生活？皆不合情理。盖鲁国之军，本为公室所有。今作三军，以三军改为季孙、叔孙、孟孙三族所私有，各族各得一军之指挥与编制之权，故云各有其一。其一者，其一军也。”杨伯峻：《春秋左传注》（修订本），第 987 页。

② 杨伯峻注云：“三氏本各有私家军，今既得公室军，则前此之私家军无复存在之必要。且鲁本无三军，今作三军，兵乘不足额，乃毁其私家军以足之，而毁之之法又不同。”杨伯峻：《春秋左传注》（修订本），第 987 页。

③ 杨伯峻注云：“此以下仅就各毁其乘言。鲁公室本二军，改编为三，三氏各有其一，其兵乘之来源，仍自鲁之郊遂。不足之数，三氏各以原有之私乘补充。私乘之来源，则各自其私邑。季氏于其属邑奴隶尽释为自由民。役邑即提供兵役之乡邑，入为入于季氏。为季氏服军服役，则免其家之税收。其不入于季氏者，则倍征其税，以补充其豁免之数，且以奖励从军者，惩罚不从军者。”杨伯峻：《春秋左传注》（修订本），第 987 页。

弟。[①]叔孙氏使尽为臣，不然不舍。[②]

朱凤瀚指出，“季武子为鲁上卿，作三军后掌鲁政，自辖中军是甚有可能的”[③]。分编三军，是将公室的军队一分为三，由三家各掌一军，并把各自的私家军队并入。季氏于其属邑庶民，解放人身隶属关系，在季氏的私田上劳作，为季氏服军役，则免其税收；其不入者，则倍征其税，且奖励从军者。孟孙氏对其属邑庶民，征入军籍者仍不放松人身隶属关系，其父兄则放松人身隶属关系。叔孙氏对其属邑庶民，则在各种情况下都不放松人身隶属关系。毫无疑问，三家之中，季氏对人身关系的解放最为彻底，最能调动人们的积极性，也最能吸引民众的支持。

从历史长河来看，大司徒季氏的改革促进了庶民人身关系的解放和社会地位的转变，在鲁国社会是很大的进步，颇具标志意义。相对来说，孟孙、叔孙氏两家就不够彻底，尤其是叔孙氏。大司徒季武子由此对军队的掌控力明显增强。《左传》襄公十二年云：“十二年春，莒人伐我东鄙，围台。季武子救台，遂入郓，取其钟以为公盘。”鲁襄公十二年（公元前 561 年），大司徒季武子率军抗击莒国并取得胜利。

鲁襄公二十七年（公元前 546 年），诸国于宋会盟发起第二次弭兵运动。此后几十年间，各国消除战争的呼声一直较高。

此后，大司徒季氏逐渐凌驾于国君之上。《左传》襄公二十九年云：

公还，及方城。季武子取卞，使公冶问，玺书追而与之，曰：“闻守卞者将叛，臣帅徒以讨之，既得之矣，敢告。”公冶致使而退，及舍，而

---

① 杨伯峻注云：“若，或也。其入军籍皆年轻力壮，或自由民之子，或自由民之弟，而皆以奴隶待之，其父兄则为自由民。”杨伯峻：《春秋左传注》（修订本），第 987 页。

② 杨伯峻注云：“叔孙氏则仍实行奴隶制，凡其私乘，本皆奴隶。今补入其军中者亦皆奴隶。”杨伯峻：《春秋左传注》（修订本），第 987 页。

③ 朱凤瀚：《关于春秋鲁三桓分公室的几个问题》，《历史教学》1984 年第 1 期。

后闻取卞。公曰：“欲之而言叛，只见疏也。”

公谓公冶曰：“吾可以入乎？”对曰：“君实有国，谁敢违君！”……五月，公至自楚。

公冶致其邑于季氏，而终不入焉。曰：“欺其君，何必使余？”季孙见之，则言季氏如他日。不见，则终不言季氏。及疾，聚其臣，曰：“我死，必无以冕服敛，非德赏也。且无使季氏葬我。”

鲁襄公二十九年（公元前544年），大司徒季武子乘鲁襄公外出的时机夺取卞地以壮大自己的实力。季武子使公冶向鲁襄公报告，说是因卞地反叛而取之。这连鲁襄公自己都明白是欺君。公冶也因为协助季武子欺君而非常悔恨。可见此时的季武子已经凭权势敢于欺君了。

鲁襄公去世后，大司徒季氏在立国君的问题上具有最后决定的权力。《左传》襄公三十一年云：

六月辛巳，公薨于楚宫。……

立胡女敬归之子子野，次于季氏。秋九月癸巳，卒，毁也。

鲁襄公三十一年（公元前542年），子野在鲁襄公去世后虽被立，但住在季武子家，便于季武子控制，同年九月卒，可见季武子的权势之大和地位之高。

根据《左传》襄公三十一年的记载，季武子立公子裯，遭到叔孙穆子的强烈反对，“大子死，有母弟，则立之；无，则立长。年钧择贤，义钧则卜，古之道也。非适嗣，何必娣之子？且是人也，居丧而不哀，在戚而有嘉容，是谓不度。不度之人，鲜不为患。若果立之，必为季氏忧”。叔孙穆子力劝季武子说，公子裯无论从宗法制还是其本人能力水平来看，都不应该继承国君之位，否则甚至会成为季氏的忧患。首先在君位继承制度上，太子死了，有同母兄弟，就该立他；如果没有，就立年长的；年纪相当就选择贤能，贤能相当就占卜。这是古代的常规。死去的并不是嫡子，何必要立他母亲妹妹的儿子？其次，公子裯不适合当国君。公子裯这个人，在丧事里不哀痛，父母死了反而有喜悦的脸色，这叫作不孝。不孝的人，很少有不出乱子的。再次，假如立了他，必然会造成季氏的忧患。立公子裯，既不符合鲁国的继承制度，也是对国人不利的事情。叔孙穆子之言，实体现了周代宗法制的一般要求。虽然叔孙穆子讲了这么多道理，但是季武子还是坚持己见，立公子裯为国君。可见季武子可以突破宗法制的限制，掌控鲁国国君之立。

鲁昭公元年（公元前 541 年），诸侯“会于虢，寻宋之盟”。《左传》昭公元年云：

> 季武子伐莒，取郓，莒人告于会。楚告于晋曰：“寻盟未退，而鲁伐莒，渎齐盟，请戮其使。”……赵孟闻之……固请诸楚，楚人许之，乃免叔孙。

当诸侯重温宋之盟反对战争的时候，季武子仰仗增强的军事实力伐莒的举动，显然非常不合时宜，因此导致参加盟会的叔孙穆子差点被楚所执，几乎有生命危险。

在此背景下，大司徒季武子的军事改革并未因为遇到这样的困难结束，而是向前更推进一步。《左传》昭公四年云：

> 季孙谋去中军。竖牛曰：“夫子固欲去之。”

鲁昭公四年（公元前 538 年），季武子图谋去中军，将三军分为四份，自己独掌两份。《左传》昭公五年云：

> 五年春王正月，舍中军，卑公室也。毁中军于施氏，成诸臧氏。……及其舍之也，四分公室，季氏择二，二子各一，皆尽征之，而贡于公。

鲁昭公五年（公元前 537 年），叔孙穆子去世。季武子看到违背当初“作三军”盟约的机会来临了，遂乘机“四分公室”扩大军权，完成对军权和军队的掌握，使自己在三桓中有较强优势，拥有掌控鲁政的无可挑战的实力。孟孙氏和叔孙氏都仿效了季孙氏的做法，解放庶民的人身隶属关系，在其私田上劳作，全部实行征税、征兵。从三分公室到四分公室，大司徒季武子进一步壮大了实力，在鲁国基本实现了人身隶属关系的又一次解放。

诚如郭克煜指出，“‘三分公室’‘四分公室’是瓜分鲁军的军赋大权是没有问题的”[①]，“军赋兵役征取权力的瓜分”[②]，“三桓欲乘机瓜分鲁公室军权也是其动机之一”[③]。季武子通过“三分公室”“四分公室”不仅超过鲁国国君拥有了鲁国大部分财税、军赋，进而掌控了鲁国经济，而且使卿权大为增强，君权严重削弱，从而改变了鲁国的政治权力结构，权力下移已经成为定局。

二、大司徒季武子执掌鲁政与鲁国政治的重大变化

大司徒季武子执掌鲁政，与鲁国卿大夫既斗争又联合，关系比较复杂，这是卿权上升后，在卿权内部的必然反应，表明鲁国卿权进入了一个新的发展阶段。

（一）大司徒季武子与大司马叔孙氏

季武子“作三军”，曾经遭到叔孙穆子反对。大司徒季武子对叔孙氏不满，力图严格控制。《左传》昭公四年云：

> 公使杜泄葬叔孙。竖牛赂叔仲昭子与南遗，使恶杜泄于季孙而去之。杜泄将以路葬，且尽卿礼。南遗谓季孙曰：“叔孙未乘路，葬焉用之？且

① 郭克煜等著：《鲁国史》，第 213 页。
② 郭克煜等著：《鲁国史》，第 210 页。
③ 郭克煜等著：《鲁国史》，第 211 页。

家卿无路，介卿以葬，不亦左乎？”季孙曰：“然。”使杜泄舍路。不可，曰：“夫子受命于朝，而聘于王。王思旧勋而赐之路。复命而致之君。君不敢逆王命而复赐之，使三官书之。吾子为司徒，实书名；夫子为司马，与工正书服；孟孙为司空，以书勋。今死而弗以，是弃君命也。书在公府而弗以，是废三官也。若命服，生弗敢服，死又不以，将焉用之？”乃使以葬。

鲁昭公四年（公元前538年），在叔孙穆子去世以后，季武子不允许叔孙穆子使用路车，以防止介卿的地位超过冢卿。鲁昭公五年（公元前537年）春，季武子利用叔孙穆子去世的时机图谋舍中军。《左传》昭公五年云：

五年春王正月，舍中军……以书使杜泄告于殡，曰：“子固欲毁中军，既毁之矣，故告。”杜泄曰：“夫子唯不欲毁也，故盟诸僖闳，诅诸五父之衢。”受其书而投之，帅士而哭之。叔仲子谓季孙曰：“带受命于子叔孙曰：‘葬鲜者自西门。’”季孙命杜泄。杜泄曰：“卿丧自朝，鲁礼也。吾子为国政，未改礼而又迁之。群臣惧死，不敢自也。”既葬而行。

季武子宁肯违背鲁礼，也要命令杜泄，在葬非正常寿终的叔孙穆子时，柩车从西门出发而不是朝门。可见大司徒季武子对叔孙穆子不满程度之深。

《左传》昭公五年云：

仲至自齐，季孙欲立之。南遗曰：“叔孙氏厚则季氏薄。彼实家乱，子勿与知，不亦可乎？”南遗使国人助竖牛以攻诸大库之庭。司宫射之，中目而死。竖牛取东鄙三十邑以与南遗。

鲁昭公五年（公元前537年），季武子干预叔孙氏的家事，打算立返鲁奔丧的仲壬为叔孙氏的继承人，却受到季氏家臣南遗的反对。南遗认为“叔孙氏厚则季氏薄”。季氏默认了南遗助竖牛之乱，实则还是维护季氏自己的利益。

（二）大司徒季武子与大司空

曾为季氏的马正、后出任鲁公左宰的公鉏，接受孟氏之御驺丰点的请求，在选择孟孙氏的继承人上与季氏看法不同，《左传》襄公二十三年云：

> 孟庄子疾，丰点谓公鉏：“苟立羯，请仇臧氏。”公鉏谓季孙曰：“孺子秩固其所也。若羯立，则季氏信有力于臧氏矣。”弗应。己卯，孟孙卒。公鉏奉羯立于户侧。季孙至，入，哭，而出，曰：“秩焉在？”公鉏曰：“羯在此矣！”季孙曰：“孺子长。”公鉏曰：“何长之有？唯其才也。且夫子之命也。”遂立羯。秩奔邾。

鲁襄公二十三年（公元前550年），季武子力图干预孟孙氏的继承人之选，打算在孟庄子去世后立孺子秩，但是受到公鉏等人的阻挠没有成功。

《左传》昭公七年云：

> 晋人来治杞田，季孙将以成与之。谢息为孟孙守，不可，曰：“人有言曰：‘虽有挈瓶之知，守不假器，礼也。’夫子从君，而守臣丧邑，虽吾子亦有猜焉。”季孙曰：“君之在楚，于晋罪也。又不听晋，鲁罪重矣。晋师必至，吾无以待之，不如与之，间晋而取诸杞。吾与子桃，成反，谁敢有之？是得二成也。鲁无忧而孟孙益邑，子何病焉？”辞以无山，与之莱、柞，乃迁于桃。晋人为杞取成。

鲁昭公七年（公元前535年），晋人来为杞国划定田界，季氏计划将成地划给他们。但成地为孟孙氏所有，受到孟孙氏家臣即成地之宰谢息的反对。季氏晓以利害，指出让出成地后鲁国可免受晋国的进攻，并将桃地和莱、柞两山作为补偿；将来重新收复成地后，也将之返还给孟孙氏，这样孟孙氏还增加了封邑。因此谢息答应让出成地给杞国，晋国也很满意。可见季武子具有一定的政治智慧，使鲁国避免了一场外交危机。

（三）大司徒季武子与司寇臧孙氏

臧孙氏是春秋时期鲁国重要卿族之一。《左传》襄公二十一年云：

> 邾庶其以漆、闾丘来奔。季武子以公姑姊妻之，皆有赐于其从者。于是鲁多盗。季孙谓臧武仲曰："子盍诘盗？"武仲曰："不可诘也，纥又不能。"季孙曰："我有四封，而诘其盗，何故不可？子为司寇，将盗是务去，若之何不能？"武仲曰："子召外盗而大礼焉，何以止吾盗？子为正卿，而来外盗；使纥去之，将何以能？庶其窃邑于邾以来，子以姬氏妻之，而与之邑，其从者皆有赐焉。若大盗礼焉以君之姑姊与其大邑，其次皂牧舆马，其小者衣裳剑带，是赏盗也。赏而去之，其或难焉。纥也闻之，在上位者洒濯其心，壹以待人，轨度其信，可明征也，而后可以治人。夫上之所为，民之归也。上所不为而民或为之，是以加刑罚焉，而莫敢不惩。若上之所为而民亦为之，乃其所也，又可禁乎？《夏书》曰：'念兹在兹，释兹在兹，名言兹在兹，允出兹在兹，惟帝念功。'将谓由己壹也。信由己壹，而后功可念也。"

鲁襄公二十一年（公元前552年），邾庶其将漆、闾丘献给鲁国来奔。季武子将鲁襄公的姑姊嫁给他，并赏赐其随从，结果鲁国多盗。季武子让臧武仲捕盗却受到臧武仲的批评。臧武仲指出身为鲁国正卿的季武子的过失在于以礼优待窃本国土地而献给鲁国的邾庶其，导致鲁国人感到盗不可耻，因此鲁国难以禁盗。

季氏欣赏臧孙氏，但孟孙氏讨厌臧孙氏。孟庄子去世后，臧孙氏感到有灭亡的危险。《左传》襄公二十三年云：

孟氏闭门，告于季孙曰："臧氏将为乱，不使我葬。"季孙不信。臧孙闻之，戒。冬十月，孟氏将辟，藉除于臧氏。臧孙使正夫助之，除于东门，甲从己而视之。孟氏又告季孙。季孙怒，命攻臧氏。乙亥，臧纥斩鹿门之关以出，奔邾。

……乃立臧为。……其人曰："其盟我乎？"臧孙曰："无辞。"将盟臧氏，季孙召外史掌恶臣而问盟首焉，对曰："盟东门氏也，曰：'毋或如东门遂不听公命，杀适立庶。'盟叔孙氏也，曰：'毋或如叔孙侨如欲废国常，荡覆公室。'"季孙曰："臧孙之罪皆不及此。"孟椒曰："盍以其犯门斩关？"季孙用之。乃盟臧氏曰："毋或如臧孙纥干国之纪，犯门斩关。"

鲁襄公二十三年（公元前550年），季武子本不信臧氏将作乱，但在孟孙的力劝误导之下，误信臧孙氏会作乱而进攻臧孙氏，导致臧纥出逃。

从以上分析可以看出，尽管以大司徒季武子为代表的卿权上升并处于主导地位，但是卿权内部矛盾也趋于尖锐；卿大夫们不断斗争与妥协，并且外部与君权的矛盾也相互交织。这是春秋社会中期各种矛盾在卿权内部的深刻体现。

三、大司徒季武子与鲁国邦交、军事的深刻调整

大司徒季武子一如其父季文子，在鲁国相对弱小的情况下，尽管由于各种条件限制，不可避免地有失误疏漏之处，但能够采取基本正确的邦交政策和军事策略，维护鲁国的利益。

（一）加强与晋国的关系，作为鲁国邦交的主轴

1. 访问晋国

《左传》襄公六年云：

> 晋人以鄫故来讨，曰：“何故亡鄫？”季武子如晋见，且听命。

鲁襄公六年（公元前 567 年），莒灭了鲁国的附属鄫国，而鲁国没有救援，其实鲁不救乃是有心无力。晋国为此愤怒，责备鲁国。季武子到晋国访问，同时听候处置。鲁襄公九年（公元前 564 年），季武子参加了晋国主导的诸侯伐郑，体现了鲁以晋为优先的邦交方向。

《左传》襄公十四年云：“子叔齐子为季武子介以会，自是晋人轻鲁币而益敬其使。”通过此次鲁襄公十四年（公元前 559 年）的外交努力，晋人减轻了鲁国贡献的财礼，而更加敬重鲁国的使者。

《左传》襄公十九年云：

> 季武子如晋拜师，晋侯享之。范宣子为政，赋《黍苗》。季武子兴，再拜稽首曰：“小国之仰大国也，如百谷之仰膏雨焉！若常膏之，其天下辑睦，岂唯敝邑？”赋《六月》。[①]

鲁襄公十九年（公元前 554 年），季武子到晋国感谢晋出兵进攻齐国。季武子与范宣子赋诗对答，赞美晋侯如辅佐周宣王的尹吉甫，意在通过高度评价晋侯，以着力加强鲁国与晋国的关系。

季武子对列国形势和鲁晋关系也有深刻的观察和思考。《左传》襄公三十年云：

> 季武子曰：“晋未可媮也。有赵孟以为大夫，有伯瑕以为佐，有史赵、师旷而咨度焉，有叔向、女齐以师保其君。其朝多君子，其庸可媮乎？勉事之而后可。”

---

① 杨伯峻注云：“《六月》亦在《小雅》，为尹吉甫佐周宣王征伐之诗。以晋侯比尹吉甫。”杨伯峻：《春秋左传注》（修订本），第 1047 页。

鲁襄公三十年（公元前 543 年），当听说了晋国赵孟向才能被埋没的绛县老人道歉并且起用其为绛县师的事情后，季武子认为晋国有赵孟等良臣，不可以轻视，鲁国应与晋国尽力加强友好关系。此可谓有战略眼光。

《左传》昭公二年云：

> 晋少姜卒。公如晋，及河。晋侯使士文伯来辞，曰："非伉俪也。请君无辱！"公还，季孙宿遂致服焉。

鲁昭公二年（公元前 540 年），晋国少姜卒。按礼鲁昭公不用参加送葬，故由季武子参加。

《左传》昭公六年云：

> 夏，季孙宿如晋，拜莒田也。晋侯享之，有加笾。武子退，使行人告曰："小国之事大国也，苟免于讨，不敢求贶。得贶不过三献。今豆有加，下臣弗堪，无乃戾也。"韩宣子曰："寡君以为欢也。"对曰："寡君犹未敢，况下臣，君之隶也，敢闻加贶？"固请彻加，而后卒事。晋人以为知礼，重其好货。

鲁昭公六年（公元前 536 年），季武子到晋国，拜谢晋不讨伐鲁占取莒田。晋侯以超越规格的礼仪招待享宴。季武子以不合周礼而退出，实际上是担心得到额外的优待而给自己或者鲁国引来灾祸。晋国人认为季武子知礼。

2. 接待访问鲁国的晋国使者

鲁襄公八年（公元前 565 年），晋范宣子来鲁访问。《左传》襄公八年云：

> 晋范宣子来聘，且拜公之辱，告将用师于郑。公享之，宣子赋《摽有梅》。季武子曰："谁敢哉！今譬于草木，寡君在君，君之臭味也。欢以承

命，何时之有？”武子赋《角弓》。[①] 宾将出，武子赋《彤弓》。[②]

季武子为鲁公之相，因此时十一岁的鲁襄公年幼，即由季武子与范宣子赋诗对答，强调鲁、晋为友好之国，对晋悼公继续晋文公以来的晋国霸业表示赞美，可见季武子在鲁国对晋关系中的重要地位。《左传》襄公九年云：“夏，季武子如晋，报宣子之聘也。”鲁襄公九年（公元前564年），季武子到晋，是对范宣子访问鲁国的回访。

《左传》昭公二年云：

> 二年春，晋侯使韩宣子来聘……公享之。季武子赋《绵》之卒章。[③] 韩子赋《角弓》。季武子拜，曰：“敢拜子之弥缝敝邑，寡君有望矣。”武子赋《节》之卒章。[④] 既享，宴于季氏，有嘉树焉，宣子誉之。武子曰：“宿敢不封殖此树，以无忘《角弓》。”遂赋《甘棠》。[⑤] 宣子曰：“起不堪也，无以及召公。”

鲁昭公二年（公元前540年），晋国韩宣子来聘，季武子为鲁昭公之相，与韩

---

① 杨伯峻注云：“《角弓》，《小雅》篇名。取意于‘兄弟婚姻，无胥远矣’。”杨伯峻：《春秋左传注》（修订本），第960页。

② 杨伯峻注云：“《彤弓》亦在《小雅》。《序》云：‘天子锡有功诸侯。’武子意在晋悼继续晋文之霸业。”杨伯峻：《春秋左传注》（修订本），第960页。

③ 杜预注：“《绵》，《诗·大雅》卒章。取文王有四臣，故能以绵绵致兴盛。以晋侯比文王，以韩子比四辅。”杜预注，孔颖达等正义：《春秋左传正义》卷四十二“昭公二年”，阮元校刻《十三经注疏》本，第2029页。杨伯峻注云：“《绵》，《诗·大雅》篇名。卒章云：‘虞芮质厥成，文王蹶厥生。予曰有疏附，予曰有先后。予曰有奔奏，予曰有御侮！’率下亲上曰疏附，相道前后曰先后，喻德宣誉曰奔奏，武臣折卫曰御侮。”杨伯峻：《春秋左传注》（修订本），第1227页。

④ 杜预注：“《节》，《诗·小雅》。卒章取‘式讹尔心，以畜万邦’，以言晋德可以蓄万邦。”杜预注，孔颖达等正义：《春秋左传正义》卷四十二“昭公二年”，阮元校刻《十三经注疏》本，第2029页。

⑤ 杜预注：“《甘棠》，《诗·召南》。召伯息于甘棠之下，诗人思之，而爱其树。武子欲封殖嘉树如甘棠，以宣子比召公。”杜预注，孔颖达等正义：《春秋左传正义》卷四十二“昭公二年”，阮元校刻《十三经注疏》本，第2029页。

宣子赋诗对答。季武子赋《绵》之卒章和《甘棠》，赞美韩宣子为晋国国君的良能之臣，其意仍是通过韩宣子加强与晋国的关系。

（二）重视与卫、宋关系

1. 重视与卫国的友好关系

《左传》襄公七年云：

> 秋，季武子如卫，报子叔之聘，且辞缓报，非贰也。

卫国子叔于鲁襄公元年（公元前 572 年）聘鲁，六年后（公元前 566 年）大司徒季武子始答报，所以加以说明并表示歉意。

2. 加强与宋国的友好关系

《左传》襄公二十年云：

> 冬，季武子如宋，报向戌之聘也。褚师段逆之以受享，赋《常棣》之七章以卒。[①] 宋人重贿之。

向戌聘鲁在鲁襄公十五年（公元前 558 年）。此后五年（公元前 553 年），季武子访问宋国。宋国褚师段代表欢迎。季武子赋《常棣》之诗希望能加强两国关系。宋人送以重礼。

鲁襄公二十年（公元前 553 年），季武子因出使宋国受到鲁襄公的表扬。《左传》襄公二十年云：

---

① 杨伯俊注云："《常棣》,《诗・小雅》篇名。王引之述闻云：'以犹与也。卒，卒章也。言赋《常棣》之七章与卒章也。卒下无章字者，蒙上而省。'七章云：'妻子好合，如鼓琴瑟。兄弟既翕，和乐且湛。'卒章云：'宜而家室，乐而妻帑。是究是图，亶其然乎？'则季武子之意盖以鲁、宋婚姻之国，宜和睦相处，使各乐家室。"杨伯峻：《春秋左传注》（修订本），第 1054 页。

归，复命，公享之。赋《鱼丽》之卒章。公赋《南山有台》。[①] 武子去所，曰：“臣不堪也。”

鲁襄公赋《南山有台》之诗表扬季武子出使宋国的功劳。

（三）抗齐伐莒

1. 坚定抗齐

《春秋经》襄公十五年云：

夏，齐侯伐我北鄙，围成。……季孙宿、叔孙豹帅师城成郛。

鲁襄公十五年（公元前 558 年），季武子和叔孙豹建设了成地的外城，以抵御齐国。

2. 对莒国战争

《左传》襄公十二年云：

十二年春，莒人伐我东鄙，围台。季武子救台，遂入郓，取其钟以为公盘。

《左传》昭公元年云：

季武子伐莒，取郓。莒人告于会。

鲁襄公十二年（公元前 561 年）和鲁昭公元年（公元前 541 年），季武子两次率军对莒国攻伐，都以鲁国取胜而结束。第二次还导致莒人告到虢之会。

---

① 杜预注：“《南山有台》，《诗·小雅》。取其‘乐只君子，邦家之基’，‘邦家之光’，喻武子奉使能为国光辉。”杜预注，孔颖达等正义：《春秋左传正义》卷三十四“襄公二十年”，阮元校刻《十三经注疏》本，第 1970 页。

（四）作为鲁国特使，参加会盟

《左传》襄公八年云：

> 五月甲辰，会于邢丘，以命朝聘之数，使诸侯之大夫听命。季孙宿、齐高厚、宋向戌、卫宁殖、邾大夫会之。

鲁襄公八年（公元前565年）邢丘之会，季武子作为鲁国之使参加会盟。

（五）派叔孙豹参加弭兵大会

《左传》襄公二十七年云：

> 季武子使谓叔孙以公命曰："视邾、滕。"既而齐人请邾，宋人请滕，皆不与盟。叔孙曰："邾、滕，人之私也；我，列国也，何故视之？宋、卫，吾匹也。"乃盟。故不书其族，言违命也。

在鲁襄公二十七年（公元前546年）的弭兵大会上，季武子以鲁襄公之命，告诉叔孙豹，因为小国赋轻，以鲁国比于小国邾、滕之列。虽然叔孙豹未能执行此命令，但毕竟可以表明季武子掌控了鲁国的邦交。

（六）邦交不足之处

这主要表现在以下几件事情上。

1. 收留郑国司臣

《左传》襄公十五年云：

> 郑尉氏、司氏之乱，其余盗在宋。……司城子罕……良司臣而逸之，托诸季武子，武子置诸卞。

鲁襄公十五年（公元前 558 年），郑国司臣参与尉氏、司氏之乱。从司城子罕“良司臣”来看，可能司臣比较有才能。季武子似乎没有立场，接受司城子罕之托，收留司臣，也可能是因为爱惜人才。

2. 接受齐国庆封献礼

《左传》襄公二十八年云：

> 庆封……来奔。献车于季武子，美泽可以鉴。展庄叔见之，曰：“车甚泽，人必瘁，宜其亡也。”[①]

鲁襄公二十八年（公元前 545 年），季武子很轻易地就接受了齐国庆封所献之车，可以说是比较欠考虑的行为。

3. 伐莒取郓

季武子为了鲁国乃至私家之利，在对外决策方面有时欠考虑。《左传》昭公元年云：

> 季武子伐莒，取郓。莒人告于会。楚告于晋曰：“寻盟未退，而鲁伐莒，渎齐盟，请戮其使。”乐桓子相赵文子，欲求货于叔孙而为之请，使请带焉，弗与。梁其踁曰：“货以藩身，子何爱焉？”叔孙曰：“诸侯之会，卫社稷也。我以货免，鲁必受师。是祸之也，何卫之为？人之有墙，以蔽恶也。墙之隙坏，谁之咎也？卫而恶之，吾又甚焉。虽怨季孙，鲁国何罪？叔出季处，有自来矣，吾又谁怨？然鲋也贿，弗与，不已。”召使者，裂裳帛而与之，曰：“带其褊矣。”

鲁昭公元年（公元前 541 年），季武子不顾出使参加虢之会的叔孙氏的安危，

① 杨伯俊注云：“《文选》陆机《叹逝赋》李善《注》云：‘瘁犹毁也。’瘁即憔瘁之瘁。人谓他人。意谓庆氏之车如此华美，必聚敛特甚，受其害者心憔悴。或以人与车对文，人指庆氏，则以瘁为毁坏之意。”杨伯峻：《春秋左传注》（修订本），第 1149 页。

率鲁国军队伐莒，取郓地。莒人告于正在召开的虢之会，主要希望楚国为其出面，戮杀鲁国与会使者叔孙豹等人。赵孟“固请诸楚，楚人许之，乃免叔孙”。但叔孙豹明言“叔出季处，有自来矣”。这体现了鲁国权力下移，以季氏为首的三桓掌握大权的情形。

4. 欲卑小邾穆公

《左传》昭公三年云：

> 小邾穆公来朝，季武子欲卑之。穆叔曰：“不可。曹、滕、二邾，实不忘我好，敬以逆之，犹惧其贰。又卑一睦，焉逆群好也？其如旧而加敬焉！《志》曰：‘能敬无灾。’又曰：‘敬逆来者，天所福也。’”季孙从之。

鲁昭公三年（公元前539年），小邾穆公来朝。季武子并不打算以诸侯之礼相待，体现了其外交眼光的某些不足。但他最终听取了叔孙穆子的建议，放弃了原来的打算。

四、大司徒季武子的其他事迹

在春秋社会中期，风云变幻，旧有的制度、观念尚有巨大的惯性，新生的事物、观念才露尖尖角。除以上部分外，还有其他一些事迹能够体现大司徒季武子的突破拓新。

第一，突破周礼的限制，铸造林钟。《左传》襄公十九年云：

> 季武子以所得于齐之兵，作林钟而铭鲁功焉。臧武仲谓季孙曰：“非礼也。夫铭，天子令德，诸侯言时计功，大夫称伐。今称伐，则下等也；计功，则借人也；言时，则妨民多矣，何以为铭？且夫大伐小，取其所得，以作彝器，铭其功烈以示子孙，昭明德而惩无礼也。今将借人之力以救其死，若之何铭之？小国幸于大国，而昭所获焉以怒之，亡之道也。”

鲁襄公十九年（公元前554年），季武子用缴获的齐国兵器铸造林钟并作铭文记鲁国的武功，被臧武仲批评为违礼。可见身为权卿之首的季武子有时不遵守周礼的规定，甚至有突破周礼的行为。以历史的眼光来看，似乎不能对季武子的行为给予简单的否定，代表社会发展方向的卿大夫在当时突破周礼的某些束缚应该算得上是一种进步。

第二，突破宗法制的束缚，选用继承人以贤才为标准。《左传》襄公二十三年云：

> 季武子无适子，公弥长，而爱悼子，欲立之。访于申丰，曰："弥与纥，吾皆爱之，欲择才焉而立之。"申丰趋退，归，尽室将行。他日，又访焉，对曰："其然，将具敝车而行。"乃止。访于臧纥，臧纥曰："饮我酒，吾为子立之。"季氏饮大夫酒，臧纥为客。既献，臧孙命北面重席，新尊絜之。召悼子，降，逆之。大夫皆起。及旅，而召公鉏，使与之齿，季孙失色。

季武子没有嫡长子。按照西周以来的传统，在选择继承人的时候，应该是无嫡立长。季武子要从自己欣赏的两个儿子公弥、悼子中选择一个，"欲择才焉而立之"。当季武子想将这件改变传统制度和观念的事委托给申丰来办理的时候，申丰又惊又怕，打算"尽室将行"，甚至"将具敝车而行"。可见嫡长子继承制、无嫡立长的观念是深入人心的。但是季武子最后还是弃长而立贤，没有选择年长的公弥而是选择了有才的悼子，并在臧纥的帮助下得立。惜季悼子早逝而无名。季武子"欲择才焉"而选悼子为继承人。这虽为借口，但是说明鲁国贵族以贤才为标准来选择继承人有动摇宗法制"无嫡立长"的趋势。

另外，季武子有问大雨雹之事。《左传》昭公四年云：

> 大雨雹。季武子问于申丰曰："雹可御乎？"对曰："圣人在上，无雹。虽有，不为灾。古者日在北陆而藏冰，西陆朝觌而出之。其藏冰也，

深山穷谷，固阴沍寒，于是乎取之。其出之也，朝之禄位，宾、食、丧、祭，于是乎用之。其藏之也，黑牡、秬黍以享司寒。其出之也，桃弧、棘矢以除其灾。其出入也时。食肉之禄，冰皆与焉。大夫命妇，丧浴用冰。祭寒而藏之，献羔而启之，公始用之，火出而毕赋。自命夫、命妇至于老疾，无不受冰。山人取之，县人传之，舆人纳之，隶人藏之。夫冰以风壮，而以风出。其藏之也周，其用之也遍，则冬无愆阳，夏无伏阴，春无凄风，秋无苦雨，雷出不震，无灾霜雹，疠疾不降，民不夭札。今藏川池之冰弃而不用，风不越而杀，雷不发而震。雹之为灾，谁能御之？《七月》之卒章，藏冰之道也。”

鲁昭公四年（公元前538年），鲁国发生“大雨雹”。季武子向申丰询问抵御冰雹的方法。可以看出他对于鲁国遇到的灾难还是想找办法解决的。

季武子于鲁昭公七年（公元前535年）去世。《左传》昭公七年云：

夏四月甲辰朔，日有食之。晋侯问于士文伯曰：“谁将当日食？”对曰：“鲁、卫恶之。卫大，鲁小。”公曰：“何故？”对曰：“去卫地如鲁地，于是有灾，鲁实受之。其大咎其卫君乎！鲁将上卿。”

士文伯对日食的解释，蒙上了神秘的色彩，指出日食意味着鲁、卫两国将出现大的变故，鲁国上卿将要离世。鲁昭公七年（公元前535年）“十一月，季武子卒”。

总之，季武子是春秋时期一位相当有作为的政治家、军事家、外交家和改革家，执掌鲁政意味着鲁国卿权的强盛。他活跃在春秋社会舞台，是卓越的政治家；决策鲁国的邦交，在晋齐矛盾中斡旋，为鲁国寻找生存的空间，可谓外交家；率兵打仗，堪称军事家；在周礼浓郁的鲁国，敢于冲破旧有制度的束缚，“作三军”“舍中军”，推动鲁国社会的重大变革，并尚贤择才，是应该给予肯定的改革家。

第六节 鲁君失政与卿权极盛：大司徒季平子与春秋后期鲁国社会的严重危机

季平子（？—前505年），姬姓，季氏，名意如，谥平，春秋后期鲁国大司徒。季平子之父季悼子，即季孙纥；其祖季武子，即季孙宿。大司徒季平子驱逐鲁昭公出国而违背周礼，多为论者所注意。下面试从卿权角度再略做讨论。[①]

一、大司徒季平子平定家臣南蒯之乱

季平子之父为季悼子。"悼子之卒，《经》未书，又谥悼，张文虪《螺江日记》则谓悼子立未久而卒，然《论语·季氏》'自大夫出，五世希不失矣'，注家俱谓指季友、文子、武子、平子、桓子，而不数悼子，疑未嗣位为卿。季武子死于七年冬，疑平子以孙继祖。叔孙昭子于五年即位，七年春见于《经》，季悼子当死于五年后，七年前。"[②]季悼子早逝，事迹无考。

季平子继任为大司徒之后，可考者即鲁昭公九年（公元前533年）冬天筑郎囿。《左传》昭公九年记载季平子役使民力迅速修筑郎囿，"欲其速成"，叔孙昭子劝告"焉用速成？其以剿民也？无囿犹可，无民其可乎？"季平子才改变做法。可以看出，初任大司徒的季平子政治和社会经验并不丰富。

大司徒季氏家臣长期稳定的局面也开始出现变化[③]，例如季氏的根据地费

---

① 晁福林师指出，"中原列国卿权由君权附庸发展到影响和干预君权、再到超越君权而决断政治，经历了比较长期的发展过程"，并论及春秋时期"卿权臻至鼎盛"的情形。这给予作者很大启发。晁福林：《论周代卿权》，《中国社会科学》1993年第6期。

② 杨伯峻：《春秋左传注》（修订本），第1335页。

③ 鲁国家臣制度比较成熟完善，在春秋列国中相当典型。谢乃和指出，"鲁国家臣制内涵丰富，特点鲜明而自成一系"。谢乃和：《略论春秋时期鲁国家臣制度》，《东北师范大学学报》（哲学社会科学版）2010年第4期。

邑，即面临着费邑宰南蒯之乱。据《左传》昭公十二年所记，季平子继任大司徒后对南蒯礼遇不够，引起南蒯不满，以至于准备“出季氏，而归其室于公”，与公子慭、叔仲小合谋以晋国为援替鲁国国君除去季氏。叔仲小也力图离间季平子与叔孙昭子的关系。鲁昭公十二年（公元前530年），公子慭随从鲁昭公到晋国，但是被晋国拒绝入境。南蒯等看情况不妙，害怕失去晋国援助，在费地发动叛乱并转而依附齐国。从当时乡人云“家臣而君图”（《左传》昭公十二年）来看，甚至民间百姓都知道季平子之家臣南蒯为鲁君而反叛主人之事。

为了镇压叛乱，季平子派叔弓围攻费地，却没有攻下。季平子非常生气，命令见到费人即捕为俘虏。冶区夫反对季平子这样做，建议“若见费人，寒者衣之，饥者食之，为之令主，而共其乏困。费来如归，南氏亡矣，民将叛之，谁与居邑？若惮之以威，惧之以怒，民疾而叛，为之聚也。若诸侯皆然，费人无归，不亲南氏，将焉入矣？”（《左传》昭公十三年）季平子听从这些正确建议，采取措施争取民心，才为平息南蒯之乱奠定基础。

此后不久的鲁昭公十四年（公元前528年），季氏费邑家臣司徒老祁、虑癸顺应民意，用计发动斗争，与民众盟会，打算劫持南蒯。南蒯请求等待五天，然后逃亡到齐国。季平子粉碎了家臣南蒯之乱，保全了自己。《左传》昭公十四年提到司徒老祁、虑癸说“群臣不忘其君”，“费人不忍其君”，杜注：“君谓季氏。”[①] 这是西周以来家臣忠于主君卿大夫观念的生动写照。但从南蒯之乱来看，这种观念到季平子所在的春秋后期已经发生动摇。

费邑宰南蒯之叛，由季平子不礼于南蒯开始，此后南蒯精心策划组织，并利用季氏与其他贵族之间的矛盾，联合叔仲小、公子慭等人，使叛乱具有相当的规模，虽然最终失败，亦可见达到比较严重的程度。这又发生在季氏最重要的封邑费邑，而大司徒季氏执掌鲁国之政，故对大司徒季氏甚至鲁国都带来较大的震撼和冲击，打破了西周以来家臣忠于主君的传统，意味着鲁国卿大夫内

---

① 杜预注，孔颖达等正义：《春秋左传正义》卷四十七“昭公十四年”，阮元校刻《十三经注疏》本，第2076页。

部，甚至鲁国社会都发生了重要的变动。但是另一方面，也说明家臣的力量还不够强大，不足以撼动正值强盛时期的鲁国卿权。

二、大司徒季平子与卿大夫矛盾激化

大司徒季平子在平息叛乱、稳定内部以后，不久就担任冢卿，成为众卿之首。鲁昭公十七年（公元前 525 年）发生日食。叔孙昭子认为诸侯应该在社庙里祭祀；太史认为国君应该不食美味，离开正寝躲过日食的时辰。这些都遭到了季平子的反对。叔孙昭子察觉到季平子的心思，认为“夫子将有异志，不君君矣”（《左传》昭公十七年），此后将执掌鲁政的实权逐渐让给季平子。大司徒季平子从而成为鲁国冢卿，但与鲁国卿大夫的矛盾也趋于激化。

鲁昭公二十五年（公元前 517 年），季公鸟之妻因家事诬陷季公亥（季公若）、公思展与公鸟之臣申夜姑，造成季平子对他们的误会。季公鸟、季公亥、公思展俱为季氏家族之人。季平子偏听季公鸟之妻一面之词，拘捕了公思展，并打算杀申夜姑。由于季平子对家族之事处理不当，而导致族人季公亥即“公若怨平子”（《左传》昭公二十五年）。

不仅如此，季氏与鲁国一些重要卿大夫家族也发生矛盾。鲁昭公二十五年（公元前 517 年），季氏、郈氏斗鸡。季氏给鸡披上盔甲，而郈氏为鸡安装利爪，结果季氏的鸡被斗败。季平子非常愤怒，在郈氏的土地上扩大自己的宅第，并且还责备郈氏，因此导致“郈昭伯亦怨平子”（《左传》昭公二十五年）。

臧昭伯的同族兄弟臧会，在臧氏那里诬陷别人。臧氏派兵去季平子的府第逮捕逃到此处的臧会。季平子感到被冒犯威严而发怒，逮捕了臧氏的家臣，导致“季、臧有恶”（《左传》昭公二十五年）。季平子后来还违背了嫡长子继承制的原则，立臧会为臧氏继承人。

鲁国在鲁襄公之庙举行禘祭，“万者二人，其众万于季氏”（《左传》昭公二十五年）。人们基本都去季氏那里参加万舞了，而万舞本为国君使用的乐舞。因此臧昭伯说，这是不让国君在其先君的庙里祭祀其父，导致鲁国“大夫遂怨平子”（《左传》昭公二十五年）。

季平子与鲁国重臣臧、郈等家结怨，与诸多卿大夫有尖锐的矛盾，显示出季氏的冢卿之权扩张达到极盛，以至于冢卿与其他卿大夫也很难和谐共处。

三、大司徒季平子驱逐鲁昭公

大司徒季平子得罪本族之人和众多卿大夫，面临着众叛亲离的处境，这使鲁昭公有了可能清除季平子的机会。《左传》昭公二十五年云：

> 公若献弓于公为，且与之出射于外，而谋去季氏。公为告公果、公贲。……公果自言，公以告臧孙，臧孙以难。告郈孙，郈孙以可，劝。告子家懿伯，懿伯曰：“谗人以君侥幸，事若不克，君受其名，不可为也。舍民数世，以求克事，不可必也。且政在焉，其难图也。”……

在反对季平子的力量中，有季公若和鲁昭公子公为、公果、公贲。在鲁昭公重臣之中，臧氏退缩，而郈氏支持。子家懿伯说，谗佞之人怂恿国君侥幸行事，但是鲁国国君失去百姓支持已经几代了，而且政权在季平子手里，所以事不可为。

鲁君失政、季平子夺政的趋势也为列国卿大夫，如宋国乐祁等人所了解。鲁昭公二十五年（公元前 517 年），宋元夫人准备将女儿嫁给季平子，遭到宋元夫人的亲戚季公若的反对。季公若认为鲁国国君将驱逐不以国君为君的季平子。乐祁认为，如果像所说的那样，不是季平子而是“鲁君必出。政在季氏三世矣，鲁君丧政四公矣。无民而能逞其志者，未之有也，国君是以镇抚其民。……鲁君失民矣，焉得逞其志？”（《左传》昭公二十五年）这说明连宋国卿大夫都知道鲁国国君没有民众支持而驱逐季平子的举动必然带来祸患。

不仅如此，一般百姓也看出鲁昭公将反被季平子驱逐的可能。鲁国大夫师己以鲁文、宣、成公时代的“有鸜鹆来巢”之童谣为奇：“鸜之鹆之，公出辱之。鸜鹆之羽，公在外野，往馈之马。鸜鹆跦跦，公在乾侯，征褰与襦。鸜鹆之巢，远哉遥遥，稠父丧劳，宋父以骄。鸜鹆鸜鹆，往歌来哭。"（《左传》昭公二十五年）此童谣意谓，鸜鹆的老巢，路途遥远，去的时候唱歌，回来的时候哀鸣；国君出国受到羞辱，回来住在远方乾侯，向人要衣服、马匹而死于辛劳。师己认为现在鸜鹆前来做巢，可能国君的灾祸要来了。童谣出自民间，说明一般百姓也知道鲁昭公的处境和季平子将要夺政的想法。

但是，鲁昭公并没有听从子家懿伯等人的劝告，于鲁昭公二十五年（公元前 517 年）发动了对季氏的讨伐。《左传》昭公二十五年记载："叔孙昭子如阚，公居于长府。九月戊戌，伐季氏，杀公之于门，遂入之。"在双方交战当中，季平子起初处于劣势，请求"待于沂上以察罪"，"请囚于费"，"请以五乘亡"，均"弗许"。但是子家子已经看出鲁昭公失败的端倪，指出季平子有民众的支持而会胜利："君其许之！政自之出久矣，隐民多取食焉，为之徒者众矣。日入慝作，弗可知也。众怒不可蓄也，蓄而弗治，将蕴。蕴畜，民将生心。生心，同求将合。君必悔之。"鲁昭公却不听劝告。季平子在叔孙氏家臣"无季氏，是无叔孙氏也"的共识下得到叔孙氏、孟孙氏的帮助，而打败鲁昭公的军队。鲁昭公"与臧孙如墓谋"，不得已仓皇逃奔到齐国。

季平子驱逐鲁昭公的行为招致叔孙昭子的强烈反对。叔孙昭子认为季平子"逐君"会成就恶名，子孙后代亦不会忘记。季平子则坚决表示不打算迎回鲁昭公："苟使意如得改事君，所谓生死而肉骨也。"（《左传》昭公二十五年）叔孙昭子因此生气，郁郁而终。

此后季平子千方百计阻挠鲁昭公回国复位。齐国则力图使鲁昭公归国复位。鲁昭公二十五年（公元前 517 年）"十二月庚辰，齐侯围郓"；"二十六年春王正月庚申，齐侯取郓。……三月，公至自齐，处于郓，言鲁地也"（《左传》昭公二十六年）。后齐又向鲁发动炊鼻之战，但是鲁军进行了坚决的抵抗。鲁昭公希望借助齐国归鲁的想法没有实现。

与此同时，其他诸侯国也有使鲁昭公归国复位的想法。鲁昭公二十七年（公元前 515 年），在扈之会中，宋、卫等国希望能使鲁昭公归国复位，遭到了在季氏那里获得财礼的晋国范献子的反对。范献子向司城子梁与北宫贞子指出："季孙未知其罪，而君伐之。请囚、请亡，于是乎不获。君又弗克，而自出也。夫岂无备而能出君乎？季氏之复，天救之也。休公徒之怒，而启叔孙氏之心。不然，岂其伐人而说甲执冰以游？叔孙氏惧祸之滥，而自同于季氏，天之道也。鲁君守齐，三年而无成。季氏甚得其民，淮夷与之，有十年之备，有齐、楚之援，有天之赞，有民之助，有坚守之心，有列国之权，而弗敢宣也，事君如在国。故鞅以为难。二子皆图国者也，而欲纳鲁君，鞅之愿也，请从二子以围鲁。无成，死之。"（《左传》昭公二十七年）范献子认为，季氏并没有驱逐国君的想法，而是鲁昭公攻打季平子失败出走，因此季平子无罪；季平子其得上天的赞助、鲁国卿大夫的支持、百姓的拥护、淮夷的亲附、其他国家如楚国的援助，并有坚守鲁国的决心，有位同诸侯的权力，尊敬外出的鲁昭公如同其在国内一样，所以鲁昭公借助齐国之力三年也没有成功返回鲁国。从范献子之言，可以看出季平子有位同诸侯的权力，堪称鲁国的"摄政"。范宣子还故意吓唬司城子梁与北宫贞子，表示愿和他们一起战死，使两人不得已放弃了原来的想法。鲁昭公也无法借助宋、卫等国归国复位了。不但如此，季氏派"孟懿子、阳虎伐郓。……公徒败于且知"（《左传》昭公二十七年）。鲁昭公在郓地尚难自保。

季平子还使用其他手段阻碍鲁昭公回国，"每岁贾马，具从者之衣屦，而归之于乾侯"（《左传》昭公二十九年）。季平子故意让诸侯国认为他对鲁昭公非常尊敬。鲁昭公逮捕送马的人，并且卖了马，因此季平子以后不再送马了。

鲁昭公无奈只好滞留在乾侯。鲁昭公三十一年（公元前511年），晋侯打算用军队送鲁昭公回国。晋范献子说如果召季平子不来，那么季平子确实不是臣下了；又派人暗通信息，告诉季平子一定要来。季平子和晋荀跞在适历会面，被荀跞批评何故驱逐国君，应以周刑处罚。《左传》昭公三十一年云：

季孙练冠、麻衣，跣行，伏而对曰："事君，臣之所不得也，敢逃刑命？君若以臣为有罪，请囚于费，以待君之察也，亦唯君。若以先臣之故，不绝季氏，而赐之死。若弗杀弗亡，君之惠也，死且不朽。若得从君而归，则固臣之愿也，敢有异心？”

季平子以丧服表自己哀伤之深，并告诉荀跞自己非常愿意侍奉国君，如果有罪，甘愿受刑；如果免刑，则愿意奉国君回国。

鲁昭公三十一年（公元前 511 年），季平子跟从荀跞到乾侯看望鲁昭公，做出打算迎鲁昭公回国的姿态，但是子家子认为只有驱逐季氏后鲁昭公才适合归国。在众人劝说阻挠之下，鲁昭公没能归国，于鲁昭公三十二年（公元前 510 年）去世。总之，季平子成功阻止了晋国送鲁昭公归鲁的计划。

季平子在能影响甚至掌控鲁国国君之位的废立后，仿效鲁考公卒、其弟熙即炀公被立的故事，立鲁襄公之子、鲁昭公之弟公子宋为国君，即鲁定公。鲁定公元年（公元前 509 年），季平子葬昭公，欲使其墓与鲁国其他国君的墓隔开，同时打算给昭公以恶谥，虽然由于荣驾鹅的劝阻而放弃，但是仍葬昭公于墓道南。

大司徒季平子驱除鲁昭公，因为严重违背周礼，所以是鲁国及春秋社会惊天动地的大事，表明了鲁国家卿之权的极盛和君权的衰微。卿权的强大和权力的下移符合当时社会发展的方向，也意味着鲁国和春秋社会的巨大变动。

四、大司徒季平子主导鲁国外交、军事

家卿大司徒季平子所主导的鲁国外交活动依然是以对晋关系为主轴，军事方面战争则主要见诸对莒国等国的战争。

（一）季平子主导鲁国对晋国关系

在鲁、晋关系中，大司徒季平子是鲁国方面的主要角色。在鲁昭公十三年（公元前 529 年）平丘之盟中，晋国因为鲁昭公的缺席而发怒。《左传》昭公十三年云：“晋人执季孙意如……晋人以平子归，子服湫从。”晋人执与会的鲁

国代表季平子到晋国，因此鲁昭公赶紧赴晋，途中被晋婉拒。鲁国卿大夫不得不考虑其他策略。《左传》昭公十三年云：

> 季孙犹在晋，子服惠伯私于中行穆子曰：“鲁事晋，何以不如夷之小国？鲁，兄弟也，土地犹大，所命能具。若为夷弃之，使事齐、楚，其何瘳于晋？亲亲、与大，赏共、罚否，所以为盟主也。子其图之。谚曰：‘臣一主二。’吾岂无大国？”穆子告韩宣子，且曰：“楚灭陈、蔡，不能救，而为夷执亲，将焉用之？”乃归季孙。

在子服惠伯对中行穆子等晋国卿大夫的大力劝说请求之下，季平子终于得以释放回国。

第二年即鲁昭公十四年（公元前528年），季平子再次到晋国。《左传》昭公十四年云：“十四年春，意如至自晋，尊晋、罪己也。”季平子为上一年的事情想表达尊重晋国、归罪自己之意。

季平子回鲁国后，与子服昭伯有次对话。《左传》昭公十六年云：

> 子服昭伯语季平子曰：“晋之公室，其将遂卑矣。君幼弱，六卿强而奢傲，将因是以习，习实为常，能无卑乎？”平子曰：“尔幼，恶识国？”

季平子回鲁国以后，子服昭伯告诉季平子说晋之公室将卑微，而政在六卿。季平子对子服昭伯的话不以为然，认为他年幼而不懂国家大事。鲁昭公十六年（公元前526年）秋八月，晋昭公去世。季平子到晋国参加晋昭公葬礼，观察晋国形势，回想子服昭伯的话认为果然有道理：“子服回之言犹信。子服氏有子哉！”（《左传》昭公十六年）季平子起初不认可，后来却高度评价子服昭伯对晋国情况的判断。鲁昭公二十一年（公元前521年）夏天，晋国士鞅来聘问。季平子故意怠慢晋国，所以用当年招待齐人鲍国的礼节等级七牢之礼招待士鞅，“使有司以齐鲍国归费之礼为士鞅”（《左传》昭公二十一年）。这是有意贬低士鞅和晋国，而将士鞅激怒。鲁国人感到恐惧后赶紧加了四牢。

（二）季平子决策鲁国军事

季平子发动对莒战争。鲁昭公十年（公元前 532 年）“秋七月，平子伐莒，取郠。献俘，始用人于亳社”（《左传》昭公十年）。这被臧武仲批评说是“无义”的表现。鲁与莒等邻国的战争甚至引起了邾人、莒人告于晋，遭致晋国对鲁国的批评，而使鲁、晋关系有所紧张。

（三）季平子参与处理鲁国与小国的关系

鲁昭公十七年（公元前 525 年）春天，在鲁昭公会见来访的小邾穆公时，季平子作为重要的角色参加，“季平子赋《采叔》，穆公赋《菁菁者莪》”（《左传》昭公十七年），对小邾国尽显友好之意。

《左传》定公五年云：“六月，季平子行东野。还，未至，丙申，卒于房。”鲁定公五年（公元前 505 年），季平子巡视东野，在返回鲁都曲阜的过程中去世。

冢卿鲁国大司徒季平子此生所做的大事之一是驱逐了鲁昭公，摄行君权长达八年之久，是鲁国也是春秋社会卿大夫掌权而权力下移的典型代表。鲁国大司徒季平子的所作所为，意味着卿权达到极盛，并与鲁国甚至春秋社会的重大变动紧密相连。

第四章
司徒与春秋战国社会的变革和转折
——以鲁国大司徒为典型（下）

到大司徒季桓子、季康子的时候，鲁国已经进入春秋社会的晚期，正值春秋社会向战国社会的过渡阶段，社会变革大潮正在涌动。大司徒季桓子、季康子在政治上起用孔子及其弟子治国，具有重大突破意义，成为历史上以儒治国的先声。不仅如此，大司徒季康子在经济上“用田赋”，也是田地赋税制度具有历史意义的改革，还在邦交上进行大力调整，在军事上进行积极整顿，为曾经强大的鲁国留下最后一抹亮色。

春秋晚期鲁国发生了阳虎之乱，陪臣执国命，国家出现严重危机。为扭转自周初立国以来的最大困局，鲁国执政者季桓子做出重大政治抉择，突破世卿世禄制度的束缚选拔官吏，先后任命孔子为鲁国中都宰、司空、大司寇，兼摄相事，实行以儒治国，取得显著成效。这既是鲁国和春秋社会的重要转折，更在中国历史上首开先河，具有极为深远的影响。

作为春秋末年杰出的政治家，鲁国大司徒季康子与周游列国归鲁的儒家学派创始人孔子常有互动。季康子虽然没有任命孔子为官，但是经常向孔子咨询国政，二人多有交流，以至于孔子儒家的为政之道对季康子产生潜移默化的影响，最终或多或少地影响了季康子的执政方针。

季康子执掌鲁政，选用孔门弟子作为主要力量治国，在政治上突破世卿世禄制度限制，推动政治制度、治国理念和文化变革；在外交、军事上，依据列国形势，运筹帷幄，推动外交方针、军事策略的调整；在经济上突破井田制的束缚，实行“用田赋”，推行土地赋税制度变革。季康子顺应历史发展的潮流，推动以儒治国，推动了鲁国社会的重大变革，具有十分深远的历史影响。

战国时代鲁国世卿世禄制度走向瓦解，大司徒季氏退出历史舞台，政治体制发生重大变革，顺应了春秋战国之际列国发展的历史潮流。鲁国大司徒的职责变化和地位沉浮是鲁国乃至春秋战国社会巨大、深刻的变动使然。

在春秋社会礼坏乐崩的背景下，大司徒季氏对周礼既有遵循和维护，也有违背和突破，具有那个时代的显著特点，其影响要全面正确看待。大司徒季氏位居鲁国冢卿，在政治、经济、邦交、军事和文化等方面的作为和改革，在春秋时期鲁国的社会进程中产生了非常重要的影响，甚至可以说发挥了主导作用，使鲁国成为春秋时期社会变迁的一个缩影。

第一节　抉择与尝试：大司徒季桓子起用孔子与春秋晚期鲁国以儒治国

季桓子（？—前 492 年），姬姓，季氏，名斯，即季孙斯，季平子之子，鲁国大司徒，谥桓。大司徒季桓子经历了轰动一时的家臣阳虎之乱，虽然最终消除叛乱而幸免于难，但陷入执政的低谷。大司徒季桓子采取什么措施应对鲁国面临的严峻形势？对此后的鲁国社会又带来怎样的影响？下面试做分析。

一、大司徒季桓子面临的家臣制度危机

在大司徒季氏消灭了南蒯叛乱之后，家臣叛乱不仅没有到此为止，而且愈演

愈烈。这其中以家臣阳虎的叛乱最为有名，对季孙氏和鲁国造成的影响最大。

阳虎，姬姓，鲁国三桓之一的孟孙氏庶支，又名货，为大司徒季孙氏家臣，历季武子、季平子、季桓子三代，资历颇老。《史记・孔子世家》云："季氏飨士，孔子与往。阳虎绌曰：'季氏飨士，非敢飨子也。'孔子由是退。孔子年十七……是岁，季武子卒，平子代立。"这说明阳虎在季武子时代即为季孙氏家臣。到季平子时代，阳虎在季孙氏家已经有举足轻重的地位，如《左传》昭公二十七年记载，鲁昭公逃难自齐处郓，"孟懿子、阳虎伐郓"。这表明在季平子时代，阳虎已经是担当率领军队的主要将领之一。鲁定公五年（公元前505年），季平子去世，年幼的季桓子继任大司徒，这给家臣阳虎以可乘之机夺取家政大权。

在季平子卒后，阳虎与季平子的另一重要家臣仲梁怀因为是否将玙璠陪葬的事情发生激烈争执。《左传》定公五年云：

> 阳虎将以玙璠殓，仲梁怀弗与，曰："改步改玉。"[①] 阳虎欲逐之，告公山不狃。不狃曰："彼为君也，子何怨焉？"既葬，桓子行东野，及费。子泄为费宰，逆劳于郊，桓子敬之。劳仲梁怀，仲梁怀弗敬。子泄怒，谓阳虎："子行之乎？"

阳虎将以玙璠陪葬，而仲梁怀则认为因为季平子已经还政鲁定公，所以不具备这个资格。阳虎打算驱逐仲梁怀，并告诉公山不狃（子泄），反被其劝阻。等季平子的葬礼举行之后，季桓子行东野而到费地。季桓子敬仲梁怀而仲梁怀不

① 杜预注："昭公之出，季孙行君事，佩玙璠，祭宗庙。今定公立，复臣位，改君步，则亦当去玙璠。"杜预注，孔颖达等正义：《春秋左传正义》卷五十五"定公五年"，阮元校刻《十三经注疏》本，第2139页。杨伯俊注云："《周语中》，先民有言，改玉改行，亦此意。步即行步。据《礼记・玉藻》，君与尸行接武，大夫继武，士中武。据郑《注》及孔《疏》，越是尊贵之人，步行越慢越短。接武者，第一步开始后第二步第三步徐行过前半步；继武者，第一步与第二步紧接；中武者，第一步第二步间须容一足之地，以其步履广阔。因其步履不同，故佩玉亦不同；改其步履之急徐长短，则改其佩玉之贵贱，此改步改玉之义。"杨伯峻：《春秋左传注》（修订本），第1550—1551页。

敬季桓子。这让费宰公山不狃非常生气，告诉阳虎可以驱逐仲梁怀了。在得到季桓子最重要的邑宰公山不狃的支持后，深受季孙氏宠信的阳虎由计划驱逐仲梁怀而对年幼即位但立足未稳、经验不多的季桓子，渐生夺权之念。《左传》定公九年记鲍文子回顾阳虎事件说："夫阳虎有宠于季氏，而将杀季孙，以不利鲁国。"这可以看出阳虎下定了反叛的决心。

鲁定公五年（公元前 505 年）秋九月，阳虎果断囚禁大司徒季桓子。《左传》定公五年云：

> 乙亥，阳虎囚季桓子及公父文伯，而逐仲梁怀。冬十月丁亥，杀公何藐。己丑，盟桓子于稷门之内。庚寅，大诅。逐公父歜及秦遄，皆奔齐。

阳虎囚季桓子及其族兄弟公父文伯，并先后驱逐了仲梁怀、公父歜及秦遄，杀了公何藐。阳虎为控制季桓子，与季桓子在稷门举行盟誓而后举行大诅的仪式，完成了对季桓子和季孙氏家政的实际控制。

此后，阳虎千方百计进一步削弱和控制三桓，甚至想杀掉季桓子、孟懿子。根据《左传》定公六年的记载，是年（公元前 504 年）鲁国听从晋国的安排，由阳虎率军攻打郑国，"往不假道于卫；及还，阳虎使季、孟自南门入，出自东门，舍于豚泽。卫侯怒，使弥子瑕追之"。经公叔文子的劝导，卫侯才息怒放弃追杀季桓子等人。季、孟外出，甚至连行走路线都不得不听命于家臣阳虎的安排。这个事件表明，大司徒季氏等三桓此时已经深受阳虎的管束。

大司徒季桓子似乎还有一定的自由。《左传》定公六年云："夏，季桓子如晋，献郑俘也。"公元前 504 年夏天，季桓子到晋国，献所获郑俘。

阳虎要更进一步夺得鲁国执政大权。《左传》定公六年云："阳虎又盟公及三桓于周社，盟国人于亳社，诅于五父之衢。"公元前 504 年，阳虎在周社与鲁定公及三桓盟誓，与国人在亳社会盟，并在五父之衢举行诅的仪式，实际上是掌握国人，控制三桓，进而挟持鲁定公和独揽鲁国执政大权。一个突出的事例是《左传》定公七年记载“齐人归郓、阳关，阳虎居之以为政”。齐人归还郓、阳关两地，阳虎将之变为自己的地盘，而鲁定公和以大司徒季桓子为首的三桓则无可奈何。

二、大司徒季桓子面临的宗法制度危机

阳虎欲置三桓于死地。《左传》定公七年云：

> 齐国夏伐我。阳虎御季桓子，公敛处父御孟懿子，将宵军齐师。齐师闻之，堕，伏而待之。处父曰：“虎不图祸，而必死。”苫夷曰：“虎陷二子于难，不待有司，余必杀女。”虎惧，乃还，不败。

鲁定公七年（公元前 503 年），齐国国夏率领军队攻打鲁国。阳虎为季桓子驾车，孟氏家臣公敛处父为孟懿子驾车，将在晚上进攻齐军。齐军佯装没有防备，设伏兵而诱敌。公敛处父说，阳虎不谋划避免灾祸而必然死掉。苫夷认为，阳虎陷害季、孟二氏于灾难，不用鲁国的官吏处置，而由他杀死。阳虎恐惧，就不再攻打齐军而撤回，所以没有失败。在抵抗齐军的过程中，阳虎在战场上为季桓子驾车，实际上操纵着季桓子的生死，但是被公敛处父、苫夷识破而遭到警告，无奈之下只好放弃而让季、孟幸免于难。总之，阳虎的做法引起三桓的其他家臣和鲁国卿大夫的不满。

但是阳虎除掉季氏等三桓的决心不变，仍再想通过三桓的族人实现目的，因而季氏等三桓仍然处在危险当中。《左传》定公八年云：

> 季寤、公鉏极、公山不狃皆不得志于季氏，叔孙辄无宠于叔孙氏，叔仲志不得志于鲁。故五人因阳虎。

阳虎首先拉拢失意于季氏的族人季寤等，然后笼络失宠于叔孙氏的族人叔孙辄

等，组成一个阵营，并且制订了详细的除掉三桓的计划。《左传》定公八年云：

> 阳虎欲去三桓，以季寤更季氏，以叔孙辄更叔孙氏，己更孟氏。冬十月，顺祀先公而祈焉。辛卯，禘于僖公。壬辰，将享季氏于蒲圃而杀之，戒都车，曰："癸巳至。"

阳虎打算除掉三桓，以季氏的族人季寤代替季氏，以叔孙氏的族人叔孙辄代替叔孙氏，自己代替孟孙氏，并要求提前做好准备在蒲圃为季桓子举行享礼时杀死他，可谓谋划周密。孟孙氏家臣公敛处父察觉阳虎消灭季桓子的计划，并劝说孟孙氏做好应对准备。鲁定公八年（公元前 502 年），阳虎果然按照计划采取了行动。根据《左传》定公八年的记载，季桓子在家臣林楚的帮助下从阳虎的队伍中逃脱。公敛处父帅成人战败阳虎。阳虎先逃到讙、阳关叛变，最后逃离鲁国。所以大司徒季桓子等三桓终于逃过一劫。

公山不狃为季氏家臣中的老臣，曾经在办理季平子的丧事中立功。在季桓子的信任下，出任费邑之宰。但是不久之后，公山不狃与季氏有了深刻矛盾。《史记·孔子世家》云：

> 定公八年，公山不狃不得意于季氏，因阳虎为乱，欲废三桓之适，更立其庶孽阳虎素所善者……

鲁定公八年（公元前 502 年），费邑之宰公山不狃策应阳虎之乱，谋划废除三桓的宗子，更换立阳虎所支持的三桓的庶子，成为阳虎之乱的余音。这也更说明季桓子面临的家臣制度和宗法制度的危机相互交织，此起彼伏。

总之，阳虎从大司徒季氏家臣一跃而成为执掌鲁国国政的人，即谓"陪臣执国命"[①]。这是鲁国春秋后期社会最为深刻的变化：一方面，鲁国卿权从极盛走

---

① 《论语·季氏》："孔子曰：'天下无道，则礼乐征伐自诸侯出。自诸侯出，盖十世希不失矣；自大夫出，五世希不失矣；陪臣执国命，三世希不失矣。'"

向衰落，出现家臣如阳虎、公山不狃叛主的严重局面；另一方面，鲁国宗法制也出现了危机，如季寤、叔孙辄分别是季氏、叔孙氏的小宗，却想以小宗代替大宗。尤其要指出的是，家臣制度和宗法制度的严重危机给大司徒季桓子带来强烈震撼。阳虎、公山不狃等本为三桓家族之人而出任季氏家臣，还曾被委以重任，另外还有三桓的小宗等最后却背叛了三桓，使以季氏为首的三桓几乎被消灭，也使鲁国元气大伤，意味着鲁国以“亲亲”为本位的用人选官制度，也就是世卿世禄制度到了非改革不可的地步。总之，大司徒季桓子遭历阳虎之乱，反映了鲁国新、旧社会势力的激烈较量，显示了以大司徒季桓子为代表的卿大夫阶层面临新的困境，说明鲁国社会到了一个关键的转折点，迫切需要采取措施突破创新。

三、起用孔子：大司徒季桓子的历史抉择

此后大司徒季桓子重新执掌鲁政，在鲁国政局保持着一定影响力。《左传》哀公三年云：

> 夏五月辛卯，司铎火。火逾公宫，桓、僖灾。……季桓子至，御公立于象魏之外，命救火者伤人则止，财可为也。命藏“象魏”，曰：“旧章不可亡也。”

鲁哀公三年（公元前 492 年）夏天，鲁国司铎官署发生火灾。火势越过公宫，桓庙、僖庙也被火烧毁。在救火灾的过程中，与其他官员不同，季桓子为鲁哀公驾车站在象魏之外，表现出具有相当高的政治地位。季桓子要求，救火如果伤人就停止，生命比财物重要，因为财物还可以再生产出来，又命人将“象魏”等旧的典章文献藏起来，表现出一定的眼光。

大司徒季桓子吸取阳虎之乱的教训，决定突破以血缘关系为标准的世卿世禄制度的束缚，而起用有才能的人为官治理鲁国。虽为布衣之士但是富有才华

的孔子由此进入了季桓子的视野。其实在阳虎之乱前，季氏曾与孔子打过几次交道。《史记·孔子世家》云：

> 季氏飨士，孔子与往。阳虎绌曰："季氏飨士，非敢飨子也。"孔子由是退。孔子年十七……是岁，季武子卒，平子代立。

孔子十七岁那年，当是鲁昭公七年（公元前 535 年）。《左传》昭公七年云"十一月，季武子卒"。季武子去世已近年末，季氏家于情理不会在宗子丧后短时间举行宴会招待鲁国士大夫，所以季氏家举行宴会当是季武子在世时所为。孔子高兴地前去参加季氏宴会，却被季氏的家臣阳虎所拒。季氏举行宴会招待士大夫，却不欢迎孔子这样的家境贫寒的博学多才之人。此事对孔子影响颇大，促使他更加发愤努力读书。

孔子后来短时间担任过大司徒季氏家臣。《史记·孔子世家》云，孔子"及长，尝为季氏史，料量平；尝为司职吏而畜蕃息"。此为孔子的青年时期，当是季平子时代。

《史记·孔子世家》云：

> 孔子年四十二，鲁昭公卒于乾侯，定公立。定公立五年，夏，季平子卒，桓子嗣立。季桓子穿井得土缶，中若羊，问仲尼云"得狗"。仲尼曰："以丘所闻，羊也。丘闻之，木石之怪夔、罔阆，水之怪龙、罔象，土之怪坟羊。"

季桓子穿井得土缶，像羊，而向孔子咨询时说该物如狗。博学知物的孔子说该物不是狗，而是羊。这说明季桓子与孔子有所交往，并欣赏孔子的博学多才。

《史记·孔子世家》记公元前 505 年阳虎之乱发生后，"鲁自大夫以下皆僭离于正道。故孔子不仕，退而修诗书礼乐，弟子弥众，至自远方，莫不受业焉"。阳虎之乱后，鲁卿大夫僭离于正道。在这样的社会背景下，孔子远离政治，潜心教学，钻研学术。

屡遭挫折的大司徒季桓子下定决心起用布衣之士、儒家创始人孔子为官治理鲁国。《史记·孔子世家》云：

> 其后定公以孔子为中都宰，一年，四方皆则之。由中都宰为司空，由司空为大司寇。

鲁国起用孔子任中都宰的虽为鲁定公，但实际决策者当是季桓子。孔子不负季氏厚望，处理政事井井有条，最后升至大司寇，摄行相事。大司徒季氏开启了任用布衣之士为官的先例，对一直实行世卿世禄制度的鲁国是一个巨大的历史突破。

四、礼治与德政：大司徒季桓子以儒治国

在大司徒季桓子等三桓的默许和支持下，儒家创始人孔子以儒家理念治理鲁国，表明了鲁国的执政者在一定程度上接受并推行儒学。

第一，恢复周礼，行于鲁国。

众所周知，恢复周礼是以孔子为代表的儒家的核心主张之一。如《论语·颜渊》记孔子说要“克己复礼”。在孔子任中都宰后，即践行这一主张。《孔子家语·相鲁》云：

> 孔子初仕，为中都宰，制为养生送死之节，长幼异食、强弱异任、男女别涂、路无拾遗、器不雕伪，为四寸之棺、五寸之椁，因丘陵为坟，不封、不树。行之一年，而西方之诸侯则焉。

孔子在中都宰任上，在当地社会大力推行周礼，可以说覆盖了社会的各个方面，并取得显著效果。所以当鲁定公问以此法治理整个鲁国会如何呢，孔子回答说：“虽天下可乎，何但鲁国而已哉！”《孔子家语·相鲁》意谓推行周礼不但可以治理鲁国，而且可以治理整个天下。

第二，推行教化，爱民以仁。

孔子治理鲁国，主张为政以德，充分体现在他对百姓的治理之上。《孔子家语·相鲁》云：

> 初，鲁之贩羊有沈犹氏者，常朝饮其羊以诈市人；有公慎氏者，妻淫不制；有慎溃氏，奢侈踰法；鲁之鬻六畜者，饰之以储价。及孔子之为政也，则沈犹氏不敢朝饮其羊，公慎氏出其妻，慎溃氏越境而徙。三月，则鬻牛马者不储价，卖羊豚者不加饰；男女行者，别其涂，道不拾遗；男尚忠信，女尚贞顺；四方客至于邑，不求有司，皆如归焉。

在孔子治理鲁国之前，社会风气不好，百姓有不好的表现，但经过孔子的治理与教化，百姓改过，出现“道不拾遗，男尚忠信，女尚贞顺”，甚至宾至如归的大好局面。这正符合《论语·颜渊》记“仲弓问仁”，孔子回答说：“出门如见大宾，使民如承大祭。己所不欲，勿施于人。在邦无怨，在家无怨。”为政者使用民众如同举行大祭那样庄重谨慎，做到百姓没有怨恨，实际是爱护百姓，这样就做到“仁”了。“孔子有丰富的‘为政’经验，他的‘为政’思想实际上是其仁学思想的体现。”① 可以说孔子治理鲁国贯彻了儒学的核心要义，即仁爱的精神。

第三，以礼对外，夹谷解困。

鲁定公十年（公元前500年），齐、鲁两国举行夹谷之会。鲁定公以孔子为相，参加这次与齐景公的盟会。齐景公在大臣犁弥的建议下，意欲挟持鲁定公。《左传》定公十年云：

> 孔丘以公退，曰：“士，兵之！两君合好，而裔夷之俘以兵乱之，非齐君所以命诸侯也。裔不谋夏，夷不乱华，俘不干盟，兵不逼好。于神为不祥，于德为愆义，于人为失礼，君必不然。”齐侯闻之，遽辟之。

① 晁福林：《从上博简〈仲弓〉篇看孔子的“为政”思想》，《齐鲁学刊》2004年第6期。

会盟仪式结束后，齐景公准备在荒野设享礼招待鲁定公。《左传》定公十年云：

> 孔丘谓梁丘据曰："齐、鲁之故，吾子何不闻焉？事既成矣，而又享之，是勤执事也。且牺、象不出门，嘉乐不野合。飨而既具，是弃礼也；若其不具，用秕稗也。用秕稗，君辱，弃礼，名恶。子盍图之！夫享，所以昭德也。不昭，不如其已也。"乃不果享。

孔子在危难之际，坚持以儒家的礼与德面对齐国，用大智大勇化解了这场险情，巧妙而坚定地维护了鲁定公和鲁国的尊严和利益。这可以说是儒家学说在鲁国外交场合中的成功贯彻和运用，也是鲁国在春秋后期邦国外交上少有的胜利。

第四，事君以忠，力堕三都。

孔子按照周礼的标准，"臣无藏甲，大夫毋百雉之城"（《史记·孔子世家》），推行"堕三都"（《左传》定公十二年），目的是为维护鲁国国君的地位和权威，削弱以大司徒季氏为首的三桓的实力，实现鲁国政治力量的重组。季氏明知孔子的目的而同意，是因为费地屡叛，对其造成很大威胁，故欲假孔子之手而削弱家臣。叔孙氏、孟孙氏亦是如此。此举的确严重削弱了家臣对抗三桓的实力，但是同时也削弱了三桓自身的力量，造成了孔子与三桓的复杂矛盾不可调和而激化，因而最终失败。

根据《史记·孔子世家》的记载，鲁定公十四年（公元前 496 年），"孔子年五十六，由大司寇行摄相事"。孔子任鲁国大司寇，也引起了齐国的极大关注。齐人听说孔子任鲁国大司寇非常害怕，认为孔子为政而鲁国必霸，会对齐国造成严重威胁。齐国于是送女乐文马给鲁国国君以迷惑之，却讨到季桓子的喜欢而怠于政事。季桓子与孔子本来在堕三都的问题上矛盾尖锐，在对待国君等问题上政见分歧很大。季桓子喜欢女乐文马，让孔子感到非常失望。孔子看到在鲁国政坛上已经难有作为，遂辞去大司寇的职务，带领弟子们周游列国。

季桓子临去世以前，对于未能坚持重用孔子一事非常后悔。《史记·孔子世家》云：

季桓子病，辇而见鲁城，喟然叹曰："昔此国几兴矣，以吾获罪于孔子，故不兴也。"顾谓其嗣康子曰："我即死，若必相鲁；相鲁，必召仲尼。"后数日，桓子卒，康子代立。已葬，欲召仲尼。

病危中的季桓子显然意识到了孔子对于鲁国的重要意义，所以嘱咐季康子要迎回孔子。鲁哀公三年（公元前 492 年），大司徒季桓子去世。此后经过继位之争，由季康子继位。

大司徒季桓子处于鲁国社会的转折点，其执掌家政及国政的地位一度被其家臣所夺，是春秋社会后期鲁国卿权衰落和政治权力继续下移的典型事例，意味着鲁国社会的严重危机和深刻变化。在这样严峻的社会背景下，大司徒季桓子开启了起用布衣之士即儒家创始人孔子为官的先例。童书业说："……季孙氏既以忌其宗法家臣之故，重用无土无民但受谷禄之孔子……孔子及其弟子得掌鲁政，彼辈受谷禄，无封土，无宗法关系，实为最早之官僚。"[①] 鲁国大司徒季桓子任用孔子为官至大司寇，摄行相事，不仅对西周春秋以来长久实行的宗法制、家臣制和世卿世禄制是一个巨大的历史突破，而且在鲁国实现了以儒治国，在中国历史上首开先河，具有极为深远的意义。

第二节　咨政与治国：鲁国大司徒季康子与孔子儒家为政之道的互动

季康子（？—公元前 468 年），即季孙肥，姬姓，名肥，谥康，继其父季桓子为鲁国大司徒、冢卿。作为春秋末年鲁国的杰出政治家，季康子迎回了周游列国十四年的孔子。季康子虽然没有任命孔子为官，但是经常向孔子咨询国

① 童书业：《春秋左传研究》，第 90 页。

政，二人多有交流，以至于孔子的思想对季康子产生潜移默化的影响，最终或多或少地影响了季康子的执政方针，推进了鲁国以儒治国。上海博物馆竹书《季庚（康）子问于孔子》提供了季康子与孔子讨论为政的新材料，弥足珍贵，值得研究。

一、大司徒季康子执掌鲁政与迎孔子归鲁

春秋末年，鲁国大司徒季康子登上历史舞台。《左传》哀公三年云：

> 秋，季孙有疾，命正常曰："无死。南孺子之子，男也，则以告而立之；女也，则肥也可。"季孙卒，康子即位。既葬，康子在朝。南氏生男，正常载以如朝，告曰："夫子有遗言，命其圉臣曰：'南氏生男，则以告于君与大夫而立之。'今生矣，男也，敢告。"遂奔卫。康子请退。公使共刘视之，则或杀之矣，乃讨之。召正常，正常不反。

鲁哀公三年（公元前492年）秋天，季桓子患重病将死，正常委托关于继位者之事：如果其妻南孺子生男，则立；如生女，则立季孙肥。一般来讲，南孺子所生男当立，并且能公布于鲁国，说明从宗法制角度讲该男是季桓子之嫡长子，也从侧面证明了季康子虽然年长但非季桓子之嫡长子。季桓子去世后，事情显然变得复杂而微妙：南孺子所生男可能被杀死，而季康子很快被得立为继承人。正常虽欲实现季桓子的遗言但是却无能为力，只好出奔卫国。因此季康子的继位之事，有惊无险，终于实现。季康子得立，应该说违背了宗法制的规定即嫡长子继承制。其间约略可以看出围绕继位展开的激烈争夺。季康子最终得以继位的历史事实表明：一方面是权力下移，权卿当政，围绕权力继承而展开激烈斗争，季氏需要像季康子这样的强有力的人物；另一方面是宗法制度的衰微，季康子公然杀嫡自立，无视以嫡长子继承制为核心的宗法制，说明宗法制在新的形势下面临严峻的挑战。

这样季康子承其父职担任了鲁国大司徒，逐渐掌握了鲁国内政外交的大权。季康子承其父命，欲起用孔子，但受到公之鱼的劝阻未能遂愿，而只先召孔子的学生冉有而用之。《史记·孔子世家》云：

> 其明年，冉有为季氏将师，与齐战于郎，克之。季康子曰："子之于军旅，学之乎？性之乎？"冉有曰："学之于孔子。"季康子曰："孔子何如人哉？"对曰："用之有名；播之百姓，质诸鬼神而无憾。求之至于此道，虽累千社，夫子不利也。"康子曰："我欲召之，可乎？"对曰："欲召之，则毋以小人固之，则可矣。"……季康子逐公华、公宾、公林，以币迎孔子，孔子归鲁。

鲁哀公十一年（公元前484年），齐国、鲁国发生战争。冉有在鲁国危难之际大展身手，表现了杰出的才能。季康子非常赞赏，并通过询问冉有进而加深了对孔子的认识，"以币召之，乃归"（《左传》哀公十一年）。就在这一年，季康子以礼迎孔子归鲁。这在某种意义上体现了季康子的求贤若渴。

季康子迎回孔子在政治和文化上是非常正确的选择。季康子为周游列国而旅途疲惫的孔子准备了一个温暖的归宿，也为孔子提供了良好的教学、整理六经的环境。孔子继续收徒讲学，并完成六经的修订，最终形成了儒家学派。这在中国历史上是泽被千秋万世的事业，其中应该有季康子的一份功劳。

《史记·孔子世家》云：

> 然鲁终不能用孔子，孔子亦不求仕。

季康子虽然将孔子召回鲁国并尊为国老，但是终究没有真正使用，留下不小的历史遗憾。

总起来看，大司徒季氏与儒家学派创始人孔子，有着不解之缘。《史记·孔子世家》云：

> 孔子……及长，尝为季氏史，料量平；尝为司职吏而畜蕃息。由是为司空。已而去鲁，斥乎齐，逐乎宋、卫，困于陈蔡之间，于是反鲁。……鲁复善待，由是反鲁。

此段记叙比较完整地说明了季氏与孔子的交往历史，共分四个阶段：一、季氏任用青年时期的孔子为家臣；二、在季氏的推荐下，孔子五十岁后出任司空等鲁国官员；三、孔子因与季氏的矛盾退出鲁国政坛，周游列国；四、季氏迎孔子回鲁国并尊为国老。纵观整个过程，皆有大司徒季氏发挥重要影响。

二、上博竹书《季庚（康）子问于孔子》记季康子与孔子关于治民思想的讨论

大司徒有治民之职掌。季康子作为大司徒，十分关心治民之道。《上海博物馆藏战国楚竹书》（五）有《季庚（康）子问于孔子》[①]一文，内容十分宝贵，记载了季康子与孔子关于治民之道的深入讨论：

> [1] 季庚（康）子䎽（问）于孔子曰："肥，从又（有）司（事）之逡（后），罷（抑）不智（知）民敄（务）之安（焉）才（在）？唯子之飼（治）頋，青（请）昏（问）：君子之从事者于民之[2] 上，君子之大务何？"孔子曰："仁之以悳（德），此君子之大敄（务）也。"庚子曰："青（请）昏（问）可（何）胃（谓）急（仁）之㠯（以）悳（德）？"孔子曰："君子才（在）民[3] 之上，埶（执）民之中，絁（绅）譶（設）于百眚（姓），而民不备（服）安（焉），氏（是）君子之耻也。氏（是）古（故），君子玉亓（其）言而盬（慎）亓（其）行，敬城

① 马承源主编：《上海博物馆藏战国楚竹书》（五），上海古籍出版社，2005 年，第 200—234 页。个别文字有改动。

（成）亓（其）[4] 悳（德）𠂤（以）临民，民𣫞（望）亓（其）道而备（服）安（焉），此之胃（谓）𢘅（仁）之𠂤（以）悳（德）。虞筦（管）中（仲）又言曰：'君子，龏（龚）则述（遂），乔（骄）则泀（侮）浦（备）言多难 [5] □□□□□□□□□□□□□舀（扰）事皆𠭁（得）亓（其）嚾（劝）而弝（强）之。则邦又（有）𣕘（奸）童（动），百姓送之𠂤（以）□□ [6]。'"

庚（康）子曰："𥨸（宁）秜（移）肥也。"孔子曰："丘昏（闻）之孟者（子）吴（馀）曰：'夫书者，𠂤（以）箸（著）君子之悳（德）也。[7] 夫时（诗）也者，𠂤（以）篟（志）君子之志。夫义者，𠂤（以）斤（谨）君子之行也。君子涉之，小人雚（观）之，君子敬城（成）亓（其）悳（德），小人毋𥧌（寐）[8]。'"

庚子曰："也萦（縈），𢧀（遂）含（今）语肥也，𠂤（以）凥（居）邦冡（家）之述曰：'君子不可𠂤（以）不弝（强），不弝（强）则不立 [9]。'"孔子曰："萛（异）于丘之所昏（闻），丘昏（闻）之𣶒（臧）虔（文）中（仲）又（有）言曰：'君子弝（强）则遗（遗），𢘎（威）则民不 [10] 道（导），俞（逾）则遊（失）众，𥁕（㼌）则亡（无）新（亲），好型（刑）则不羊（祥），好杀则复（作）𤔔（乱）。'是古（故），臤（贤）人之居邦冡（家）也，𡜊（夙）𦦨（兴）夜𥧌（寐）[11] 宨侚。氏（是）古（故），夫敀（迫）邦甚，难民能多一矣。"

庚（康）子曰："毋乃肥之昏也，是左（佐）虖（乎）？古（故）女（如）𧆨（吾）子之足肥也。"孔子曰：[12]"☐安焉。复（作）而𩍬（乘）之，则邦又（有）获。先人之所善，亦善之。先人之所𡿺（变），[13] 亦变之。"

庚子曰："☐而行之，民必备（服）矣。古（故）子𠂤（以）此言，为奚女（如）？"孔子曰："繇（由）丘，𥫗（观）之，则散（微）[14] 言也已。虞（且）夫𢧀（𡺚）含（今）之先人，𡚬（丧）三代之連（传）叓（史），几（岂）敢不𠂤（以）亓（其）先人之連（传）等告。"

庚（康）子曰：“肰（然）亓（其）宔（主）人亦曰：‘古之为［15］邦者必㠯（以）此。’”孔子曰：“言则媺（美）矣。然亚（恶）勿叓（变），先人之所灋勿记（起），肰（然）则民逄（坐）不善，赇（迷）父兄子俤（弟）而爯（称）赇［16］之必敬，女（如）㓤（则）客之事也。君曰：‘丯（荐）豊（礼）。’”

［17］庚子曰：“☐者，因古䒴（典）豊（礼）而章之，毋逆百事，旨（皆）青（请）行之。”［18］㣌（辞）曰：“子之言也已砫（主）。丘也昏（闻）君子田肥民则安，䐶（邪）民不鼓。氏（是）古（故），臤（贤）人大于邦，而又（有）𠷎（劬）心，能为视［19］降耑（端）以比，民之㑻（劝）敚（微），弃亚（恶）毋适，𧥜（慎）少㠯（以）畣（合）大，足言而簪（密）獸（守）之。毋钦远，毋诣移；亚（恶）人勿歡（戕），好［20］人勿贵，救民㠯（以）𧶜（亲），大辠（罪）则夜（处）之㠯（以）型（刑），臧（臧）辠（罪）则夜（处）之㠯（以）罚，少（小）则訿之。凡欲勿崇（狂），凡遊（失）勿危（危），各［21］□□□□□□犹如君子听㤅（悁），听㤅（悁）则民𤏳（然）之。毋信予（谀）曾（憎），因邦之所臤（贤）而𦥑（兴）之。大辠（罪）杀［22］之，臧（臧）辠（罪）型（刑）之，少（小）辠（罪）罚之。句（苟）能固战，（灭）速毋亟（恒）！才（灾）遂（后）之殜（世）比𤔲（乱），邦相怀毁，众必亚（恶）善，臤（贤）人［23］堂（当）亓（其）曲㠯（以）城（成）之。肰（然）则邦坪（平）而民頫矣。此君子从事者之所商[illegible]也。”①

本篇原无题，此处取用全文首句为篇题，命之为《季庚（康）子问于孔子》，共二十三支简。本篇第一、三、四、七、十四、十九、二十、二十三简完整；第十、十五、十八、二十二简分别为两段简缀合，经缀合简完整；第十一简

① 关于该篇竹简的编联，陈剑在整理者所做工作的基础上进行了很好的补充。参见陈剑：《谈谈〈上博（五）〉的竹简分篇、拼合与编联问题》，简帛网（http://www.bsm.org.cn），2006年2月19日。

亦为两段简缀合，但缀合后，简下端尚缺一字；第二、六、八、九、十二、十三、十六、十七、二十一简均残上半段，下半段保存完好；第五简残存中段。

简文中的“庚”为“康”，季庚子即季康子。[①] 大司徒季康子十分关心“民务”和“使民”的问题，向孔子询问治民之道。

孔子首先指出要“仁之以德”，注重自身内心修养，进而以德教民；然后引筦（管）中（仲）之言要防止骄傲，引孟者（子）吴（馀）[②] 之言要敬成其德，引臧（臧）麆（文）中（仲）之言要勤政恤民；并且效法先人之善、叓（变），重臤（贤）人、又（有）睯（劭）心，对恶人、好人都要有正确的态度；特别指出不要治民以重刑，以轻刑治民才能使国家安定。[③] 孔子反对“大辠（罪）杀之，臧（臧）辠（罪）型（刑）之，少（小）辠（罪）罚之”。简文有残缺，推测季康子在上文曾经提到过这一点。孔子主张行“德政”，减轻刑罚，主张皆赦免而宽降一等，变为“大辠（罪）则夜（处）之吕（以）型（刑），壓（臧）辠（罪）则夜（处）之吕（以）罚，少（小）则訿之”。壓（臧）辠（罪）或为中等程度的罪。上述观点或渊源于《尚书》。《尚书·康诰》云：“乃有大罪，非终，乃惟眚灾，适尔，既道极厥辜，时乃不可杀。”意谓如果一个人犯了大罪，但是如果不是故意犯罪，那么也不能杀。

季康子的主张和孔子的主张有比较远的距离，更倾向大罪杀、臧罪刑、小罪罚，这显然具有猛政的色彩。这有点类似于比季康子稍早的郑国子产。《左传》昭公二十年记子产云：“唯有德者能以宽服民，其次莫如猛。夫火烈，民望而畏之，故鲜死焉；水懦弱，民狎而玩之，则多死焉。故宽难。”子产一方面承认“宽政”是最好的，但他更强调猛政，欣赏猛政的作用。季康子和子产

① 《战国策·韩策二》“司马康”，《史记·韩世家》作“司马庚”。可见“康”有时写作“庚”。

② 孟者（子）吴（馀）即春秋时期晋国的赵衰。

③ 应该说明的是，《季庚（康）子问于孔子》需要探讨的问题很多，例如其中涉及的孔子思想，此处则根据本书主题主要从季康子的角度探讨。

在这一点认识上有一致的地方。从竹简可以看出季康子和孔子的看法是有分歧的。孔子的儒家学说反对滥用刑罚，强调“德政”，慎重用刑。

三、孔子儒家思想对季康子为政的影响

大司徒季康子所处的春秋社会末期，鲁国战争和自然灾害不断。根据《左传》哀公十一年的记载，“五月，公会吴伐齐”。《春秋经》哀公十二年云：“冬十有二月，螽。”《春秋经》哀公十三年云：“九月，螽。……十有二月，螽。”《春秋经》哀公十四年云：“饥。”鲁国内有自然灾害，外有战争，出现了内外交困的局面。面对鲁国严峻的形势，大司徒季康子经常与孔子讨论治国治民之策，二人多有交往。这一历史事实也与上述竹简的记载呼应。

季康子作为鲁国的实际执政者，首先关心如何治理民众。《论语·为政》云：

> 季康子问：“使民敬、忠以劝，如之何？”子曰：“临之以庄，则敬；孝慈，则忠；举善而教不能，则劝。”

季康子问孔子如何做到使老百姓恭敬、尽忠而努力。孔子强调要以庄重的态度对待百姓；孝敬父母，慈爱子弟；举用善贤之人，又教育落后之人。孔子对于当政者如何对待百姓有比较高的要求。

季康子显现出了对治理国家的思考。《论语·颜渊》云：

> 季康子问政于孔子。孔子对曰：“政者，正也。子帅以正，孰敢不正？”

季康子问孔子如何为政治理国家。孔子强调为政者以身作则，百姓就会效仿，政治就会清明。

季康子关注社会治安。《论语·颜渊》云：

季康子患盗，问于孔子。孔子曰："苟子之不欲，虽赏之不窃。"

季康子忧虑鲁国盗贼多，向孔子求教。孔子回答说，如果在上位者不贪图财富而做好榜样，即使奖赏偷盗，也不会有偷盗。

季康子关注自然灾害。《左传》哀公十二年云：

冬十二月，螽。[①] 季孙问诸仲尼，仲尼曰："丘闻之，火伏而后蛰者毕。[②] 今火犹西流，司历过也。[③]"

鲁哀公十二年（公元前483年）冬十二月，发生蝗灾。季氏向孔子请教这件事。孔子说，大火星下去以后昆虫也蛰伏了，现在大火星还遥现于西方夜空，是司历者的过错。

季康子对推行重刑治国似乎更有兴趣，这大概和鲁国面临严峻的局面而他急于出成效有关。《论语·颜渊》也透露了这一信息：

季康子问政于孔子曰："如杀无道，以就有道，何如？"孔子对曰："子为政，焉用杀？子欲善而民善矣。君子之德风，小人之德草。草上之风，必偃。"

季康子向孔子请教为政，提出可否杀掉坏人来亲近好人。孔子反对用滥杀的办法，指出自身向善，民众就会好起来，即为上行下效。季康子在这里再一次提

---

① 杨伯峻注云："螽……即今蝗虫为灾……然其时多在秋八月或九月，至迟为冬十月（文八年），无在十二月者。此次……蝗灾……在十二月，即今农历之十月，于当时为罕见，故季孙问。"杨伯峻：《春秋左传注》（修订本），第1673页。

② 杨伯峻注云："火为心宿二，一般夏正十月即不见于天空，此时天已寒冷，昆虫尽蛰入地下。"杨伯峻：《春秋左传注》（修订本），第1673页。

③ 杨伯峻注云："孔丘之意，谓时已十月，天空应不见心宿二，昆虫应皆蛰伏，然心宿二犹遥见于西方天空，逐见沉默，乃司历者之误。杜《注》因之谓此年应闰而未闰，其实此年不当闰，明年亦十二月仍有飞蝗，而闰当在十二月后。"杨伯峻：《春秋左传注》（修订本），第1673页。

到“杀”的问题，可见他对严刑峻法的推崇。《韩诗外传·卷三》第二十二章亦有相关记载：

传曰：鲁有父子讼者，康子欲杀之。孔子曰：“未可杀也。夫民不知父子讼之为不义久矣，是则上失其道。上有道，是人亡矣。”讼者闻之，请无讼。

鲁国有父子二人争讼，季康子想把他们杀掉。孔子认为不能杀，指出民众不知父子争讼不符合道义是国君的过失。

根据《孔子家语·五帝》的记载，季康子问孔子关于“五帝”的事情：

季康子问于孔子曰：“旧闻五帝之名，而不知其实，请问何谓五帝？”孔子曰：“昔丘也闻诸老聃曰：‘天有五行，水火金木土，分时化育，以成万物，其神谓之五帝。’古之王者，易代而改号，取法五行，五行更王，终始相生，亦象其义。故其为明王者而死配五行，是以太皞配木，炎帝配火，黄帝配土，少皞配金，颛顼配水。”康子曰：“太皞氏其始之木何如？”孔子曰：“五行用事，先起于木。木，东方，万物之初皆出焉。是故王者则之，而首以木德王天下，其次则以所生之行转相承也。”

孔子给季康子讲解了“五帝”以五行之德“王天下”思想，涉及如何治国的重要问题，实际上强调贤君明政治。季康子对昏暗政治还是警觉的。《论语·宪问》云：

子言卫灵公之无道也，康子曰：“夫如是，奚而不丧？”孔子曰：“仲书圉治宾客，祝鮀治宗庙，王孙贾治军旅。夫如是，奚其丧？”

季康子对卫灵公无道而不灭亡感到不解，孔子指出这是由于卫灵公有贤臣辅佐。或是受此启发，季康子也重视贤才，想让他们发挥对治理国家的重要作用。

对于孔子的弟子的才能，季康子非常关心，并任用孔子的弟子为家臣。《论语·雍也》云：

> 季康子问："仲由可使从政也与？"子曰："由也果，于从政乎何有？"曰："赐也可使从政也与？"曰："赐也达，于从政乎何有？"曰："求也可使从政也与？"曰："求也艺，于从政乎何有？"

季康子问孔子，仲由（子路）、端木赐（子贡）和冉求（冉有）三个人是否适合从政。孔子说仲由果敢决断、端木赐通情达理、冉求多才多艺，这三个人治理国政都没有困难。

可以看出，季康子还是想通过"知人"来"善任"的，孔子则准确地概括了这三个人的特点。孔子对季康子的这一点也是欣赏的。根据《孔子家语·正论解》的记载，鲁国战胜齐国后，季康子对冉有学于孔子而得文武之道表示高兴，樊迟告诉了孔子，孔子说："季孙于是乎可谓悦人之有能矣。"意谓，季氏这样就可以称得上欣赏别人有才能了。

季康子就为政问题与孔子反复交流，因此孔子的儒学思想对季康子的执政方针或多或少会有影响，促进了鲁国以儒治国。

四、季康子为政与孔子儒家思想的不同

季康子调整土地赋税政策和对他国征伐时向孔子询问，说明大司徒季康子为政思想与孔子思想的相异之处。

春秋末年的鲁国，一方面公田荒芜的现象进一步严重，导致国家的收入更加减少；另一方面，鲁国仍然面临着相当严重的外患危机，为了维持相对强大的军队，必须保证军需。为此，鲁国大司徒季康子实行"用田赋"的措施。如前文所述，大司徒季康子想要按田亩征税，派冉有征求孔子的意见。孔子不做正式答复，私下对冉有说，君子做事情，要根据礼来要求：施予要力争厚重，

措施要做得适中，赋敛要尽量微少，如果这样，那么也就够了；如果不根据礼来衡量而贪婪没有满足，那么虽然按田亩征税，还是会不够的，而且季氏想要办事合于法度，那么周公的典章就在那里；如果想要随便办事，又征求什么意见呢？孔子认为季氏所为，超过“礼”所规定的“中”的界限，违背了原有的“周公之典”，显见二人的分歧。季康子最终也没有接受孔子的建议，而是突破旧制，实行按田而赋。孔子虽维护周礼，但主张减轻对百姓的赋敛的观点也合情理。然而季康子的选择是一个政治家从现实出发做出的选择，当时籍田制已经废弛，按照田地收取赋税是难以违抗的趋势。

春秋末年，诸侯变法改革图强，弱者难以生存。在这种背景下，季康子对他国征伐，吞并弱国，也是变法改革图强的必然目的之一。《论语·季氏》记季氏将伐颛臾，派冉有、季路向孔子请教，受到孔子的反对。冉有代表季康子说出了心里话：

> 今夫颛臾，固而近于费。今不取，后世必为子孙忧。

颛臾之国，城郭坚固而且靠近费邑，不攻取它，会为后世子孙带来忧患。孔子很不同意这种看法，对冉有说：

> 求，君子疾夫舍曰欲之而必为之辞。丘也闻有国有家者，不患寡而患不均，不患贫而患不安。盖均无贫，和无寡，安无倾。夫如是，故远人不服，则修文德以来之；既来之，则安之。今由与求也，相夫子，远人不服，而不能来也；邦分崩离析，而不能守也；而谋动干戈于邦内。吾恐季孙之忧，不在颛臾，而在萧墙之内也。

此处孔子提出了他的著名的王道思想，但是大司徒季康子无法采纳。应该说，到了春秋末期，大国吞并小国，强国吞并弱国，是历史发展的趋势。

孔子作为儒学大师，提出了以儒治国的理论。在春秋末年的社会历史条件下，作为鲁国的家卿和政治家，大司徒季康子为政主要着眼于鲁国的现实迫切需要，追求鲁国的生存和发展，对以儒治国也显示出某种程度的关心和实行，体现了以大司徒执政为主体的鲁国政治与儒家思想文化的碰撞和交流。

第三节　承续与深化：大司徒季康子与春秋末期鲁国社会的深刻变革
——以孔门弟子治国

春秋末期，鲁国内有家臣作乱，外有大国威胁，处于风雨飘摇之中。大司徒季康子执掌鲁政，力挽狂澜，以儒治国，积极变革，可以说是鲁国和春秋历史上司徒的代表人物。

一、季康子执掌鲁政与任用孔子弟子子路等治国

鲁国大司徒季康子生活在春秋末年，此时包括鲁国在内的春秋社会正处在一个大转折、大动荡时期。根据《左传》哀公十四年的记载，是年（公元前481年）齐陈恒弑其国君壬。孔子向鲁哀公请求伐齐国，但是鲁哀公说“子告季孙”，即这样的事情必须去问季康子。可以看出，鲁哀公在是否发动战争这样的国家大事方面无法做主，需要听从季康子的决定。从这一点可以推测季康子已经担任鲁国家卿，实际掌握鲁国之政。

季康子力图不断削弱鲁哀公的权力。根据《左传》哀公二十四年的记载，是年（公元前471年）鲁哀公到越国，与越国太子适郢友好。适郢将要把女儿嫁给鲁哀公，并多送土地。这其实正符合鲁哀公修好于越以巩固其君位的意图。季康子非常紧张，深恐鲁哀公得到越国的支持而威胁到自己，所以只好通过各种途径加以制止。这既防止了鲁哀公与大国越国结好，同时有效巩固了季

康子在鲁国的执政地位。

鲁国大司徒季康子在鲁哀公十一年（公元前 484 年）迎回了周游列国十四年的孔子。季康子虽然没有任命孔子为官，但是在选儒任官方面迈出了更大步伐。孔子兴办私学，培养了许多优秀的儒家弟子。《史记·仲尼弟子列传》云："孔子曰'受业身通者七十有七人'，皆异能之士也。"季康子向孔子询问孔门儒家弟子的情况，决定选用其中优秀者为官，作为治理鲁国的主要力量。

季康子对子路委以重任。《史记·仲尼弟子列传》云：

> 仲由字子路，卞人也。少孔子九岁。
>
> 子路性鄙，好勇力，志伉直……
>
> 子路问政，孔子曰："先之，劳之。"请益。曰："无倦。"
>
> ……
>
> 孔子曰："片言可以折狱者，其由也与！"……
>
> 季康子问："仲由仁乎？"孔子曰："千乘之国可使治其赋，不知其仁。"

仲由字子路，春秋末年卞人，孔子弟子。子路出身贫苦，性格急躁好勇，但关心政治，处理政事能力特别强，例如根据犯人的言辞就可以判断官司。季康子向孔子咨询了解子路的政治本领。孔子说千乘之国可使子路治理，对子路的才能充分认可。

根据《左传》哀公十四年的记载，是年（公元前 481 年）小邾射以句绎来奔，要求子路代表鲁国与其盟誓，否则不愿与鲁国为盟，可见在季康子时代，子路被委以重任。鲁国派子路前去，但是子路不同意，说"鲁有事于小邾，不敢问故，死其城下可也。彼不臣而济其言，是义之也。由弗能"。原因是小邾射离邾投奔鲁国，不符合子路推崇的儒家君臣之义原则。从这一点可以隐约看出，作为孔子最器重的弟子之一，子路在政治实践中坚定地贯彻儒学理念，并运用到治理国家之中。

季氏任用孔子弟子子游为武城宰。《史记·仲尼弟子列传》云："子游既已受业，为武城宰。孔子过，闻弦歌之声。孔子莞尔而笑曰：'割鸡焉用牛刀？'子游曰：'昔者偃闻诸夫子曰：君子学道则爱人，小人学道则易使。'孔子曰：'二三子，偃之言是也。前言戏之耳。'"孔子来到子游治理的武城，听到弦歌之声。若据此推测子游以孔子儒学为指导，用礼乐教化百姓当大致不差。而事实亦是如此，子游以儒家之道治理武城，达到了"君子学道则爱人，小人学道则易使"的效果。

季康子任用子路、子游、子贡、冉求、樊迟等孔门弟子为官，在政治、外交、军事、经济等诸方面，皆有较好的表现，为治理鲁国做出了贡献。这是对世卿世禄制度的重大突破，推动了鲁国乃至春秋社会的重大变革。

二、季康子用孔子弟子子贡等推进鲁国外交

季康子的时代，从列国形势来看，大国并立，吴越争霸，所以鲁国的外部环境险象环生。与这些强国相比，鲁国实力较弱，故面临较大的外部威胁和压力。季康子根据列国形势和鲁国国力，以子贡等儒家弟子为主推进鲁国外交，积极调整鲁国外交方针，取得了明显成效。

面对强大的齐国，季康子友好和抵抗两手并用。根据《左传》哀公八年的记载，是年（公元前 487 年）齐悼公来鲁国访问。季康子"以其妹妻之"，以缓和与齐国的关系，减轻齐国对鲁国的压力。但是其妹与季鲂侯私通，所以不敢将其嫁给齐悼公。齐悼公发怒进攻鲁国，并准备联合吴国共同攻打。鲁国不得不放回邾国国君。鲁国、齐国盟会和好。季康子将季姬嫁给齐悼公。季姬受宠以后，使齐人归还讙和阐地，维护了鲁国的利益。

孔门儒家弟子当中，子贡具备杰出的外交才能。《史记·仲尼弟子列传》云：

> 端沐（木）赐，卫人，字子贡。少孔子三十一岁。
>
> 子贡利口巧辞，孔子常黜其辩。……

端木赐，字子贡，孔子弟子，春秋末年卫国人，善言辞，是出色的外交家。

春秋末年，吴国对鲁国施以强大的外交压力。季康子不得不抗击吴国。根据《左传》哀公七年的记载，是年（公元前 488 年）吴国想以鲁国问路，挥师中原。鲁哀公与吴国使者在鄫会面。吴国向鲁国征百牢，这对鲁国实在是莫大的耻辱。鲁臣子服景伯指出这是以前没有发生过的事情，但是吴人指出鲁贡晋大夫亦能十一牢。子服景伯依据周礼力争，但认为吴弃天而终将亡，鲁若不交会沾染晦气，故最终答应。

面对这种严峻的局面，作为鲁国的执政者，大司徒季康子必须有所谋划。根据《左传》哀公七年的记载，是年（公元前 488 年）吴国大宰嚭欲召见季康子，但是季康子派子贡代表他去会面，可见季康子对子贡的信任。大宰嚭因为季康子未亲自来不合于礼而责备子贡，子贡解释说："岂以为礼，畏大国也。大国不以礼命于诸侯，苟不以礼，岂可量也？寡君既共命焉，其老岂敢弃其国？大伯端委以治周礼，仲雍嗣之，断发文身，赢以为饰，岂礼也哉？有由然也。"季康子在听闻子贡回来汇报说吴国能力有限后，遂下定决心抗吴。

此后季康子伐邾，而鲁国与吴国关系依然紧张。鲁哀公七年（公元前 488 年），季康子打算攻打邾国，遭到鲁国众大夫的反对，认为不仁失德。但是鲁军最终攻入邾国，俘获邾子益。这导致邾国求救于吴国。鲁国伐邾引来了吴国的干涉。因此季康子伐邾反而最终危及了鲁国的安全。根据《左传》哀公八年的记载，是年（公元前 487 年）鲁国受到吴国军队的猛烈进攻，季康子不但不妥协而且积极抵抗，以致吴王认为鲁国"未可望也"。在吴军进攻到鲁都不远的地方时，鲁大夫微虎准备派勇士趁夜晚偷袭。从有人劝季康子不要这样做来看，微虎的偷袭计划得到季康子的支持。这些勇士里面就有孔门弟子有若。季康子最后听从别人劝告，"乃止之"，终止偷袭计划，与吴国举行会盟。季康子起用子贡从外交方面应对吴国，并侵伐邾国以牵制吴国，虽有子服景伯的劝谏亦不听从，其策略虽然不一定完全恰当，但还是颇有决心和手腕的。

此后最能说明子贡是一名出色的外交家的事情是其临危受命救鲁之事。根据《史记·仲尼弟子列传》的记载，“田常欲作乱于齐，惮高、国、鲍、晏，故移其兵欲以伐鲁”。在鲁国遭受齐国进攻之际，子贡奉命出使，“故子贡一出，存鲁，乱齐，破吴，强晋而霸越。子贡一使，使势相破，十年之中，五国各有变”，凭借杰出的外交才能使鲁国得以保全。

鲁哀公二十七年（公元前 468 年），季康子参加鲁越平阳之盟。《左传》哀公二十七年云：

> 二十七年春，越子使舌庸来聘，且言邾田，封于骀上。
>
> 二月，盟于平阳，三子皆从。康子病之，言及子赣，曰：“若在此，吾不及此夫！”武伯曰：“然。何不召？”曰：“固将召之。”文子曰：“他日请念。”

关于季康子言及子赣（子贡），杨伯峻注云：“盖舌庸强三子从鲁哀公与之盟，鲁之兵力既不能敌越，又无善于辞令之人以拒之，故念及子贡，十二年子贡曾却吴王夫差之请寻盟也。”[①] 越国国君以霸主身份派舌庸来访问，谈及被鲁国侵夺的邾国土田，而且提出以骀上为鲁、邾两国边界。鲁、越在平阳会盟，季康子、叔孙文子、孟武伯皆跟从鲁哀公与舌庸会盟。季康子以鲁国国君与越国大夫这种不平等的身份会盟为耻，并特别想念子贡，认为子贡如果在此，不会被羞辱到这样的地步，而且说本来要召他来随从参加的。这说明子贡的外交才华深受季康子认可。

另外，冉求也积极活跃在鲁国的外交舞台上。春秋末年，宋国在列国当中仍具有一定影响力。《左传》哀公二十三年云：“宋景曹卒。季康子使冉有吊，且送葬。”是年（公元前 472 年）宋景公之母去世，季康子派冉求（冉有）带着马匹作为礼物吊唁、送葬。这是鲁国显示对宋国友好之意，也说明冉求在外交领域颇受季康子重用。

---

① 杨伯峻：《春秋左传注》（修订本），第 1733 页。

三、季康子用孔子弟子冉求等整顿鲁国军事

季康子的时代，鲁国弱小，在诸大国中间处境艰难。季康子任命冉求统率军队，亦用儒家弟子樊迟。冉求大力整顿鲁国军事，积极抵御外敌。《史记·仲尼弟子列传》云：

> 冄（冉）求字子有，少孔子二十九岁。为季氏宰。
>
> 季康子问孔子曰："冄（冉）求仁乎？"曰："千室之邑，百乘之家，求也可使治其赋。仁则吾不知也。"

冉求，字子有，孔子弟子，富有军事才能。当季康子问冉求本领如何的时候，孔子认为千室之邑、百乘之家，可使冉求治理。冉求任季氏宰，领兵打仗，表现突出。

《史记·仲尼弟子列传》云：

> 樊须字子迟。少孔子三十六岁。……樊迟问仁，子曰："爱人。"问智，曰："知人。"

樊须字子迟，春秋末年鲁国人（一说齐国人），曾向孔子学习农业，被孔子批评；后有所体悟，能关注仁、智等儒学的核心命题。

但是随着吴、齐关系的恶化，鲁、齐两国的友好没有维持太久就战争又起。鲁哀公十年（公元前 485 年），吴、鲁等国与齐发生郎之战。同年，齐悼公被齐人所杀。鲁哀公十一年（公元前 484 年）春天，齐为郎之战之故，国书、高无丕帅师伐鲁。季康子虽然对齐军有所畏惧，但任用孔门弟子冉求这位杰出的军事家率领鲁国军队进行抵抗。冉求、樊迟等人的军事谋略集中表现在鲁哀公十一年（公元前 484 年）鲁国抗击齐军的战争当中。《左传》哀公十一年云：

十一年春，齐为鄎故，国书、高无丕帅师伐我，及清。季孙谓其宰冉求曰："齐师在清，必鲁故也。若之何？"求曰："一子守，二子从公御诸竟。"季孙曰："不能。"求曰："居封疆之间。"季孙告二子，二子不可。求曰："若不可，则君无出。一子帅师，背城而战，不属者，非鲁人也。鲁之群室众于齐之兵车，一室敌车优矣，子何患焉？二子之不欲战也宜，政在季氏。当子之身，齐人伐鲁而不能战，子之耻也。大不列于诸侯矣。"季孙使从于朝，俟于党氏之沟。武叔呼而问战焉，对曰："君子有远虑，小人何知？"懿子强问之，对曰："小人虑材而言，量力而共者也。"武叔曰："是谓我不成丈夫也。"退而蒐乘。孟孺子泄帅右师，颜羽御，邴泄为右。冉求帅左师，管周父御，樊迟为右。季孙曰："须也弱。"有子曰："就用命焉。"季氏之甲七千，冉有以武城人三百为己徒卒，老幼守宫，次于雩门之外。五日，右师从之……

师及齐师战于郊。齐师自稷曲，师不逾沟。樊迟曰："非不能也，不信子也。请三刻而逾之。"如之，众从之。师入齐军。……

师获甲首八十，齐人不能师。宵谍曰："齐人遁。"冉有请从之三，季孙弗许。

……冉有用矛于齐师，故能入其军。孔子曰："义也。"

"鲁之群室，众于齐之兵车。一室敌车，优矣。"杨伯峻注云："此一室指季氏，四分公室而有其二……则季孙之兵车独多，而齐师所出少，故云以季孙之兵力敌齐甚有余裕。"[①] 从"一室敌车优矣"来看，其兵力足以超过齐国派来的军队；再联系"季氏之甲七千"来看，冉有对鲁国军队进行了改革整顿，取得了良好的效果，建立了一支装备精良、战斗力强大的军队，以抵御外敌。当齐国大兵压境的时候，担任季氏宰的冉求力主抵抗，并出谋划策。冉求善于进言，成功劝说以季氏为首的鲁国三桓派兵抵抗。他有抵抗齐兵的决心，"一子帅师，背

① 杨伯峻：《春秋左传注》（修订本），第1658页。

城而战，不属者，非鲁人也”。他采取樊迟“请三刻而逾之”的建议。鲁国最后取得了胜利。此次战争，孔子弟子樊迟虽然年轻，但是也表现出有勇有谋。所以二人都被孔子称赞为“义也”。孔门弟子冉求、樊迟参与了鲁国军事，发挥了杰出的作用。

季康子在其执政时期，对列国形势有深刻的认识，任用孔门弟子子贡、冉求等，大力调整外交方针、军事策略，以友好和抗击两手并用应对大国，使鲁国在列国激烈竞争的舞台上能够站稳脚跟、生存发展。

四、季康子用孔子弟子冉求推行“用田赋”

从春秋诸国的社会情况来看，按田征收赋税成为一种发展趋势。《左传》哀公二年“初，周人与范氏田，公孙龙税焉”。《左传》哀公十一年“夏，陈辕颇出奔郑。初，辕颇为司徒，赋封田以嫁公女”。赋就是广泛意义的赋税，包括田税。鲁国维持庞大的军队需要足够的粮食、武器等物资，但是鲁国原来征收赋税的办法已经无法满足这样的需要，因此需要进行变革。

在这样的社会背景下，季康子用孔子弟子冉求推行赋税制度变革。《左传》哀公十一年云：

> 季孙欲以田赋，使冉有访诸仲尼。仲尼曰：“丘不识也。”三发，卒曰：“子为国老，待子而行，若之何子之不言也？”仲尼不对，而私于冉有曰：“君子之行也，度于礼，施取其厚，事举其中，敛从其薄。如是，则以丘亦足矣。若不度于礼，而贪冒无厌，则虽以田赋，将又不足。且子季孙若欲行而法，则周公之典在；若欲苟而行，又何访焉？”弗听。

细绎这段记载，能看出季康子以儒家弟子冉求（冉有）作为推行“用田赋”的主要官员。这既与冉求在军事才能上的突出表现深得季康子信任有关，也与冉求统领军队、掌管军赋有关。《左传》哀公十一年杜注谓：“丘赋之法，因其田财通出马一匹、牛三头，今欲别其田及家财各为一赋，故言田赋。”[①]晋范宁《穀梁传注》与杜注说基本相同。[②]汉代何休《公羊传注》谓：“田谓一井之田；赋者，敛取其财物也。言用田赋者，若今汉家敛民钱以田为率矣。”[③]晁福林指出：“古代注疏家的这些说法虽然未尽正确，但是大体上合乎‘用田赋’之实。需要指出的是，鲁国‘用田赋’的时候，还不具备‘汉家敛民钱以田为率’那样的社会条件，国家还不能直接从普通劳动者那里征取赋税。在一定程度上具有农村公社性质的井田组织一般是隶属于各级贵族的。尽管田赋归根还是落在普通劳动者肩上，但是在形式上，却是主要由贵族向国家交纳田赋。”[④]又指出：“种种迹象表明，春秋战国之际，赋、税的区别趋于缩小。从春秋后期开始，征收田税在诸国多已普遍施行。”[⑤]还指出：“从土地赋税制度发展的趋势看，‘用田赋’尽管不能排除其有军赋的成分在内，但其主要内容应当指的是田税。”[⑥]大司徒季康子打算按田征收赋税，违背了孔子所坚持的“周公之典”即周礼。尽管如此，季康子仍然推行这项措施而突破了周礼的规定。

《国语·鲁语下》也有记载：

> 季康子欲以田赋，使冉有访诸仲尼。仲尼不对，私于冉有曰：“求来！女不闻乎？先王制土，籍田以力，而砥其远迩；赋里以入，而量其有无；任力以夫，而议其老幼。于是乎有鳏、寡、孤、疾，有军旅之出则征之，无则已。其岁收，田一井出稯禾、秉刍、缶米，不是过也。先王以为足。若子季

---

① 杜预注，孔颖达等正义：《春秋左传正义》卷五十八，阮元校刻《十三经注疏》本，第2167页。

② 范宁注，杨士勋疏：《春秋穀梁传注疏》卷二十，阮元校刻《十三经注疏》本，第2450页。

③ 何休注，徐彦疏：《春秋公羊传注疏》卷二十八，阮元校刻《十三经注疏》本，第2351页。

④ 晁福林：《春秋战国的社会变迁》，第573—574页。

⑤⑥ 晁福林：《春秋战国的社会变迁》，第574页。

孙欲其法也，则有周公之籍矣；若欲犯法，则苟而赋，又何访焉！”

韦昭注云：“田赋，以田出赋也。”[①] 从孔子对冉求（冉有）的讲话可以看出，周代确立井田制度，借助民力来耕种籍田以之为税，并使远近之地得到均平；以里为单位收取军赋，而且考虑到民众的有无；征发力役，考虑到民众年龄的不同；对于鳏寡孤疾，有军旅之事时才向他们征收赋税，否则就停止征收；有军旅之事那一年的征收标准，是按照“田一井”收一稯禾柴、一秉料草和一缶粮食，一般不会超过这个数量，保持着赋税的适中。“细绎孔子之语的意思，当是‘用田赋’指以田亩数量为依据来加重赋税。”[②] 从《国语·鲁语下》的记载可以更明确地看出季康子“欲以田赋”突破的是周公以来的“籍田以力”的井田制度。

《左传》哀公十二年云：“十二年春……用田赋。”季康子按“田”征收赋税，“主旨是以拥有私田数量的多寡为标准来加重赋税负担”[③]，并且保持着稳定而不是经常改变。“鲁国的土地赋税制度到春秋末年终于迈出实质性的步伐，那便是鲁哀公时代季康子的‘用田赋’。”[④] 这里特别应该注意的是，“用田赋”之前是井田制下的“籍田以力”，即按照人来征发力役；“用田赋”之后，当指以田亩数量为依据来征收赋税，实际上是减轻对人身关系的控制，将“户籍编制和土地制度分离了”[⑤]。这是季康子、冉求对鲁国井田制的重大突破变革，也促进了国、野区别的缩小，顺应了历史发展的潮流，是历史的巨大进步。

季康子在哀公二十七年（公元前468年）去世。《左传》哀公二十七年云：“夏四月己亥，季康子卒。公吊焉，降礼。”杨伯峻注云：“二十五年《传》云‘饮酒不乐，公与大夫始有恶’，则鲁哀于季康子固已恨之矣；于其卒也，吊其

① 徐元诰撰，王树民、沈长云点校：《国语集解·鲁语下》，第206页。
② 晁福林：《春秋战国的社会变迁》，第573页。
③ 晁福林：《春秋战国的社会变迁》，第570页。
④ 晁福林：《春秋战国的社会变迁》，第572页。
⑤ 田昌五、臧知非：《周秦社会结构研究》，第114页。

丧减于常例，盖合情理，且下《传》明言‘三桓亦患公之妄也’……”[①]鲁哀公去吊唁，但是礼节降等，说明季氏与鲁哀公之间有深刻矛盾。

大司徒季康子牢牢掌控鲁国，面对鲁国的严峻局面，力挽狂澜，善于谋划，勇于作为，积极选用孔门弟子为官，如子路、子游等人受到重用；重视以才选人，并用其所长，如子贡善于外交、冉求长于军事。这不仅为鲁国统治阶层补充了新生力量，也为儒家学派实践其思想学说进一步提供了必要条件。季康子与孔门弟子突破世卿世禄制度限制，推动了政治制度、治国理念和文化变革；依据列国形势和鲁国实力，运筹帷幄，推进鲁国外交方针、军事策略的调整；突破井田制度束缚，实行“用田赋”，推行土地赋税制度变革。大司徒季康子顺应历史发展的潮流，推动鲁国社会的重大变革，推进以儒治理鲁国，使鲁国克服内忧外患得以生存发展，是春秋末年的杰出政治人物和卿大夫代表。

第四节　衰微与消亡：春秋战国之际大司徒季氏与鲁国社会的巨大转折

进入战国时期，以大司徒季氏为首的三桓仍然非常强大，而鲁国国君弱如小侯，实际地位和权力比以大司徒季氏为首的三桓小多了。《史记·鲁周公世家》云：“悼公之时，三桓胜，鲁如小侯，卑于三桓之家。”但是此后，大司徒季氏迅速走向衰微，并随着鲁国社会的转型逐渐退出政治舞台。

一、春秋战国之际大司徒季氏家族的继承人

季康子之后的继承人，有季昭子。《礼记·檀弓下》云：

① 杨伯峻：《春秋左传注》（修订本），第 1733 页。

悼公之丧，季昭子问于孟敬子曰：“为君何食？”敬子曰：“食粥，天下之达礼也。吾三臣者之不能居公室也，四方莫不闻矣。勉而为瘠，则吾能，毋乃使人疑夫不以情居瘠者乎哉？我则食食。”

孟敬子“吾三臣者之不能居公室也，四方莫不闻矣”，意即季氏等三桓不能敬国君而专国政，天下人都知道，也证明了《史记·鲁周公世家》所说“悼公之时，三桓胜，鲁如小侯，卑于三桓之家”的情形。季昭子为鲁悼公守丧，说明生活在鲁悼公时代。《史记·鲁周公世家》云“三十七年，悼公卒”。鲁悼公为鲁哀公之子。季康子生活在鲁哀公年代。《礼记·檀弓下》云“悼公之丧，季昭子问于孟敬子”，郑注云：“昭子，康子之曾孙，名强。敬子，武伯之子，名捷。”[①] 从时间来说，这一说法并非完全准确，季昭子是季康子之子辈的可能性也是存在的。

此后有季孙绍。《墨子·耕柱》云：

子墨子曰：“季孙绍与孟伯常治鲁国之政[②]，不能相信，而祝于丛社，曰：‘苟使我和。’是犹弇其目而祝于藂（丛）社，曰：‘苟使我皆视。’岂不缪哉！”

季孙绍和孟伯常共同治理鲁国国政，不能互相信任，为此还到丛社去祷告。墨子（公元前 468—前 376 年）为春秋、战国之际的人，时代略晚于孔子。而孔子与季康子同时。季孙绍和孟伯常到丛社祷告的事情发生在墨子之前或者同时。这说明季孙绍当晚于季康子，而季康子之后是季昭子，因而季孙绍应晚于

① 郑玄注，孔颖达等正义：《礼记正义》卷九《檀弓下》，阮元校刻《十三经注疏》本，第 1303 页。

② “苏云：‘季孙绍与孟伯常不见于《春秋》，当为季康子、孟武伯之后，与墨子同时者也。’诒让案：《礼记·檀弓》‘悼公之丧，季昭子问于孟敬子’，郑注云：‘昭子，康子之曾孙，名强。敬子，武伯之子，名捷。’此季孙绍、孟伯常，当即昭子、敬子之子若孙也。”孙诒让：《墨子间诂》（下）卷十一《耕柱》，中华书局，2001 年，第 437 页。

季昭子，是季昭子的子或孙辈。同时季孙绍与孟伯常“不能相信”，说明这时三桓矛盾重重，不像前辈那样相对团结和稳定。力量的分裂严重削弱了三桓的实力，意味着三桓走下坡路。

此后大司徒季氏愈加衰微。《史记·鲁周公世家》云：

（悼公）十三年，三晋灭智伯，分其地有之。

三十七年，悼公卒，子嘉立，是为元公。元公二十一年卒，子显立，是为穆公。穆公三十三年卒，子奋立，是为共公。共公二十二年卒，子屯立，是为康公。康公九年卒，子匽立，是为景公。景公二十九年卒，子叔立，是为平公。是时六国皆称王。

平公十二年，秦惠王卒。二十年，平公卒，子贾立，是为文公。文公元年，楚怀王死于秦。二十三年，文公卒，子雠立，是为顷公。

顷公二年，秦拔楚之郢，楚顷王东徙于陈。十九年，楚伐我，取徐州。二十四年，楚考烈王伐灭鲁。顷公亡，迁于下邑，为家人，鲁绝祀。顷公卒于柯。

在《史记·鲁周公世家》中，鲁悼公之后，原本以大司徒季氏为代表的强盛的三桓再看不见踪影。《水经注·济水》引《竹书纪年》云：“幽公十三年，鲁季孙会晋幽公于楚丘。”晋幽公十三年，即鲁元公八年（前421年），表明鲁元公前期，季氏还是鲁国之臣，并代表鲁国参与会盟。

那么季氏走向衰落和灭亡的原因是什么呢？除上述三桓内部争斗导致内耗以外，还有以下原因：

第一，鲁国公室与季氏家族争斗，季氏家族元气大伤。季氏退居其封邑费。《孟子·万章下》的话可以证明：

虽小国之君亦有之。费惠公曰：“吾于子思，则师之矣；吾于颜般，则友之矣；王顺、长息则事我者也。”

小国之君费惠公师于子思。南宋王应麟云："《孟子》引费惠公之言，谓'小国之君也'。春秋时费为季孙氏邑。《史记·楚世家》有'邹、费、郯、邳'，盖战国时以邑为国。意者鲁季氏之僭欤？"[1] 此费惠公或是季氏所建费国后的一代国君。如果此说成立，意味着鲁国卿权演变为君权。

鲁国公室不甘于季氏家族拥费坐大，对费镇压。《说苑·尊贤》云：

> 鲁人攻费，曾子辞于费君曰："请出，寇罢而后复来，请姑毋使狗豕入吾舍。"费君曰："寡人之于先生也，人无不闻；今鲁人攻我而先生去我，我胡守先生之舍？"鲁人果攻费而数之罪十，而曾子之所争者九。鲁师罢，费君复修曾子舍而后迎之。

鲁人攻费，即鲁公室进攻费国。这可能是季氏灭亡的原因之一。

第二，鲁国之外的力量对季氏家族的打击。公元前412年、前411年、前408年，齐国三次进攻鲁国，甚至占领城邑（《史记·六国年表》）。齐国削弱了鲁国力量。鲁穆公二十三年（前385年），齐军曾经攻破鲁都，孟孙氏封邑也被攻破。齐国这两次进攻鲁国对季氏可能也造成很大的打击。

第三，季氏家族内部出了严重问题。《韩非子·说林上》云：

> 鲁季孙新弑其君，吴起仕焉。或谓起曰："夫死者始死而血，已血而衄，已衄而灰，已灰而土。及其土也，无可为者矣。今季孙乃始血，其毋乃未可知也。"吴起因去之晋。

"今季孙乃始血，其毋乃未可知也"，说明季氏家族经历内部争斗甚至流血事件，前景不妙。

---

[1] 王应麟：《困学纪闻》卷八，《四部丛刊》三编，商务印书馆，1935年。

二、大司徒季氏退出政治舞台与战国时期鲁国社会实现转型

战国中前期，鲁国通过选拔产生执政之官。《孟子·告子下》云："鲁缪公之时，公仪子为政，子柳、子思为臣。"公仪子即公仪休，鲁国博士。《史记·循吏列传》云：

> 公仪休者，鲁博士也。以高弟为鲁相。奉法循理，无所变更，百官自正。使食禄者不得与下民争利，受大者不得取小。
>
> 客有遗相鱼者，相不受。客曰："闻君嗜鱼，遗君鱼，何故不受也？"相曰："以嗜鱼，故不受也。今为相，能自给鱼；今受鱼而免，谁复给我鱼者？吾故不受也。"
>
> 食茹而美，拔其园葵而弃之。见其家织布好，而疾出其家妇，燔其机，云"欲令农士工女安所雠其货乎"？

公仪休以才能出众被选任为鲁相，并非因世袭而担任。他"奉法循理，无所变更，百官自正"，将鲁国治理得井井有条。

鲁国之相的职位不是终身制。《韩非子·外储说右下》云：

> 公仪休相鲁而嗜鱼，一国尽争买鱼而献之，公仪子不受。其弟谏曰："夫子嗜鱼而不受者，何也？"对曰："夫唯嗜鱼，故不受也。夫即受鱼，必有下人之色；有下人之色，将枉于法；枉于法，则免于相。虽嗜鱼，此不必致我鱼，我又不能自给鱼。即无受鱼而不免于相，虽嗜鱼，我能长自给鱼。"此明夫恃人不如自恃也，明于人之为己者不如己之自为也。

公仪休担任鲁相而爱吃鱼，鲁国人都争相买鱼进献，但是公仪休不收。他弟弟问他喜好吃鱼，却不接受别人献鱼的原因。公仪休回答说："如果收鱼，就会对送鱼的人迁就，然后徇私枉法，就会被免去相位。"这说明鲁国之相可以被任免。

公仪休担任鲁相不是孤例。《孟子·告子下》云："鲁欲使乐正子为政。"鲁国使乐正子为政担任相。世袭大司徒之官并任鲁国冢卿的季氏，失去执政之位并逐渐退出政治舞台，极具象征意义，意味着鲁国世卿世禄制度的结束，开始实现国家制度和社会的转型。

春秋时期，鲁国大司徒掌管民众、土地，兼管军队、赋税，位居冢卿之位。战国时代鲁国废除世卿世禄制度，结束了季氏世袭大司徒而任冢卿的惯例，而由国君任命相为百官之首，实现了政治体制的重大变革，顺应了春秋战国之际列国发展的历史潮流。鲁国大司徒的职掌变化和地位沉浮集中映照了鲁国乃至春秋战国社会巨大、深刻的变动。

第五节　遵循与突破：大司徒与春秋鲁国礼乐文化的盛衰

西周初年，周公制礼作乐，开启了周代礼乐文明的大门。鲁国作为周公的封国，严格遵循贯彻周礼。这使鲁国礼乐文化的特色非常鲜明，使鲁国成为礼仪之邦。鲁国大司徒担负推行礼乐教化的职掌，与鲁国礼乐文化的繁荣密不可分。

在春秋社会变革的背景下，鲁国大司徒季氏对周礼既有遵循维护之举动，也有破坏之行为。这种矛盾心态，与大司徒季氏着力进行的社会变革交织在一起，成为透视春秋时期鲁国礼乐文化变迁盛衰的独特视角。

一、鲁国大司徒与礼乐文化

鲁国素有以礼乐治国的传统，这在职官上的反映，就是鲁国大司徒具有推行礼乐教化的职掌。其具体情况，可据《礼记·王制》进行推测。《礼记·王制》云：

> 司徒修六礼以节民性，明七教以兴民德，齐八政以防淫，一道德以同俗，养耆老以致孝，恤孤独以逮不足，上贤以崇德，简不肖以绌恶。

司徒修饬六种礼仪来节制民性，阐明七种教化来培养民的德行，推行八种政令来防止民风败坏，统一道德来让民俗一致。郑注云："司徒，地官卿，掌邦教者。"[①] 这说明郑玄认可《礼记·王制》记载的司徒掌管教化。

《礼记·王制》又云：

> 命乡简不帅教者以告，耆老皆朝于庠，元日习射上功，习乡上齿。大司徒帅国之俊士与执事焉。不变，命国之右乡，简不帅教者移之左；命国之左乡，简不帅教者移之右，如初礼。不变，移之郊，如初礼。不变，移之遂，如初礼。不变，屏之远方，终身不齿。

郑注曰："帅，循也。不循教，谓敖很不孝弟者。司徒使乡简择以告者，乡属司徒。""将习礼以化之，使之观焉。耆老，致仕及乡中老贤者。朝，犹会也。此庠，谓乡学也。乡，谓饮酒也。乡礼，春秋射，国蜡而饮酒养老。"[②] 孔疏曰："司徒乃命乡内耆老皆聚会于乡学之庠，乃择善日于乡学内为此不帅教之人习其射礼，中者在上，故云'上功'；又于乡学习此乡饮酒之礼，令老者居上，故云

①② 郑玄注，孔颖达等正义：《礼记正义》卷十三《王制》，阮元校刻《十三经注疏》本，第 1342 页。

‘上齿’。欲使不帅教之人观其上功，自励为功；观其上齿，则知尊敬长老。大司徒帅领国之英俊之士与在乡射饮酒执行事焉，使俊士与之以为荣，恶者慕之而自励。”[①]结合郑注和孔疏可以更好地理解《礼记·王制》之语。司徒对那些不服从教化的人进行特别的教育，甚至会置之远方，给予一定的处罚。

《礼记》等书成书的时代去古未远，关于司徒负责教化的记载，虽然有修饰的成分，但是应该说基本上反映了周代司徒的实际情况。[②]由此可以推测鲁国司徒推行礼乐教化的情况。因此鲁国大司徒与鲁国礼乐文化的盛衰密不可分。

二、大司徒季氏对周礼的维护和遵循

春秋时期鲁国大司徒季氏，在一定程度上保持了司徒推行礼乐教化的传统，在观念和行动上维护和遵循周礼，在邦交上运用周礼保护鲁国的利益。这主要表现在以下几个方面。

第一，大司徒季氏在观念上坚持周礼。

鲁国深受周公的影响，盛行礼乐文化。鲁国大司徒既是鲁国的卿大夫，也是周公的后裔，对周礼非但不陌生，而且显示出某种亲切和熟悉，甚至会天然地坚持。《左传》文公十八年记载，莒国太子仆弑纪公奔鲁，鲁宣公要赏以城邑，季文子却派人将其逐出国境。鲁宣公问如此做的原因，季文子让太史克回答说：

> 先大夫臧文仲教行父事君之礼，行父奉以周旋，弗敢失坠。曰：“见有礼于其君者，事之，如孝子之养父母也；见无礼于其君者，诛之，如鹰鹯之逐鸟雀也。”先君周公制《周礼》曰：“则以观德，德以处事，事以度功，功以食民。”……行父还观莒仆，莫可则也。孝敬、忠信为吉德，盗

---

① 郑玄注，孔颖达等正义：《礼记正义》卷十三《王制》，阮元校刻《十三经注疏》本，第 1342 页。

② 关于《礼记·王制》的成书年代，以战国末期为宜。战国时期去西周、春秋时期未远，倘若西周、春秋的司徒无教化职掌而加以附会，恐令时人难以信服。

贼、藏奸为凶德。夫莒仆，则其孝敬，则弑君父矣；则其忠信，则窃宝玉矣。其人，则盗贼也；其器，则奸兆也。保而利之，则主藏也。以训则昏，民无则焉。不度于善，而皆在于凶德，是以去之。

季文子以周礼的标准看待莒国太子仆，认为他违背周礼的原则，是无孝敬、忠信之人，故应该被驱逐出鲁国之境。大司徒季文子特别强调“先君周公制《周礼》”，确实发自内心，对于先人周公所制周礼异乎寻常的坚持也就不难理解。季文子的观念应该代表了鲁国众卿大夫的基本共识。

实际上遵循周礼的观念，处处体现在大司徒季文子的认识当中。根据《左传》文公十五年的记载，当齐国进攻鲁国的西部边境并因曹国国君朝见鲁国而攻伐曹国，季文子以周礼为标准评价齐懿公：

齐侯其不免乎？己则无礼，而讨于有礼者，曰：“女何故行礼？”礼以顺天，天之道也。己则反天，而又以讨人，难以免矣。诗曰：“胡不相畏？不畏于天。”君子之不虐幼贱，畏于天也。在《周颂》曰：“畏天之威，于时保之。”不畏于天，将何能保？以乱取国，奉礼以守，犹惧不终；多行无礼，弗能在矣！

季文子认为礼以顺天，乃天之常道；齐侯违礼而讨伐有礼的国家，所以难以免于祸难。这表明季文子仍然坚持以周礼的观念认识评价此事。

第二，大司徒季氏在行动上遵循周礼。

鲁国大司徒季氏在行动上也遵循周礼。例如大司徒季文子详细了解礼的细节以备不时之需。《左传》文公六年云：

秋，季文子将聘于晋，使求遭丧之礼以行。

鲁文公六年（公元前 621 年），季文子将到晋国访问，派人请求了解遇到丧事应具备的礼节，以防遇到意外之事不能处理。

根据《左传》襄公九年的记载，鲁襄公九年（公元前 564 年），鲁襄公在季武子陪同下前往晋国。此时鲁襄公十二岁。晋悼公建议为鲁襄公举行冠礼。季武子同意这个建议，并强调说“君冠，必以祼享之礼行之，以金石之乐节之，以先君之祧处之。今寡君在行，未可具也。请及兄弟之国而假备焉”，于归国途中“及卫，冠于成公之庙，假钟磬焉，礼也”。大司徒季武子在卫国为鲁襄公举行冠礼的行为是符合周礼的，这一举动又通过遵循周礼，维护了鲁国在诸侯国中的形象。

第三，大司徒季氏在邦交上运用周礼。

大司徒季氏尤其重视运用周礼处理外交关系，十分注意运用周礼维护鲁国利益。这可以体现在以下几个事例之中。

1. 大司徒季文子问兵于臧武仲

《左传》成公十八年云：

> 晋士鲂来乞师。季文子问师数于臧武仲，对曰：“伐郑之役，知伯实来，下军之佐也。今彘季亦佐下军，如伐郑可也。事大国，无失班爵而加敬焉，礼也。”从之。

鲁成公十八年（公元前 573 年），晋士鲂请求鲁国出兵。季文子向臧武仲询问出兵之事。臧武仲指出对待大国的使者，要按照爵位次序而更加尊敬。这样符合周礼，因而季文子采纳了他的建议。

2. 大司徒季武子访晋以礼避祸

《左传》昭公六年云：

> 夏，季孙宿如晋，拜莒田也。晋侯享之，有加笾。武子退，使行人告曰：“小国之事大国也，苟免于讨，不敢求贶。得贶不过三献。今豆有加，下臣弗堪，无乃戾也。”韩宣子曰：“寡君以为欢也。”对曰：“寡君犹未

敢，况下臣，君之隶也，敢闻加贶？”固请彻加，而后卒事。晋人以为知礼，重其好货。

鲁昭公六年（公元前 536 年），季武子到晋，拜谢晋不讨伐鲁占取莒田。晋侯以超越正常的礼仪规格进行招待。季武子以不合周礼而退出，实际上是担心如果得到额外的优待会给自己甚至鲁国带来灾祸。晋国人因此认为季武子知礼。

3. 大司徒季平子降低礼数表达对晋国的不满

《左传》昭公二十一年云：

夏，晋士鞅来聘，叔孙为政。季孙欲恶诸晋，使有司以齐鲍国归费之礼为士鞅。士鞅怒，曰：“鲍国之位下，其国小，而使鞅从其牢礼，是卑敝邑也，将复诸寡君。”鲁人恐，加四牢焉，为十一牢。

鲁昭公二十一年（公元前 521 年）夏天，季平子面对访问鲁国的晋人士鞅，想表达不满，所以用当年招待齐人鲍国的礼节等级七牢之礼进行招待，故意贬低士鞅和晋国，从而让士鞅发怒。鲁国人恐惧，赶紧在七牢的基础上加了四牢。

4. 大司徒季康子以周礼应对吴国威胁

《左传》哀公七年云：

大宰嚭召季康子，康子使子贡辞。大宰嚭曰：“国君道长，而大夫不出门，此何礼也？”对曰：“岂以为礼，畏大国也。大国不以礼命于诸侯，苟不以礼，岂可量也？寡君既共命焉，其老岂敢弃其国？大伯端委以治周礼，仲雍嗣之，断发文身，赢以为饰，岂礼也哉？有由然也。”反自鄫，以吴为无能为也。

鲁哀公七年（公元前 488 年），季康子派子贡去见吴国大宰嚭。子贡指出，如果吴国身为大国却不能以礼命于诸侯，就会在诸侯间带来无法估量的危害；太伯认真推行周礼，但仲雍却断发文身不遵循周礼。子贡依据周礼与吴国大宰嚭进行对话以维护鲁国的利益，应该是秉承了季康子的意思。

三、大司徒季氏对周礼的违背和突破

在春秋社会礼坏乐崩的背景下，鲁国大司徒季氏也无法对周礼只是遵循和维护，而是也有违背，甚至有所突破。这主要表现在以下几个方面。

（一）大司徒季氏不得已违背周礼

《左传》昭公七年云：

> 晋人来治杞田，季孙将以成与之。谢息为孟孙守，不可，曰："人有言曰：'虽有挈瓶之知，守不假器，礼也。'夫子从君，而守臣丧邑，虽吾子亦有猜焉。"季孙曰："君之在楚，于晋罪也。又不听晋，鲁罪重矣。晋师必至，吾无以待之，不如与之，间晋而取诸杞。吾与子桃，成反，谁敢有之？是得二成也。鲁无忧，而孟孙益邑，子何病焉？"辞以无山，与之莱、柞，乃迁于桃。晋人为杞取成。

鲁昭公七年（公元前535年），鲁昭公访问楚国，是为远晋而友楚。晋将划鲁田给杞国，而周礼讲究"守不假器"，更何况是将本国土地给别国，但如果不答应将使鲁国遭晋国的进攻。由于面临压力，季武子不得已将鲁国成地划给杞国。这是迫于鲁国弱小而晋国强大的形势不得已而违背周礼。

（二）大司徒季氏有意违背周礼

这体现在以下事例之中。

1. 大司徒季文子违礼而立武宫

《左传》成公六年云：

> 二月，季文子以鞌之功立武宫，非礼也。听于人以救其难，不可以立武。立武由己，非由人也。

鞌之战（公元前589年）是鲁国向晋国请求出兵抵抗齐国的进攻，故战争的指挥听从晋国。在这样的情况下，季文子是不应该建筑纪念物以表扬这次武功的。因此季文子以鞌之功建立武宫不符合周礼。

2. 大司徒季文子违礼而将穆姜为她自己准备的棺、颂琴用于穆姜儿媳齐姜之葬

《左传》襄公二年云：

> 夏，齐姜薨。初，穆姜使择美槚，以自为榇与颂琴。季文子取以葬。
>
> 君子曰："非礼也。礼无所逆。妇，养姑者也，亏姑以成妇，逆莫大焉。《诗》曰：'其惟哲人，告之话言，顺德之行。'季孙于是为不哲矣。且姜氏，君之妣也。《诗》曰：'为酒为醴，烝畀祖妣，以洽百礼，降福孔偕。'"

鲁襄公二年（公元前571年），鲁成公夫人齐姜去世。季文子用鲁宣公夫人穆姜以前为她自己准备的棺和颂琴为穆姜儿媳齐姜陪葬。这是不符合周礼的。

3. 大司徒季文子不以国君夫人之礼葬鲁定公夫人定姒

《左传》襄公四年云：

> 秋，定姒薨。不殡于庙，无榇，不虞。
>
> 匠庆谓季文子曰："子为正卿，而小君之丧不成，不终君也。君长，谁受其咎？"
>
> 初，季孙为己树六槚于蒲圃东门之外。匠庆请木，季孙曰："略。"匠庆用蒲圃之槚，季孙不御。
>
> 君子曰："《志》所谓'多行无礼，必自及也'，其是之谓乎！"

鲁襄公四年（公元前 569 年），鲁成公夫人定姒去世，却不得以国君夫人之礼安葬，而年幼的鲁襄公亦不得终其母之丧。季文子作为鲁国正卿主持这项事务却出现如此的局面，是不符合周礼的。

4. 大司徒季武子违礼而做林钟

《左传》襄公十九年云：

> 季武子以所得于齐之兵作林钟而铭鲁功焉。臧武仲谓季孙曰："非礼也。夫铭，天子令德，诸侯言时计功，大夫称伐。今称伐，则下等也；计功，则借人也；言时，则妨民多矣，何以为铭？且夫大伐小，取其所得，以作彝器，铭其功烈，以示子孙，昭明德而惩无礼也。今将借人之力以救其死，若之何铭之？小国幸于大国，而昭所获焉以怒之，亡之道也。"

鲁襄公十九年（公元前 554 年），季武子用俘获的齐国兵器，铸造了林钟而刻铭文记鲁国的武功，被臧武仲批评为违礼。可见身为卿权之首的季武子有时不会把周礼当回事，而有突破周礼的行为。

5. 大司徒季武子盲目用礼

《左传》襄公二十一年云：

> 邾庶其以漆、闾丘来奔。季武子以公姑姊妻之，皆有赐于其从者。

鲁襄公二十一年（公元前 552 年），邾庶其奔鲁而献漆、闾丘之地。大司徒季武子将鲁襄公姑姊嫁予他，皆赏赐其随从，结果鲁国多盗。季孙让臧武仲捕盗，不料被臧武仲批评指出身为鲁国正卿的季武子的过失是以礼优待窃去本国土地的邾庶其，"子召外盗而大礼焉，何以止吾盗？"这样导致鲁国人感到盗不可耻，所以盗难禁。这是盲目用礼的行为。

6. 大司徒季武子反对卿丧自朝之鲁礼

鲁昭公四年（公元前 538 年），叔孙穆子去世。《左传》昭公五年云：

> 叔仲子谓季孙曰："带受命于子叔孙曰：'葬鲜者自西门。'"季孙命杜泄。杜泄曰："卿丧自朝，鲁礼也。吾子为国政，未改礼而又迁之。群臣惧死，不敢自也。"既葬而行。

杜泄认为卿的丧礼从朝门出去是鲁国本来的礼仪。季武子命令杜泄，安葬叔孙穆子要从西门出去，这是以前没有正式修改礼仪而现在又加以改变。季武子以违背鲁礼来彰显自己执掌国政的地位，用于处理内政斗争。

7. 大司徒季平子因无礼而导致祸乱

《左传》昭公十二年云：

> 季平子立，而不礼于南蒯。

鲁昭公十二年（公元前530年），初立的大司徒季平子对费邑宰南蒯无礼，最终导致南蒯之乱。

8. 大司徒季平子反对日食发生时应行之礼

《左传》昭公十七年云：

> 夏六月甲戌朔，日有食之。祝史请所用币。昭子曰："日有食之，天子不举，伐鼓于社；诸侯用币于社，伐鼓于朝，礼也。"平子御之，曰："止也。唯正月朔，慝未作，日有食之，于是乎有伐鼓、用币，礼也。其余则否。"大史曰："在此月也。日过分而未至，三辰有灾，于是乎百官降物，君不举，辟移时，乐奏鼓，祝用币，史用辞。故《夏书》曰：'辰不集于房，瞽奏鼓，啬夫驰，庶人走。'此月朔之谓也。当夏四月，是谓孟夏。"平子弗从。昭子退，曰："夫子将有异志，不君君矣。"

鲁昭公十七年（公元前525年）发生日食。叔孙昭子认为诸侯应该在土地神庙里祭祀。太史认为国君不食美味而离开正寝躲过日食的时辰。这些都招致季平子的反对，说明季平子无意遵循周礼中的这项礼仪。

（三）大司徒季氏僭越周礼

1. 季氏“八佾舞于庭”

《论语·八佾》云：

> 孔子谓季氏[①]：“八佾舞于庭，是可忍，孰不可忍也？”

季氏，即季平子。据周礼，只有周天子用八佾，而诸侯用六佾，卿大夫用四佾，士用二佾。大司徒季氏是卿大夫，应用四佾，却用八佾舞，违背破坏了周礼。孔子说季氏用八佾舞而僭用天子的礼乐，这样的事都可以容忍，还有什么不可以容忍呢？孔子主张“克己复礼”（《论语·颜渊》），以坚定的决心维护周礼，表现出对季氏违背周礼强烈批评的态度。

2. 季氏“以《雍》彻”

《论语·八佾》云：

> 三家者以《雍》彻。子曰：“‘相维辟公，天子穆穆’，奚取于三家之堂？”

“相维辟公，天子穆穆”取自《诗经·周颂·雍》。此为天子祭庙完毕撤去祭品时所用诗歌，意谓天子端庄肃穆祭祖，诸侯助祭。大司徒季氏等三家在祭祖完毕撤祭品时也演奏《雍》诗乐。孔子认为《雍》诗是天子的祭祖乐歌，而卿大夫祭祖怎么能用呢？

---

① 程树德云：“按：此季氏当指季平子。《左传》昭公二十五年：‘将禘于襄公，万者二人，其众万于季氏。’林尧叟注：‘季氏舞八佾，恐即此事。’《汉书·刘向传》：‘季氏八佾舞于庭云云，卒逐昭公。’与《左传》、林注合，是季氏确指平子。”程树德撰，程俊英、蒋见元点校：《论语集释》（一）卷五《八佾》上，中华书局，1990年，第139页。

3. 季氏“旅于泰山”

《论语·八佾》云：

> 季氏旅于泰山。子谓冉有曰：“女弗能救与？”对曰：“不能。”子曰：“呜呼！曾谓泰山不如林放乎？”

季氏虽为卿大夫却对泰山行旅祭，而此只有天子和诸侯可祭，所以是僭越周礼。孔子希望冉有能对季氏祭祀泰山的事情加以阻止，但冉有不能做到。

4. 季氏“不絻”

季康子破坏周礼而遭孔子讥讽。《左传》哀公十二年云：

> 夏五月，昭夫人孟子卒。……孔子与吊，适季氏。季氏不絻。放绖而拜。

鲁哀公十二年（公元前483年）夏五月，鲁昭公夫人孟子去世。孔子前去吊唁，到了季康子处，季氏不行丧夫人之礼，孔子除去绖而答拜，似有讥讽季氏不守周礼之意。

大司徒季氏最大的违礼是两次驱逐鲁公。鲁昭公二十五年（公元前517年），季平子驱逐了鲁昭公，后来鲁昭公死于国外；季康子去世后，鲁哀公二十七年（公元前468年），以季氏为首的三桓驱逐鲁哀公远走越国，后又返回鲁国。

（四）大司徒季氏突破周礼

《左传》哀公十一年云：

> 季孙欲以田赋，使冉有访诸仲尼。仲尼曰：“丘不识也。”三发，卒曰：“子为国老，待子而行，若之何子之不言也？”仲尼不对。而私于冉有曰：“君子之行也，度于礼，施取其厚，事举其中，敛从其薄。如是，

则以丘亦足矣。若不度于礼，而贪冒无厌，则虽以田赋，将又不足。且子季孙若欲行而法，则周公之典在；若欲苟而行，又何访焉？”弗听。

季康子改变鲁国旧有制度，实行按田而赋，虽然破坏了孔子坚决维护的周礼，但顺应了社会发展的潮流，是巨大的历史进步。

春秋时期，社会正发生巨大变化，鲁国也是如此。鲁国大司徒季氏对周礼既有遵循和维护，也有违背和突破。这种矛盾的心态和行为既是社会形势的客观使然，也是大司徒季氏的主观选择，恰恰体现了春秋社会新旧更替的鲜明特征，体现了春秋时期鲁国礼乐文化从“犹秉周礼”（《左传》闵公元年）到礼崩乐坏、由兴盛走向衰落的历史进程。

第六节　主导与改变：大司徒与春秋时期鲁国社会的变迁

季氏以大司徒之职任鲁国冢卿，于诸卿中地位最高，在春秋中后期执掌鲁国国政，是列国司徒的典型代表。顺便提及，鲁国冢卿制是春秋执政卿制的一个重要组成部分[①]，是非常有特色的制度。下面试对春秋时期大司徒季氏与鲁国社会的变迁进行探讨。

一、大司徒季氏与鲁国君权的削弱

鲁国大司徒季氏身为冢卿，处于执政地位，“政自之出久矣”（《左传》昭公二十五年），逐渐削弱了国君的权力，“有列国之权”（《左传》昭公二十七

① 参见朱凤瀚：《商周家族形态研究》（增订本），第 517—528 页。

年），并实际上成为鲁国诸卿大夫之首。

第一，自大司徒季文子开始，鲁国以季氏执政为主。下面的表格列举了鲁国执政卿的继承顺序[①]：

执　政　者	执　政　时　间
成季（公子友）	僖公元年（公元前659年）至僖公十八年（前642年）
公子遂（东门襄仲）	僖公十九年（公元前641年）至宣公八年（前601年）
公孙归父	宣公九年（公元前600年）至宣公十八年（前591年）
季孙行父（季文子）	成公元年（公元前590年）至襄公五年（前568年）
叔孙豹（叔孙穆子）	襄公六年（公元前567年）至襄公十一年（前562年）
季孙宿（季武子）	襄公十一年（公元前562年）至昭公七年（前535年）
叔孙婼（叔孙昭子）	昭公八年（公元前534年）至昭公二十五年（前517年）
季孙意如（季平子）	昭公二十六年（公元前516年）至定公五年（前505年）
阳虎	定公五年（公元前505年）至定公八年（前502年）
季孙斯（季桓子）	定公九年（公元前501年）至哀公三年（前492年）
季孙肥（季康子）	哀公三年（公元前492年）至哀公二十七年（前468年）

从上表可以看出，自大司徒季文子开始，鲁国以季氏执政为主，其间有叔孙豹、叔孙婼、阳虎等执政。但季氏以外的人执政时间都不算长，不能与世代掌权的大司徒季氏相比。

《左传》襄公十一年云：

> 十一年春，季武子将作三军，告叔孙穆子曰："请为三军，各征其军。"穆子曰："政将及子，子必不能。"武子固请之，穆子曰："然则盟诸？"乃盟诸僖闳，诅诸五父之衢。

① 顾栋高：《春秋大事表》卷二十一《春秋鲁政下逮表》，中华书局，1993年，第1718—1773页。

杨伯峻指出："此时季武子尚少，叔孙豹（穆子）为政，叔孙意谓不久政权将及于尔。盖季文子以五年死，死且六年，叔孙亦老矣。季氏世为鲁之上卿，叔孙不能不让位于季氏。"[①]"子必不能，叔孙恐季孙一人专政权、军权，不能团结三家。"[②]从季武子和叔孙穆子的对话可以看出，在鲁襄公十一年（公元前 562 年）的时候，叔孙穆子任执政；但是叔孙穆子又明言"政将及子"，意谓不久将由季武子执政。季武子当时年轻，待具备一定政治、社会经验后就会执政。这似乎说明，季氏执政是理所当然的。正如《左传》哀公十一年记冉求云："政在季氏。"清代学者顾栋高指出，"鲁之旧例，执政以次更代，俟其人已卒，然后递掌国政"[③]，可谓有理。从前引《左传》昭公四年所云可以看出，鲁国的卿分为冢卿、介卿等。这些卿都是固定世袭的。朱凤瀚指出，"鲁制不仅世卿，且卿之位次亦世袭，故季孙世为上卿（正卿、冢卿），叔孙世为亚卿（介卿）"[④]。这一制度也保证了鲁国冢卿权力的长期稳定。

即便是季氏历代中最弱势的大司徒季桓子，在平定阳虎之乱后，仍然能重新基本掌控鲁政。《左传》哀公三年云：

> 夏五月辛卯，司铎火。火逾公宫，桓、僖灾。……季桓子至，御公立于象魏之外，命救火者伤人则止，财可为也。命藏《象魏》，曰："旧章不可亡也。"

鲁哀公三年（公元前 492 年）夏天，鲁国司铎官署发生火灾。在救火灾的过程中，季桓子为鲁哀公驾车到现场指挥，并发布命令，依稀表现出他仍然是鲁国的决策者。

第二，鲁国大司徒掌握国家大事的决定权乃至可以拥立或驱逐国君。例如，鲁襄公去世后，大司徒季氏在立国君的问题上具有决定权。根据《左传》

---

①② 杨伯峻：《春秋左传注》（修订本），第 986 页。

③ 顾栋高：《春秋大事表》卷二十一《春秋鲁政下逮表·序》，第 1716 页。

④ 朱凤瀚：《商周家族形态研究》（增订本），第 523 页。

襄公三十一年的记载，季武子“立敬归之娣齐归之子公子裯”，遭到叔孙穆子的强烈反对。虽然叔孙穆子讲了许多有说服力的道理，但是季武子还是坚持己见，立公子裯为国君。这说明，大司徒在拥立国君这样的国家大事上具有最后决定的权力。

此后大司徒季氏对君权的削弱集中表现则是驱逐国君出国。根据《左传》的记载，鲁昭公二十五年（公元前517年），季平子驱逐了鲁昭公，到鲁昭公三十二年（公元前510年），鲁昭公凄凉地“薨于乾侯”。

季平子驱逐昭公这件事，引起诸国震动。《左传》昭公三十二年记赵简子向史墨询问此事：“季氏出其君，而民服焉，诸侯与之；君死于外，而莫之或罪。何也？”史墨回答说：

> 物生有两，有三，有五，有陪贰。故天有三辰，地有五行，体有左右，各有妃耦。王有公，诸侯有卿，皆有贰也。天生季氏，以贰鲁侯，为日久矣。民之服焉，不亦宜乎？鲁君世从其失，季氏世修其勤，民忘君矣。虽死于外，其谁矜之？社稷无常奉，君臣无常位，自古以然。故《诗》曰：“高岸为谷，深谷为陵。”三后之姓，于今为庶，主所知也。在《易》卦，雷乘《乾》曰《大壮》䷡，天之道也。昔成季友，桓之季也，文姜之爱子也，始震而卜。卜人谒之，曰：“生有嘉闻，其名曰友，为公室辅。”及生，如卜人之言，有文在其手曰“友”，遂以名之。既而有大功于鲁，受费以为上卿。至于文子、武子，世增其业，不废旧绩。鲁文公薨，而东门遂杀适立庶，鲁君于是乎失国，政在季氏，于此君也，四公矣。民不知君，何以得国？是以为君，慎器与名，不可以假人。

史墨进行了深刻的分析，认为鲁君的失政、季氏的得政，根本原因在于鲁君失民、季氏得民。鲁国国君从鲁文公开始，世代放弃民众。季氏从季友开始勤于国政，努力招徕民众，导致民众忘记国君。这段话使我们清楚地看到当时的人们总结鲁君失国、大司徒季氏执政的原因还是比较准确的。

季氏等三桓另一次驱逐鲁君是在鲁哀公二十五年（公元前 470 年）。鲁哀公指责季康子食言而肥，于是君臣产生嫌隙。季康子虽然去世，但是以季康子的继承人为首的三桓依然驱逐了鲁哀公。鲁哀公二十七年（公元前 468 年），鲁哀公远走越国。

二、大司徒季氏与鲁国卿权的加强

春秋时期的鲁国，在大部分时间内以大司徒季氏为诸卿之首。《史记·孔子世家》裴骃《集解》引孔安国曰："鲁三卿，季氏为上卿，最贵；孟氏为下卿，不用事。"① 其意应该是，大司徒季氏执掌国政，大司马叔孙氏和大司空孟孙氏配合工作。因此这一时期的鲁国，以大司徒执政为主，大司徒、大司马和大司空共同管理国事。具体表现为以下几点：

第一，鲁国大司徒率大司马、大司空共同管理国事。如《春秋经》哀公二年云："二年春王二月，季孙斯、叔孙州仇、仲孙何忌帅师伐邾，取漷东田及沂西田。"是年（公元前 493 年），大司徒季桓子、大司马叔孙武叔和大司空孟懿子率领军队攻伐邾国。《左传》哀公二十七年云："二月，盟于平阳，三子皆从。"鲁哀公二十七年（公元前 468 年）二月，鲁、越在平阳结盟，鲁国三位主要的卿，即大司徒季康子、大司空孟武伯、大司马叔孙文子都参加了。

第二，在大多数情况下大司马执行大司徒的命令。

一般来讲，大司马叔孙氏涉及鲁国军事、邦交事务的时候较多。但是，这些军事、外交事务也多由季氏主导。例如，《左传》昭公元年云：

> 季武子伐莒，取郓。莒人告于会。楚告于晋曰："寻盟未退，而鲁伐

---

① 司马迁撰，裴骃集解，司马贞索隐，张守节正义：《史记》卷四十七《孔子世家》，第 1912 页。

莒，渎齐盟，请戮其使。”乐桓子相赵文子，欲求货于叔孙而为之请，使请带焉。弗与。梁其踁曰：“货以藩身，子何爱焉？”叔孙曰：“诸侯之会，卫社稷也。我以货免，鲁必受师。是祸之也，何卫之为？人之有墙，以蔽恶也。墙之隙坏，谁之咎也？卫而恶之，吾又甚焉。虽怨季孙，鲁国何罪？叔出季处，有自来矣，吾又谁怨？然鲋也贿，弗与，不已。”召使者，裂裳帛而与之，曰：“带其褊矣。”

鲁昭公元年（公元前541年），季武子攻打莒国，占取了郓地，莒国人向在虢举行的盟会告状。楚国告诉晋国，准备将鲁国参加盟会的使者叔孙豹杀掉。乐桓子想要向叔孙豹索取财货而为他向赵文子说情。叔孙豹不愿意这样做，并讲了出使盟会的目的和国家、个人之间的利害关系。这里特别应该注意的是“叔出季处，有自来矣”。这说明，大司徒季氏主内政，大司马掌外务，已经是鲁国的一个传统。

再如根据《左传》定公元年的记载，是年（公元前509年），叔孙成子到乾侯迎接鲁昭公之丧。季平子想让子家子回国，让叔孙氏代为表达此意。叔孙成子到乾侯后，“此皆季孙之愿也，使不敢以告”，原原本本将季平子的话转告给子家子。可以看出，大司马叔孙氏对大司徒季氏的命令相当遵奉。

又如《春秋经》哀公二年云：“二年春王二月，季孙斯、叔孙州仇、仲孙何忌帅师伐邾，取漷东田及沂西田。”鲁哀公二年（公元前493年），大司徒季孙斯、大司马叔孙州仇和仲孙何忌率领军队攻伐邾国，可以看出鲁国的这次军事行动以大司徒季孙斯为首，听从大司徒的命令。

总的来看，大司马叔孙氏处理事务，听从季氏的命令，但是也有例外的情况。《左传》襄公二十七年云：

季武子使谓叔孙以公命，曰：“视邾、滕。”既而齐人请邾，宋人请滕，皆不与盟。叔孙曰：“邾、滕，人之私也；我，列国也，何故视之？宋、卫，吾匹也。”乃盟。故不书其族，言违命也。

向戍弥兵之会，季武子派人以鲁襄公的名义对叔孙豹说，以鲁国类比于邾国、滕国。邾、滕小国，其赋轻，季武子恐既属晋又属楚，贡赋于两国，非国力所胜。叔孙豹最后没有听从这个命令，是考虑到按照这个命令做会对鲁国在诸侯国中的地位产生消极影响。

大司马这种反对大司徒命令的情形，对大司徒的权力形成制约。如根据《左传》昭公九年的记载，是年（公元前533年），季平子筑郎囿，希望能尽快建好。但是叔孙昭子却说："《诗》曰：'经始勿亟，庶民子来。'焉用速成？其以剿民也。无囿犹可，无民其可乎？"叔孙昭子引用《诗经》的话对大司徒季平子加以劝告，要求他爱护民众。

这尤其体现在叔孙昭子反对季平子逐鲁昭公这件事上。《左传》昭公二十五年云：

> 昭子自阚归，见平子。平子稽颡，曰："子若我何？"昭子曰："人谁不死？子以逐君成名，子孙不忘，不亦伤乎！将若子何？"平子曰："苟使意如得改事君，所谓生死而肉骨也。"昭子从公于齐，与公言。子家子命适公馆者执之。公与昭子言于幄内，曰："将安众而纳公。"公徒将杀昭子，伏诸道。左师展告公，公使昭子自铸归。平子有异志。冬十月辛酉，昭子齐于其寝，使祝宗祈死。戊辰，卒。

季平子逐昭公，遭致叔孙昭子的强烈反对。他甚至打算到齐国去见鲁昭公，商量鲁昭公回国的事。此事到最后没有成功，叔孙昭子让祝宗为其祈死。

第三，大司空基本是配合大司徒的工作。大司徒季孙氏和大司空孟孙氏在国政上多有合作。叔孙侨如对此有很好的概括。《左传》成公十六年云：

> 宣伯使告郤犨曰："鲁之有季、孟，犹晋之有栾、范也，政令于是乎成。……"

叔孙侨如派人告诉郤犨说，鲁国有季氏、孟氏，犹如晋国有栾氏、范氏，制定本国的政令。叔孙侨如此语虽然另有目的，但反映了大司徒季孙氏和大司空孟孙氏共同合作处理国政的事实。

《左传》哀公二十五年云："六月，公至自越。季康子、孟武伯逆于五梧。"鲁哀公二十五年（公元前 470 年）六月，鲁哀公从越国返回。大司徒季康子、大司马孟武伯在五梧迎接。大司徒季康子、大司马孟武伯在处理国事上合作。

第四，大司徒季孙氏可以命令大司寇臧孙氏。

刑罚之事也是国家重要事务。《左传》襄公二十一年云："季孙曰：'……子为司寇，将盗是务去……'"鲁国多盗，季武子要求作为司寇的臧武仲逮捕盗贼。这是因为大司徒是管民之官，刑罚之事也会有所涉及。

由于鲁国卿大夫众多，所以仅以大司徒与大司马、大司空、大司寇的关系为例加以说明，而鲁国大司徒与其他卿大夫的关系，由此可以类推。

三、大司徒季氏主导鲁国社会改革

大司徒季氏何以能世为鲁国冢卿呢？背后有深刻的社会历史原因。除与季友在鲁国的政治斗争中奠定的基础和卿的世袭制度有关外，还与担任大司徒的季氏世代采取的政策措施有关，尤其是其掌管鲁国民众和土地、军队，以致在春秋中期鲁国贵族中逐渐拥有最大的实力，形成世袭冢卿的局面。鲁国大司徒季氏执掌鲁政，面对鲁国的严峻局面，面对春秋社会的动荡不安，能够在一定程度上顺应历史发展的潮流，主要采取以下政策措施推进鲁国社会改革：

第一，推进社会改革，提高庶民地位，赢得民心。根据《左传》记载，季武子于襄公十一年（公元前 562 年）"作三军"，"季氏使其乘之人，以其役邑入者，无征；不入者，倍征"；昭公五年（公元前 537 年）"舍中军"，"皆尽征之，而贡于公"。可以看出大司徒季氏的改革力度是非常大的。正如前文所分析的那样，这在一定程度上改变了庶民的人身隶属关系和赋役方式，推动了庶民社会地位的提高，实际上是生产关系的变革，使大司徒季氏获得民众的支持，出现了《左传》昭公二十五年所记鲁国子家懿伯所说的局面：“隐民多取食焉[①]，为之徒者众矣。”贫民多投靠大司徒季氏吃饭生活，因此跟从、支持大司徒的民众很多。

《左传》昭公二十七年记鲁昭公被逐之后，晋国范献子评论说，大司徒季氏通过其几代人的努力，“甚得其民”，“有民之助”，即获得民众的大力支持；顺“天之道”，“有天之赞”，即以今天的眼光来看，顺应了历史发展的潮流。

第二，推进军事改革，掌控军队，加强军事力量。《左传》襄公十一年云：

> 十一年春，季武子将作三军……
>
> 正月，作三军，三分公室而各有其一。三子各毁其乘。季氏使其乘之人，以其役邑入者，无征；不入者，倍征。孟氏使半为臣，若子若弟。叔孙氏使尽为臣，不然，不舍。

《左传》昭公五年云：

> 五年春王正月，舍中军，卑公室也。毁中军于施氏，成诸臧氏。……及其舍之也，四分公室，季氏择二，二子各一。皆尽征之，而贡于公。

季氏在鲁襄公十一年（公元前 562 年）通过“作三军，三分公室”，掌握了鲁国三分之一的军队；在鲁昭公五年（公元前 537 年）通过“舍中军，卑公室也”，“四分公室”，掌握了鲁国二分之一的军队。大司徒季氏对掌控的军队进行整顿，不仅加强了鲁国的军事力量，而且在实力上能长期领先于鲁国众卿大夫。

---

① 杜预注：“隐，约，穷困。”杜预注，孔颖达等正义：《春秋左传正义》卷五十一“昭公二十五年”，阮元校刻《十三经注疏》本，第 2109 页。杨伯峻注：“即贫民之投靠季氏者。”杨伯峻：《春秋左传注》（修订本），第 1463—1464 页。

第三，推进土地改革，扩占土田，征收田亩赋税。根据《左传》襄公二十九年的记载，是年（公元前544年）“季武子取卞”，具体情况是大司徒季武子乘鲁襄公外出的时机强取卞地，据为己有，但是欺骗鲁襄公说是由于卞人想要叛变，不得已才攻取。季武子通过这样的办法不断占有更多的土地。

大司徒季氏在扩占土地的同时，大力推进鲁国土地赋税改革。《左传》哀公十二年云：“十二年春……用田赋。”这瓦解了籍田制，改由按田亩征收赋税，顺应了社会发展的趋势，是历史的巨大进步。

大司徒季氏位居冢卿，掌控鲁国，在国家内政外交和经济、军事等方面实行改革、整顿，正如前文所分析的那样，在一定意义上推进了生产关系的改变，符合社会发展的方向。

四、大司徒季氏主导鲁国邦交事务

面对列国纷争，大司徒季氏主导鲁国邦交等事务，在一定程度上使鲁国在春秋社会舞台上能有立足之地和生存空间。这可以从以下几个方面加以说明：

第一，决定鲁国对外政策。《左传》成公四年云：

> 夏，公如晋，晋侯见公，不敬。……
>
> 秋，公至自晋，欲求成于楚而叛晋。季文子曰：“不可。晋虽无道，未可叛也。国大、臣睦，而迩于我，诸侯听焉，未可以贰。史佚之《志》有之，曰：‘非我族类，其心必异。’楚虽大，非吾族也，其肯字我乎？”公乃止。

鲁成公因为访问晋国未受到礼遇，想叛晋友楚，但是大司徒季文子反对这样做，认为晋国君臣优势犹在，而鲁国与楚国并不同心，所以背叛晋国会带来灾难。鲁成公只能按照季文子的看法去做。

其他几位大司徒也大都能决定鲁国对外的政策或态度。根据《左传》襄公三十年的记载，是年（公元前 543 年）当听说了晋国赵孟起用绛县老人为绛县师的事情后，季武子说："晋未可媮也。有赵孟以为大夫，有伯瑕以为佐，有史赵、师旷而咨度焉，有叔向、女齐以师保其君。其朝多君子，其庸可媮乎？勉事之而后可。"季武子认为因为晋国有赵孟等良臣而依然保持强大，所以鲁国应与晋国尽力加强友好关系，体现了对列国形势和鲁晋关系的清醒认识。根据《左传》昭公二十一年的记载，是年（公元前 521 年）夏天，当晋国士鞅前来聘问，大司徒季平子故意慢怠士鞅而将其激怒，后又不得不提高招待级别缓和关系。春秋末年，在大司徒季康子的主张下，鲁国以友好和抵抗对待强大的齐国，并抗击对鲁国有严重威胁的吴国。

第二，代表鲁国出使。因为鲁国大司徒季氏特别重视加强对晋等国的关系，所以在此以大司徒季氏出使晋国为例。《左传》成公六年云："冬，季文子如晋，贺迁也。"公元前 585 年，季文子作为特使，贺晋迁都。《左传》襄公九年云："夏，季武子如晋，报宣子之聘也。"公元前 564 年，季武子访问晋国，回报范宣子对鲁国的聘问。《左传》襄公十九年云：

> 晋栾魴帅师从卫孙文子伐齐。季武子如晋拜师，晋侯享之。范宣子为政，赋《黍苗》。季武子兴，再拜稽首，曰："小国之仰大国也，如百谷之仰膏雨焉！若常膏之，其天下辑睦，岂唯敝邑？"赋《六月》。

公元前 554 年，季武子引用《诗经·六月》之语，强烈表达希望加强鲁国与晋国的关系。《左传》昭公六年云："夏，季孙宿如晋，拜莒田也。晋侯享之……"公元前 536 年，季武子到晋，拜谢晋国不讨伐占取莒田的鲁国，并受到晋侯的接见。

《左传》昭公十六年云"冬十月，季平子如晋葬昭公"。公元前 526 年，季平子到晋国参加晋昭公的葬礼。《左传》定公六年云："夏，季桓子如晋，献郑俘也。"公元前 504 年，季桓子出使晋国，献与郑国战争所获的战俘。季康子的情况稍有不同，未见其出使晋国的情形，但其在外交方面仍然有所作为。《左传》哀公七年记载吴国“大宰嚭召季康子，康子使子贡辞”。公元前488年，季康子派子贡出使吴国。

第三，接见列国来使。大司徒季氏代表鲁国，接见列国来使。鲁成公八年（公元前583年），大司徒季文子与来鲁国说汶阳之田事情的晋使韩穿会面，并为韩穿举行宴会。根据《左传》襄公八年的记载，是年（公元前565年），大司徒季武子热情招待晋国来使范宣子，互以《诗经》对答。《左传》昭公二年记载，是年（公元前540年），大司徒季武子对晋国来使韩宣子热情招待，互以《诗经》对答。

《左传》昭公十七年云：

> 十七年春，小邾穆公来朝，公与之燕。季平子赋《采叔》，穆公赋《菁菁者莪》。昭子曰：“不有以国，其能久乎？”

鲁昭公十七年（公元前525年），鲁昭公会见来访的小邾穆公，大司徒季平子又作为重要的角色参加，并与小邾穆公赋诗对答。

《左传》哀公八年记载：“齐悼公之来也，季康子以其妹妻之，即位而逆之。”是年（公元前487年），季康子会见了来鲁国访问的齐悼公。稍作说明，这是例外的情况，齐悼公是齐国国君，并非使者。

第四，代表鲁国参加会盟。《左传》成公十一年云：“夏，季文子如晋报聘，且莅盟也。”公元前580年，大司徒季文子担任鲁国的代表参加盟会。根据《左传》成公十六年的记载，是年（公元前575年），季文子陪鲁成公参加晋国主持的沙随之会。《左传》襄公八年云：“五月甲辰，会于邢丘，以命朝聘之数，使诸侯之大夫听命。季孙宿、齐高厚、宋向戌、卫宁殖、邾大夫会之。”是年（公元前565年），大司徒季武子作为鲁国之使参加邢丘之会。根据《春秋经》昭公十一年记载，是年（公元前531年）“秋，季孙意如会晋韩起、齐国弱、宋华亥、卫北宫佗、郑罕虎、曹人、杞人于厥慭”。季平子与晋国韩起等人会于厥慭。《左传》哀公二十七年云：

二十七年春，越子使舌庸来聘，且言邾田，封于骀上。二月，盟于平阳，三子皆从。康子病之，言及子赣……

鲁哀公二十七年（公元前468年），季康子等三桓参加鲁越平阳之盟，但可以看出以季康子为首。

五、大司徒季氏主导鲁国军事行动

春秋时期，各国之间战争频繁，鲁国也无法置身事外，不断参与战争。大司徒季氏主导了鲁国的军事行动。

第一，决策军事，是否出兵。《左传》成公八年云：

晋士燮来聘，言伐郯也，以其事吴故。公赂之，请缓师。文子不可，曰："君命无贰，失信不立。礼无加货，事无二成。君后诸侯，是寡君不得事君也。燮将复之。"季孙惧，使宣伯帅师会伐郯。

公元前583年，晋国的士燮来访，希望鲁国攻打郯国。虽然鲁成公希望推迟出兵，但遭到士燮的拒绝和威胁施压，大司徒季文子只好派叔孙宣伯出兵。此次出兵虽然有晋国的压力，但是可以看出大司徒季文子掌握鲁国对外出兵权。

鲁国其他大司徒也多对军事行动做出决策。《左传》襄公十二年云："十二年春，莒人伐我东鄙，围台。季武子救台，遂入郓，取其钟以为公盘。"《左传》昭公元年云："季武子伐莒，取郓。莒人告于会。"鲁襄公十二年（公元前561年）和鲁昭公元年（公元前541年），大司徒季武子两次决定攻伐莒国，其中第二次还导致莒人告到虢之会。根据《左传》昭公十年记载，是年（公元前532年）"秋七月，平子伐莒，取郠，献俘，始用人于亳社"。大司徒季平子决策发动对莒战争。公元前481年，当齐陈恒弑其君壬，孔子要求鲁国伐陈恒时，《左传》哀公十四年记鲁哀公说“子告季孙”。可以看出，鲁国的军事行动需要听从大司徒季康子的决定。

第二，指挥战争，率兵打仗。《春秋经》成公二年云：

> 二年春，齐侯伐我北鄙。夏四月丙戌，卫孙良夫帅师及齐师战于新筑，卫师败绩。六月癸酉，季孙行父、臧孙许、叔孙侨如、公孙婴齐帅师会晋郤克、卫孙良夫、曹公子首及齐侯战于鞌，齐师败绩。

鲁成公二年（公元前589年），大司徒季文子率鲁军和晋等国军队与齐国战于鞌，并取得胜利。

鲁国其他大司徒也多指挥战争，率兵打仗。如《左传》昭公元年云：“季武子伐莒，取郓……”是年（公元前541年），大司徒季武子率军队攻打莒国。《春秋》经昭公十年云：“秋七月，季孙意如、叔弓、仲孙貜帅师伐莒。”是年（公元前532年），大司徒季平子带领军队对莒国发动战争。《春秋经》哀公二年云：“二年春王二月，季孙斯、叔孙州仇、仲孙何忌帅师伐邾，取漷东田及沂西田。”是年（公元前493年），大司徒季桓子、大司马叔孙州仇和大司空仲孙何忌率领军队攻伐邾国。根据《左传》哀公七年记载，是年（公元前488年），“季康子欲伐邾，乃飨大夫以谋之。……秋，伐邾”。大司徒季康子谋划并指挥攻打邾国。

春秋鲁国大司徒为冢卿，在春秋诸国中非常典型，包含战国时期将、相职能的某些萌芽。此处以大司徒季文子为例加以说明。

首先，春秋鲁国大司徒有相的特点。大司徒季文子从宣公八年参与鲁政，到成公元年（公元前590年）执掌鲁政，直至襄公五年（公元前568年）去世。《左传》襄公五年云：

> 君子是以知季文子之忠于公室也：“相三君矣，而无私积，可不谓忠乎？”

季文子“相三君”，历宣、成、襄三公，管理国政。此“相”虽然与后世之宰相之“相”不完全相同，但就首辅大臣之义来说，仍然接近。

其次，春秋鲁国大司徒有将的色彩。季文子率兵打仗。《左传》成公二年记齐伐鲁，卫救鲁失败，晋出兵救鲁、卫：

> 郤克将中军，士燮佐上军，栾书将下军，韩厥为司马，以救鲁、卫。臧宣叔逆晋师，且道之。季文子帅师会之。

鲁成公二年（公元前589年），臧宣叔迎接晋军，同时引导开路。季文子率领军队和他们会合。

春秋鲁国大司徒担任冢卿，在某种意义上是战国时期将和相的滥觞。朱凤瀚指出，春秋晚期“执政……兼有后世的相权和将权两种权力。……鲁国亦是如此”[①]。春秋鲁国冢卿即执政卿是大司徒，其职能初步具备战国时期将、相职能的某些特征。

综上所述，大司徒季氏作为鲁国冢卿，主导了春秋时期鲁国的社会进程，意味着鲁国在政治上卿权上升而君权削弱，造成权力下移的局面。大司徒季氏推进社会改革，在经济、邦交和军事等方面改变了鲁国。这虽然是鲁国的情况，也可以看作春秋时期社会变迁的一个缩影。

---

① 朱凤瀚：《商周家族形态研究》（增订本），第524页。

第五章

周代司徒与《周礼·地官》

《周礼》是儒家重要经典之一，内容宏富，思想深邃，在中国经学史、儒学史和思想史占有重要地位，对中国古代政治、经济和文化产生深远影响。然而，古今学者围绕《周礼》的真伪及成书时代多有争论。西汉刘歆认为《周礼》乃“周公致太平之迹”（贾公彦《序周礼废兴》），此后历代经学家大多相信这种说法。近代以来，学术界对《周礼》作者和真伪、成书时代，争论颇大，有作于周初说、西周说、春秋说、战国说、秦汉说等。司徒既管理土地，又教化土地上之人民，故被《周礼》称为“地官”。《周礼·地官》全面记载了司徒的职掌、属官、地位等。将周代司徒和《周礼·地官》“司徒”进行比较研究，或许对解决《周礼》真伪及成书年代的问题能有所帮助。

《周礼·地官》“司徒”的职能与周代司徒职能的实际情况基本相符，其部分属官能与周代司徒的属官互相印证，其地位大体与西周后期到春秋初中期司徒的地位相符。《周礼·地官》“司徒”情况的大致可靠，表明记载司徒有关内容的《周礼·地官》基本可信，由此进而认为《周礼》的成书经历了从周初始撰到战国定稿的长期过程。

司徒担负社会教化的职责，教育和带领民众贯彻实行礼乐文化。林素英认为地官司徒“虽然负责辨方正位之工作，执掌封疆地政赋贡荒政等业务，然而毕竟以掌理邦教安定社会秩序为最重要之任务”，并有“以礼为主以刑为辅的考虑详密的礼教思想系统”。[①] 从《周礼・地官》看，司徒掌管民众，蕴含着丰富的管民思想和社会教化内容，非常需要深入研究。

《周礼・地官》蕴含丰富的管理民众的思想，集中体现在司徒及其属官的职掌内容中。《周礼・地官》主张以对土地、人民和物产的调查了解为基础，贯彻民本理念，均平土地、赋税和徒役等，推行荒政、救济等具体政策，使民众富裕、社会和谐。这些思想主张尽管在当时的社会条件下难以实现或者只能部分实现，但在中国思想史上具有独特的贡献。

《周礼・地官》记大、小司徒掌管社会教化，其中以礼乐、职事、德行为主要内容，依靠各级属官和严密的组织保障实施，对象涵盖了王公贵族和黎民百姓，最终实现人心和善、家庭和睦、社会和谐。《周礼・地官》对司徒掌管社会教化的记述，深刻体现了早期文明重视教化的鲜明特色。孔子深刻理解司徒的教化内容，将其思想内涵吸收到他创立的儒家学说之中，并成为重要的主张之一，影响了中华文明史的进程。

第一节　《周礼・地官》“司徒”析论

《周礼》又称《周官》或者《周官经》，详细记载和论述了周代的官政之法和职官制度。《周礼・地官》全面而集中地记载了司徒的有关情况，但可惜在以往的研究中未被重视。我们全面分析《周礼・地官》“司徒”的职掌、属官、地位等有关内容，并与周代司徒的实际情形加以比较，以考察《周礼・地官》中记载的司徒是否可靠并正确认识《周礼・地官》中的有关内容，附带尝试从这一角度探讨争议很大的《周礼》成书问题。

---

① 林素英：《大司徒的礼教思想》，《纪念孔子诞生 2555 周年国际学术研讨会论文集》（卷二），2004 年 10 月。

一、《周礼》缘何称司徒为“地官”

《周礼·地官》记载有丰富的司徒资料。《周礼·地官》云：

> 惟王建国，辨方正位，体国经野，设官分职，以为民极，乃立地官司徒。使帅其属而掌邦教，以佐王安扰邦国。

《周礼·地官》之“地官”即指“司徒”。司徒缘何被称“地官”，这是一个应该予以说明的问题。孙诒让《周礼正义》卷十七载《郑目录》云：“象地所立之官。司徒主众徒。地者载养万物，天子立司徒掌邦教，亦所以安扰万民。”[①]孙诒让疏云：“《郑目录》云‘象地所立之官’者，司徒于六官为第二，次于冢宰，又掌地事，故谓之地官。……云‘司徒主众徒’者，《小尔雅·广言》云：‘司，主也。’《白虎通义·封公侯》云：‘司徒主人，不言人，言徒者，徒，众也，重民众。’《书·周官》伪孔传云：‘主徒众，教以礼义。’《国语·周语》云：‘司徒协旅。’韦注云：‘司徒掌合师旅之众。’云‘地者载养万物’者，《郊特牲》云：‘地载万物。’《艺文类聚·地部》引《春秋元命苞》云：‘地者，易也，言养物怀任，交易变化，含土应节。’是地载养万物之义。”[②]司徒既管理土地，又教化土地上之人民，接近“地养万物”的含义，故称“地官”。

从《周礼·地官》所记大司徒和小司徒的职掌可以清楚地看到，司徒掌管土地、人民及相关事项，如推行教化和征发赋税、徒役，等等，因此从这种意义上来说称为“地官”可谓恰如其分。“按照《周礼》作者的设计，地官司徒的职掌在于管理土地与教养民众，其属官也多以关乎国计民生的事业与各级地方行政管理为职掌，这正合于‘地养万物，以地为亩’的农业社会的思维模

---

①② 孙诒让：《周礼正义》，第641页。

式”，体现地政与民政的紧密联系。[①]

根据《周礼・地官》所记，司徒属官众多，分工细致，负责各种具体的事务，有行政和社会管理之官，有召集民众、推行教化之官，有掌管土地赋役等事务之官，有负责农林水、管理粮食仓库之官，有管理经济和市场之官，有掌交通和使节之官等。司徒与这些属官构成相对完整的职官系统，具有管理土地、教化人民的“地官”鲜明特色。

在《周礼・地官》中，司徒分为两种：“教官之属：大司徒卿一人，小司徒中大夫二人。”就官位级别而言，大司徒及其副职小司徒分别为卿级和中大夫级。在《周礼》官制体系中，司徒主管土地人民，直接辅佐王，受王领导，是最主要的职官之一，地位仅次于天官冢宰，虽然与春官宗伯、夏官司马、秋官司寇、冬官司空并列，但在这四者之前。

《周礼・地官》所记司徒的内容可信程度如何？为了能更好地阐释和解决这个颇有争论的问题，下面通过全面分析《周礼・地官》“司徒”的职掌、属官、地位等问题，并和周代司徒的实际情形加以比较，从而考察《周礼・地官》在多大程度上反映了周代司徒的真实情况。

二、《周礼・地官》“司徒”与周代司徒职掌的比较

《周礼・地官》“司徒”和周代司徒的职掌都有丰富的层次，可以分述如下：

第一，《周礼・地官》“司徒”主管民众，与周代司徒相同。《周礼・地官》记大司徒职能云：

> 掌建邦之土地之图，与其人民之数，以佐王安扰邦国。

大司徒掌管天下土地之舆图和记载人民数目之户籍，以辅佐周王安定天下。大

① 王启发：《礼学思想体系探源》，中州古籍出版社，2005年，第207页。

司徒统计民众数目，负责管民。小司徒也有相似的职能：

> 小司徒之职，掌建邦之教法，以稽国中及四郊、都鄙之夫家、九比之数。

小司徒稽考王城中及四郊都鄙的男女人数及家数。大、小司徒皆掌管民众。这一点和周代司徒相同。《国语·郑语》云："桓公为司徒，甚得周众与东土之人。"《史记·郑世家》云："郑桓公友者……幽王以为司徒。和集周民，周民皆说，河雒之间，人便思之。""甚得周众与东土之人""和集周民"之语，都表明了郑桓公作为周幽王司徒，掌管民众。这些分析表明，《周礼·地官》"司徒"和周代司徒一样，皆主管民众。

第二，《周礼·地官》"司徒"掌管教化，与周代司徒相同。《周礼·地官》"司徒"职掌教化：

> 乃立地官司徒，使帅其属而掌邦教，以佐王安扰邦国。

"邦教"指国家教化。国家设立地官司徒，命其率领部属掌理天下教化，辅佐天子教化安定天下。这是《周礼·地官》"司徒"的主要职责之一，由大、小司徒之职具体体现。

《周礼·地官》记"大司徒"之职：

> 因此五物者民之常，而施十有二教焉：一曰以祀礼教敬，则民不苟。二曰以阳礼教让，则民不争。三曰以阴礼教亲，则民不怨。四曰以乐礼教和，则民不乖。五曰以仪辨等，则民不越。六曰以俗教安，则民不偷（愉）。七曰以刑教中，则民不暴。八曰以誓教恤，则民不怠。九曰以度教节，则民知足。十曰以世事教能，则民不失职。十有一曰以贤制爵，则民慎德。十有二曰以庸制禄，则民兴功。

大司徒按照五种不同地方人民的生活习惯，对人民实行十二种教化，尤其突出祭祀、乡射礼、乡饮酒礼、婚礼等礼乐教化，以达到建立和维护良好的社会秩序的目的。此处重在一个“教”字。

大司徒教化民众具体的方法则是：

> 正月之吉，始和布教于邦国都鄙。乃县教象之法于象魏，使万民观教象，挟日而敛之。乃施教法于邦国都鄙，使之各以教其所治民。

正月初一，大司徒向诸侯国和乡野都鄙宣布教典，在魏阙上悬挂写有教典的木板，供万民观看，十天之后收起；然后向各诸侯国和都鄙颁布教典，让诸侯、公卿、大夫施教百姓。大司徒教化要根据“教典”施行，非常清楚而且具体。

另外，大司徒还以“六德”“六行”和“六艺”教化万民，又“以五礼防万民之伪，而教之中。以六乐防万民之情，而教之和”。

《周礼·地官》“小司徒”云：“小司徒之职，掌建邦之教法……”小司徒的职务是负责建立国家官员的教化之法，其职掌也与教化有重要关系。

上述分析表明，《周礼·地官》“司徒”有教化之职，而历史上的司徒的确也有教化之职。《尚书·舜典》记舜对契说：“百姓不亲，五品不逊，汝作司徒，敬敷五教，在宽。”舜的时代百姓之间不相和睦，父母兄弟儿子关系也不和顺，因此舜让契来做司徒，职掌教化，此职为周代司徒所继承。《尚书·周官》云：“司徒掌邦教，敷五典，扰兆民。”周代设置司徒，掌管国家教化，颁布五典，教化百姓。《礼记·王制》也有这方面的记载：

> 司徒修六礼以节民性，明七教以兴民德，齐八政以防淫，一道德以同俗，养耆老以致孝，恤孤独以逮不足，上贤以崇德，简不肖以绌恶。

司徒修饬六种礼仪来节制民的本性，阐明七种教化来培养民的德行，推行八种政令来防止民风败坏，统一道德来让风俗一致。这就是司徒的教化职掌。由此说明,《周礼·地官》所记司徒掌管教化是可信的。

第三,《周礼·地官》“司徒”掌管徒役,与周代司徒相同。《周礼·地官》记大司徒之职:

> 大宾客,令野修道委积。

有诸侯来朝觐,大司徒便命令徒众修治四郊及王畿的道路,并沿途存储禾米等以招待宾客。

《周礼·地官》记小司徒之职:

> 小宾客,令野修道委积。

诸侯的使臣来聘,小司徒便命令徒众修筑道路,准备粮食以招待宾客。

由此可以看出,大、小司徒皆职掌征发民众修治道路等徒役。周代司徒也具有相同的职掌。《国语·周语中》记单子曰:“周之《秩官》有之曰:‘敌国宾至……司徒具徒……’”别国宾客至,司徒负责征发徒役修理道路。因此可以看出,《周礼·地官》“司徒”和周代司徒一样,皆主管徒役。

第四,《周礼·地官》“司徒”掌管军队,与周代司徒相同。《周礼·地官》记大司徒之职:

> 大军旅,大田役,以旗致万民,而治其徒庶之政令。

凡是有大规模的军事活动和田猎,大司徒就竖起大旗召集万民,并负责指挥徒众。

《周礼·地官》又记小司徒之职:

> 乃会万民之卒伍而用之:五人为伍,五伍为两,四两为卒,五卒为旅,五旅为师,五师为军,以起军旅,以作田役,以比追胥,以令贡赋。

小司徒按照军队的编制组织万民，以完成各种任务；负责集结军队，完成田猎、徒役等事，统计抵御外寇、捕捉盗贼的各种部队的人数等。大、小司徒皆负责召集民众、指挥军队。小司徒还有负责贡赋的工作，这种贡赋或与军队物资和费用有关。

从金文可以看出，周代司徒也有这样的职责。《曶壶》云："王乎（呼）尹氏册令曶曰：'更乃且（祖）考乍（作）冢司土（徒）于成周八𠂤（师）。'"成周八师是西周王朝一支非常重要的军队。周王命曶做冢司徒，管理成周八师，为成周八师保障兵源。这充分说明，《周礼·地官》"司徒"和周代司徒一样，皆掌管军队。

第五，《周礼·地官》"司徒"掌管土地，与周代司徒相同。《周礼·地官》云："掌建邦之土地之图。"大司徒掌管天下土地之舆图。《周礼·地官》云："凡建邦国，以土圭土其地而制其域。"凡建立邦国，司徒用土圭来测量土地。《周礼·地官》又云："凡造都鄙，制其地域而封沟之。以其室数制之：不易之地，家百亩；一易之地，家二百亩；再易之地，家三百亩。乃分地职、奠地守、制地贡，而颁职事焉，以为地法而待政令。"凡建立都鄙，司徒先划定土地区域，在边界上挖沟堆土植树，并根据土地情况做具体分配。可见《周礼·地官》"司徒"负责对土地的管理。

周代司徒掌管土地。《左传》昭公七年云：

> 晋人来治杞田，季孙将以成与之。谢息为孟孙守，不可，曰："人有言曰：'虽有挈瓶之知，守不假器，礼也。'夫子从君，而守臣丧邑，虽吾子亦有猜焉。"季孙曰："君之在楚，于晋罪也。又不听晋，鲁罪重矣。晋师必至，吾无以待之，不如与之，间晋而取诸杞。吾与子桃，成反，谁敢有之？是得二成也。鲁无忧而孟孙益邑，子何病焉？"辞以无山，与之莱、柞。乃迁于桃。晋人为杞取成。

晋国派人前来划定杞国的田界，季孙氏打算把成地给他们。成地为孟孙氏所有，故受到孟孙氏之家臣，即成地之守谢息的反对。季氏只好将桃地和莱、柞两山作为补偿，孟孙氏才将成地给予杞国。季氏为鲁国大司徒，负责管理鲁国土地的分配。这说明，《周礼·地官》“司徒”和周代司徒相同，皆掌管土地。

第六，《周礼·地官》“司徒”掌管山林泽牧，与周代司徒相同。《周礼·地官》云：

> 以天下土地之图，周知九州之地域、广轮之数，辨其山林、川泽、丘陵、坟衍、原隰之名物……
>
> 以土会之法辨五地之物生：一曰山林……二曰川泽……三曰丘陵……四曰坟衍……五曰原隰……

大司徒以地舆之图辨别山林、川泽、丘陵、坟衍、原隰等不同的特点，用以土计贡税之法（“土会之法”）辨别生长和生活在当地的动植物与居住于此地的人民。周代司徒管理山林泽牧，例如《免簠》云：“王才（在）周，令（命）免乍（作）司土（徒），司奠还歡（林）、眔吴（虞）、眔牧。”王室司徒免管理林、虞、牧。金文所记是可靠的。因此，《周礼·地官》“司徒”和周代司徒一样，皆掌管山林泽牧。

第七，《周礼·地官》“司徒”负责征收赋税，与周代司徒相同。《周礼·地官》记小司徒之职：

> 乃经土地而井牧其田野：九夫为井，四井为邑，四邑为丘，四丘为甸，四甸为县，四县为都，以任地事而令贡赋，凡税敛之事。乃分地域而辨其守，施其职而平其政。

小司徒按照井田制度划分土地田野，让百姓经营土地、交纳赋税。此处要格外注意小司徒负责征收赋税之职，这和周代司徒的职掌相同。《左传》哀公十一年云：“季孙欲以田赋，使冉有访诸仲尼。”春秋末年，鲁国大司徒季康子推行了“用田赋”，根据土地多少向民众征收赋税。虽然此为春秋末年之事，但毕竟也是司徒的职掌。《左传》哀公十一年云："夏，陈辕颇出奔郑。初，辕颇为司徒，赋封田以嫁公女；有余，以为己大器。国人逐之，故出。"杜注："封内之田，悉赋税之。"[1] 辕颇为陈国司徒，对国内的土田征收赋税。因此，司徒在主管民众的基础上，还要征收赋税。这充分说明，《周礼・地官》"司徒"与周代司徒相同，皆掌管赋税。

上述分析表明，《周礼・地官》"司徒"的基本职掌是：主管和教化民众，征发徒役，参与领导军队，掌管土地、山林泽牧、赋税。这些均能在周代历史上的司徒职掌中找到对应的内容。通过这些比较可以看到，《周礼・地官》"司徒"的职掌与周代司徒职掌的实际情况基本相同。

三、《周礼・地官》"司徒"与周代司徒属官的比较

再来看《周礼・地官》"司徒"和周代司徒两者属官的比较情况。《周礼・地官》"司徒"的属官繁多，大体可以分为以下几类。

第一，管民之属官，例如里宰。

《周礼・地官》列有司徒诸多属官，此处重点讨论能以金文记载做参照的里宰。《周礼・地官》记有里宰。《周礼・地官・叙官》"里宰"云：

> 里宰，每里下士一人。

此处可以联系《尚书・酒诰》的相关记载。《尚书・酒诰》云："越百姓里居。"《逸周书・商誓解》记武王胜殷，诛纣立武庚，戒殷之旧臣百姓庶民云："告尔伊旧何父□、□、□、□、几、耿、肃、执，乃殷之旧官人序文□□□□，及太史比、小史昔，及百官里居献民……"郭沫若指出，"今案《逸周书・商誓》'及太史比（友字之讹）小史昔（晉字之讹，晉古友字）及百官里居献民'，里居亦里

① 杜预注，孔颖达等正义：《春秋左传正义》卷五十八，阮元校刻《十三经注疏》本，第2166页。

君之讹也。……”[1]裘锡圭也认为，“疑‘里居君子’是‘里君’的讹衍之文。百姓、里君连称，与《酒诰》同”[2]。此外，《逸周书·尝麦解》亦提到“里君”。郭、裘的说法是正确的，更为重要的是，西周金文中亦有关于里君的记载。《令彝》提到“里君”。郭沫若在论及《令彝》时指出，“又《书·酒诰》言‘越在外服，侯、甸、男、卫、邦伯；越在内服，百僚、庶尹、惟亚、惟服、宗工，越百姓里居’与本铭所列职名大抵相同。……里居则里君之讹也。里君当如《周官》乡师乡老之属”[3]。朱凤瀚指出，“此铭所言当时之官制毋庸置疑，据此可认为‘里’大致始出于西周早期。‘里君’即是里之长官”[4]。所以，《尚书·酒诰》中的“里居”当为“里君”，为管理“里”中民众及事务的官吏。

史颂鼎铭文

另外，《史颂鼎》也提到“里君”：

> 隹（惟）三年五月丁子（巳），王才（在）宗周，令史颂徻（省）穌（苏）。𤔲友、里君、百生（姓）帅（率）𩫖（偶）盩于成周，休又（有）成事。穌（苏）宾章（璋）、马四匹、吉金，用乍（作）䵼彝。颂其万（万）年无疆，日遈（扬）天子覭（景）令（命）。子子孙孙永宝用。

此铭记宣王在宗周命史颂东至于成周省视苏国之事。郭沫若指出：“‘里君’亦见《令彝》，王国维谓《书·酒诰》‘越百姓里居’即里君之讹，至确。《逸周书·商誓》‘百官里居’亦同是字误。”[5]

---

① 郭沫若：《周官质疑》，《金文丛考》，第77页。

② 裘锡圭：《关于商代的宗族组织与贵族和平民两个阶级的初步研究》，《古代文史研究新探》，江苏古籍出版社，1992年，第316页。

③ 郭沫若：《两周金文辞大系图录考释》，第7页。

④ 朱凤瀚：《商周家族形态研究》（增订本），第276页。

⑤ 郭沫若：《两周金文辞大系考释》（下），第71—72页。

此外，厉王时代的《翏簋》亦提到“里人”。[①]金文中的“里君”“里人”可以印证西周里宰之类职官的存在。

关于里宰的职掌，《周礼·地官·里宰》云：

> 里宰：掌比其邑之众寡与其六畜、兵器，治其政令。以岁时合耦于锄，以治稼穑，趋其耕耨，行其秩叙，以待有司之政令，而征敛其财赋。

里宰负责“治其政令”，即负责治理本里的政令，此在《国语》中得到印证。《国语·鲁语上》记鲁文公打算扩建宫室，想占用孟文子、郈敬子的住宅。孟文子、郈敬子分别提到的里人、司里皆为一里之负责官员，负责具体安排官员的住宅事宜，是司徒的属官。由此看来，《周礼》关于里宰职掌之记载并非虚语。里宰，或者里君、里人，为司徒的属官，掌管民众。《周礼·地官》关于司徒的属官有里宰一说比较可靠。

第二，治土之属官，例如土均。《周礼·地官·土均》云：

> 土均：掌平土地之政，以均地守，以均地事，以均地贡，以和邦国都鄙之政令、刑禁与其施舍。礼俗、丧纪、祭祀，皆以地美恶为轻重之法而行之，掌其禁令。

土均掌管有关土地的政令、赋税劳役及相关事宜等。土均之官虽然没有相关文献和金文的证明，但是司徒的重要职责之一就是掌管土地，所以有管理土地的属官也属正常。

第三，管理山林泽牧之属官和土地疆界之官，例如山虞、林衡、牧人、封人。根据本书前文的研究，金文中西周司徒的属官有虞官（包括山虞和泽虞）、林衡、牧人（《免簠》），有场人（《南宫柳鼎》）；而据《左传》隐公元年和宣公

① 郭沫若：《两周金文辞大系考释》（下），第119页。

十一年记载，至少在春秋时期就有管理疆土和劳役的封人。金文和传世文献有力证明《周礼·地官》关于司徒属官的记载是可靠的。山、林、牧、场、疆土、劳役均和民众、土地有关，可以看作司徒掌管民众、土地的延伸。

第四，管理市场之属官，例如贾师。《周礼·地官·贾师》云：

> 贾师：各掌其次之货贿之治，辨其物而均平之，展其成而奠其贾，然后令市。凡天患，禁贵儥者，使有恒贾。四时之珍异，亦如之。凡国之卖儥，各帅其属而嗣掌其月。凡师役、会同，亦如之。

贾师掌管市场货物治理工作，检查货物，核定价格，控制抬价，促成交易。《左传》昭公二十五年记臧会离开臧氏“奔郈。郈鲂假使为贾正焉。计于季氏”。前文已经论及，贾正如《周礼》之贾师，为司徒属官。鲁昭公时期郈尚为公邑，臧会担任的贾正为公臣。《周礼·地官》所记“贾师”和贾正相类。

可以看出，《周礼·地官》“司徒”的属官可以分为管理民众、土地、山林泽牧和市场等类，部分能与周代司徒的属官互相印证。

四、《周礼·地官》“司徒”与周代司徒地位的比较

《周礼》明确记载了司徒的地位。《周礼》记载周代官制云：

> 惟王建国，辨方正位，体国经野，设官分职，以为民极。乃立天官冢宰，使帅其属而掌邦治，以佐王均邦国。……乃立地官司徒，使帅其属而掌邦教，以佐王安扰邦国。……乃立春官宗伯，使帅其属而掌邦礼，以佐王和邦国。……乃立夏官司马，使帅其属而掌邦政，以佐王平邦国。……乃立秋官司寇，使帅其属而掌邦禁，以佐王刑邦国。……国有六职，百工与居一焉。

天子建立国家，设置职官，规定职责。设立天官冢宰，总管政务。冢宰之下，

设立地官司徒、春官宗伯、夏官司马、秋官司寇和冬官司空。周代司徒的地位在不同的历史阶段有不同的变化，那么《周礼》的记载反映周代司徒哪个历史阶段的地位呢？我们将其与《尚书·周官》记载的周代官制相比较：

> 立太师、太傅、太保，兹惟三公。论道经邦，燮理阴阳。官不必备，惟其人。少师、少傅、少保，曰三孤。贰公弘化，寅亮天地，弼予一人。冢宰掌邦治，统百官，均四海。司徒掌邦教，敷五典，扰兆民。宗伯掌邦礼，治神人，和上下。司马掌邦政，统六师，平邦国。司冠掌邦禁，诘奸慝，刑暴乱。司空掌邦土，居四民，时地利。六卿分职，各率其属，以倡九牧，阜成兆民。[①]

周王建立官制：立太师、太傅、太保，此为三公；又立少师、少傅、少保，辅助三公；立冢宰，掌管国家的治理，统率百官，均平四海；立司徒，掌管国家教化，颁布五典，驯教百姓；与司徒平行的官，还有宗伯、司马、司寇和司空。可以看到，《周礼》所记官职和《尚书·周官》所记周代职官有相同的部分，即在冢宰之下，设立司徒、宗伯、司马、司寇和司空。

但是两文中关于司徒的地位又不相同。《尚书·周官》中的司徒，其上有冢宰，冢宰之上有三公、三孤。这比较符合周初的情况。为什么这样说呢？以三公

① 《尚书·周官》记一篇成王对周百官的训诫之辞，主要论及官制，所以名为《周官》。关于《尚书·周官》的成书和作者，《尚书·周官》序云："成王既黜殷命，灭淮夷，还归在丰，作《周官》。"《史记·周本纪》亦云："成王自奄归，在宗周，作《多方》。既绌殷命，袭淮夷，归在丰，作《周官》。兴正礼乐，度制于是改，而民和睦，颂声兴。"此谓成王作《周官》。但是《史记·鲁周公世家》云："成王在丰，天下已安，周之官政未次序，于是周公作《周官》，官别其宜，作《立政》，以便百姓。百姓说。"集解云："孔安国曰：'周公既致政成王，恐其怠忽，故以君臣立政为戒也。'"这两种说法其实并不矛盾。周公致政成王，恐成王怠忽朝政而致吏治混乱，所以作《周官》一篇；成王亲政后，即将《周官》向群臣发布，其内容是"兴正礼乐，度制于是改"，从而出现了"民和睦，颂声兴"的社会局面。所以，周公、成王所作之《周官》实则是同一《周官》，这一举措包括推行礼乐的内容。《左传》云："先君周公制周礼。"《礼记·明堂位》云："六年，朝诸侯于明堂，制礼作乐，颁度量，而天下大服；七年，致政于成王。"这反映了周初官制的情况。

为例，周初三公太师姜尚、太傅周公和太保召公，他们为执政卿士，位高权重，远在一般卿大夫之上。《周礼》中的司徒，其上有冢宰，冢宰是为最高执政卿。和太师、太保名称相近的师氏、保氏，在《周礼》里面已经成了司徒的属官。

《周礼·地官·师氏》云：

> 师氏：掌以媺诏王。以三德教国子：一曰至德，以为道本；二曰敏德，以为行本；三曰孝德，以知逆恶。教三行：一曰孝行，以亲父母；二曰友行，以尊贤良；三曰顺行，以事师长。居虎门之左，司王朝。掌国中失之事，以教国子弟，凡国之贵游子弟学焉。凡祭祀、宾客、会同、丧纪、军旅，王举则从；听治亦如之。使其属帅四夷之隶，各以其兵服守王之门外，且跸。朝在野外，则守内列。

师氏掌管以善道劝告天子和教育王公子弟之事，观察天子临朝的一切事情，也负责天子的警卫工作。《周礼·地官·保氏》云：

> 保氏：掌谏王恶，而养国子以道。乃教之六艺：一曰五礼，二曰六乐，三曰五射，四曰五驭，五曰六书，六曰九数。乃教之六仪：一曰祭祀之容，二曰宾客之容，三曰朝廷之容，四曰丧纪之容，五曰军旅之容，六曰车马之容。凡祭祀、宾客、会同、丧纪、军旅，王举则从；听治亦如之。使其属守王闱。

保氏掌管劝谏天子的过失和教育王公子弟之事，亦负责保卫天子。《周礼·地官》里面的师氏、保氏，大概就是周初的太师、太保，但是地位已经下降，成为司徒的属官。可以看出，《周礼》中的司徒地位比周初司徒地位更高一些，前者比较符合西周中后期司徒的政治地位。《史记·郑世家》云："郑桓公友者……幽王以为司徒。和集周民，周民皆说，河雒之间，人便思之。"司徒郑桓公是西周晚期宣幽时人，位高权重，为执政卿士。另外，春秋中期鲁国的情况亦与此相近。从春秋中期开始，大司徒季氏为鲁国的冢卿，也就是执政卿。司马叔孙氏和司空孟孙氏都是介卿。鲁国大司徒、大司马、大司空和大司寇之上有太宰。可以看出，春秋中期鲁国大司徒的地位，接近《周礼》所记“司徒”的地位。因此《周礼》所记“司徒”的地位，大体与西周后期到春秋初中期司徒的地位相符。

以上通过对周代司徒的职掌、属官、地位比较分析，说明了《周礼・地官》“司徒”的情况是大致可靠的。这也恰恰表明了《周礼・地官》的内容基本可信。假以时日，更多的出土文献材料也许会提供更加强有力的证明。

五、从《周礼・地官》“司徒”看《周礼》的成书

自西汉以来，学者们对《周礼》的成书及其真伪多有争论。《汉书・景十三王传》说《周礼》为“古文先秦旧书”。西汉刘歆认为《周礼》乃“周公致太平之迹”①，为东汉经学大家贾逵、马融和郑玄等肯定。郑玄云:“周公居摄而作六典之职，谓之《周礼》，营邑于土中。七年，致政成王，以此礼授之，使居洛邑治天下。”②此后历代经学家大多相信这种说法。清代礼学大家孙诒让撰《周礼正义》申论此说最为详备：“粤昔周公，缵文武之志，光辅成王，宅中作洛，爰述官政，以垂成宪，有周一代之典，炳然大备。”③又云:“此经建立六典，洪纤毕贯，精意眇恉，弥纶天地，其为西周政典，焯然无疑。”④

但是自汉代以来，也有不少学者持不同看法。东汉“林孝存以为武帝知《周官》为末世渎乱不厌之书……何休亦以为六国阴谋之书”⑤。宋人胡宏认为《周礼》是西汉刘歆伪作。⑥清人毛奇龄《经问》认为“此书系周末秦初儒者所

① 贾公彦:《序周礼废兴》，阮元校刻《十三经注疏》本，第635—636页。
② 郑玄注，贾公彦疏:《周礼注疏》卷一，阮元校刻《十三经注疏》本，第639页。
③ 孙诒让:《周礼正义・序》。
④ 孙诒让:《周礼正义》卷一《天官冢宰》，第4页。
⑤ 贾公彦:《序周礼废兴》，阮元校刻《十三经注疏》本，第635—636页。
⑥ 胡宏:《皇王大纪论・极论周礼》，《胡宏集》，中华书局1987年，第258页。

作"[①]。这些看法多认为《周礼》是春秋以后战国秦汉之际的学者伪作，不再一一列举。

近代以来，学术界对《周礼》的成书进行了比较深入的研究，比较有代表性的说法包括：蒙文通主张《周礼》"虽未必即周公之书，然必为西周主要制度，而非东迁以下之治"[②]；刘起釪以为《周官》"最初作为官职之汇编，至迟必成于春秋前期"[③]；钱穆认为《周礼》成书于战国时期[④]；郭沫若认为"此书不能出于春秋以前"[⑤]，"作《周官》者乃周末人也"[⑥]。梁启超认为"这书总是战国、秦、汉之间，一二人或多数人根据从前短篇讲制度的书，借来发表个人的主张"[⑦]；胡适《论秦畤及〈周官〉书》一文中主张"因《周礼》屡屡说'祀五帝'，其为汉人所作之书似无可疑"[⑧]；徐复观从思想和文献的线索来考察，更明确指出《周礼》"乃王莽、刘歆们用官制以表达他们政治理想之书"[⑨]；顾颉刚经过深入考证，认为《周礼》是战国时期齐国等国法家之作[⑩]。可见近代以来关于《周礼》的成书及真伪，仍然未达成共识。

虽然如此，《周礼》一书具有的宝贵学术价值，仍为越来越多的学者所重视和肯定。李学勤说："但近年新发现金文，却有不少与《周礼》契合的地方。看来《周礼》至少是一部比较重要的先秦典籍，我们研究古代历史文化，不能忽视它的意义"；要"运用考古学及古文字学的研究成果去印证检验《周礼》"。[⑪]总

① 毛奇龄：《经问》卷二，台湾商务印书馆影印文渊阁《四库全书本》，1986 年。

② 蒙文通：《从社会制度及政治制度论〈周官〉成书年代》，《图书集刊》第 1 期，四川省立图书馆，1942 年。

③ 刘起釪：《〈周礼〉真伪之争及其书写成的真实依据》，《古史续辨》，第 650 页。

④ 钱穆：《周官著作时代考》，《燕京学报》第 11 期，1933 年 6 月。

⑤ 郭沫若：《周官质疑》，《金文丛考》，第 80 页。

⑥ 郭沫若：《周官质疑》，《金文丛考》，第 81 页。

⑦ 梁启超：《古书真伪及其年代》卷二《三礼》，中华书局，1955 年，第 125 页。

⑧ 胡适：《论秦畤及〈周官〉书》，顾颉刚主编《古史辨》（第五册），第 39 页。

⑨ 徐复观：《徐复观论经学史二种》，第 212 页。

⑩ 顾颉刚：《"周公制礼"的传说及〈周官〉一书的出现》，《文史》（第 6 辑），第 38 页。

⑪ 李学勤：《竹简秦汉律与〈周礼〉》，法律史研究编委会编《中国法律史国际学术讨论会论文集》，陕西人民出版社，1990 年。

之，要以科学的态度、方法来研究和运用《周礼》。

前文通过与周代司徒进行比较研究，可以比较清楚地看出《周礼·地官》记载的“司徒”大致可靠。[①]这说明《周礼·地官》从内容上来说基本可信，并非伪作。依此类推，《周礼》的其他部分也应该和《地官》的情况有某种程度的类似。[②]

春秋时期便有周公作《周礼》的说法。根据《左传》文公十八年的记载，莒国太子仆弑纪公奔鲁，鲁宣公要赏以城邑，鲁国大司徒季文子却派人将其逐出国境。鲁宣公问这样做的原因，季文子让太史克回答说：

> 先大夫臧文仲教行父事君之礼，行父奉以周旋，弗敢失队（坠），曰：“见有礼于其君者，事之，如孝子之养父母也；见无礼于其君者，诛之，如鹰鹯之逐鸟雀也。”先君周公制《周礼》……

应该引起注意的是，此处提到了“先君周公制《周礼》”的问题。杨伯峻指出：“《周礼》，据文，当是姬旦所著书名或篇名。”[③]季文子为周公后裔，对周公的情况非常熟悉，指出“周公制《周礼》”，其言绝非虚语，所以周朝初年周公撰作《周礼》的说法，基本可信；此《周礼》当主要包括周初所定官制和礼制，成为“根本大法”，周初社会即循此而构建和运转。[④]据前引《尚书·周官》关于周代官制的记载，《尚书·周官》中的司徒，其上逐级有冢宰、三公。我们可以猜测，此《尚书·周官》与周公所作《周礼》当有密切关系。

从时间上来讲，周代司徒的情况自西周初年到春秋战国之际是变动的，其职掌由简单到复杂，其地位由低到高，是一个随着周代社会发展变迁而不断发

---

① 张亚初、刘雨认为，“《周礼》在主要内容上，与西周铭文所反映的西周官制，颇多一致或相近的地方。正确认识和充分利用《周礼》，是西周职官问题研究中不容忽视的问题”。张亚初、刘雨：《西周金文官制研究》前言。

② 因为《周礼》的《冬官》部分采自《考工记》，所以这一部分除外。

③ 杨伯峻：《春秋左传注》（修订本），第633页。

④ 杨朝明：《周公之制：〈周礼〉那些理》，《学习时报》2018年11月30日。

展变动的过程。这样关于司徒的材料也会渐次补充到《周礼》中去。可以推测，关于其他职官的材料也是如此增益到《周礼》之中的。

初成于周初的《周礼》，到“厉王革典”时期，有了相当多的改动增益。周厉王时期，西周社会发生了很大的变动。根据《国语·周语上》的记载，厉王止国人谤，专山林川泽之利，“不籍千亩”[①]，终于导致“国人暴动”。《国语·周语下》记太子晋云：

> 自后稷以来宁乱，及文、武、成、康而仅克安民。自后稷之始基靖民，十五王而文始平之，十八王而康克安之，其难也如是。厉始革典，十四王矣。

太子晋将“厉始革典”作为周代历史上的分界点，可见“厉始革典”的重要意义。韦注云：“革，更也。典，法也。厉王……变更周法。”[②]《左传》哀公十一年云：

> 且子季孙若欲行而法，则周公之典在。

所以厉王所变革的“周法”就包括“周公之典”等内容。《周礼》就是“周公之典”的具体文本之一。因此，《周礼》到“厉始革典”时期可能有一个变动，这可以从《周礼》中司徒的地位看出。前文的分析表明，《周礼》中司徒的地位较周初司徒的地位为高，而大体接近西周后期到春秋初中期司徒的地位。

随着春秋社会的发展，《周礼》又逐渐被补充了新的内容。鲁国司徒、司马、司空和司寇之上有太宰。可以看出，春秋鲁国官制的架构，接近《周礼》冢宰、司徒、司马、司空和司寇的职官系统。金景芳认为：“《周礼》一书是东迁以后某

---

① 《国语·周语上》云“宣王即位，不籍千亩”，韦注云：“天子田千亩，诸侯百亩，自厉王之流，籍田礼废，宣王即位，不复遵古也。”是知周厉王时已经“不籍千亩”。徐元诰撰，王树民、沈长云点校：《国语集解·周语上》，第15页。

② 徐元诰撰，王树民、沈长云点校：《国语集解·周语下》，第100页。

氏所作。作者得见西周王室档案，故讲古制极为纤悉具体。”① 这句话似可理解为东周时期某氏最后整理了《周礼》一书。观《周礼》所记司徒管田赋事，是春秋末期的事情。战国时期，司徒地位在职官系统中地位下降，渐趋微弱，逐渐远离《周礼》所记职官系统的架构。我们据金景芳所言可进一步思考，当是春秋末期以后，《周礼》一书进入定稿阶段，因此未继续补充战国时期的官制材料。

综合以上所述，所以《周礼》一书最大可能是到战国时期最后完善定稿。顾颉刚经过深入考证，认为《周礼》是战国时期齐国等国法家之作。② 就《周礼》一书最后定稿整理者而言，顾颉刚的看法颇有道理。汉代“古文经学兴起以后，古文学者……其学术内容上却以‘齐学’中的《周礼》为其正宗”③。可见《周礼》确与“齐学”渊源颇深。

这样看来，周公所作《周礼》是后世《周礼》的初本，随着周代社会的发展又补充进去了很多内容，直到战国时期定稿。李学勤说，研究新发现的大量简帛书籍，并与现存古书相对比，不难看到，古书的形成每每要有很长的过程，古籍一般都要经过较大的改动变化，才能定型；对古书流传的新认识，很难简单地用“真”“伪”二字来判断。④ 从这种意义上说，《周礼》的成书经历了从周初始撰到战国定稿的长期过程。

第二节 从《周礼·地官》看司徒与管民思想

在经历殷周之际的朝代更替和剧烈变动后，人民群众推动社会进步的伟大力量得以彰显。这为周初的统治者所深切感受，并加以深刻总结，犹如《尚

① 金景芳之言见杨伯峻主编：《经书浅谈》，中华书局，1984 年，第 46 页。
② 顾颉刚：《“周公制礼”的传说及〈周官〉一书的出现》，《文史》（第 6 辑），第 38 页。
③ 杨朝明：《鲁学在汉代经学中的地位》，《东岳论丛》1994 年第 5 期。
④ 李学勤：《简帛佚籍与学术史》，江西教育出版社，2001 年，第 32 页。

书·康诰》所指出，要“用康保民”“乃由裕民”“无康好逸豫，乃其乂民”，即强调保民富民裕民，重视民情，尊重民意，体恤百姓，以使人民安宁，进而带来周朝统治的稳固。

《周礼》秉承周初以来的民本理念①，正如有的学者指出，“周礼又是以民本思想为基础的”；“民本、保民，无逸、尚俭，这当是西周制礼的根本精神”。②不仅如此，《周礼》在民本理念的基础上丰富和发展了管理民众的思想。因为《周礼·地官》所记司徒及其属官的主要职责是管理民众，所以《周礼·地官》中的管民思想体现得尤为显著。我们在前贤时哲研究的基础上，从基本内容、政策理念和推行落实等层面深化认识《周礼·地官》管民思想的丰富内涵。③

一、《周礼·地官》管民思想的基本内容

土地、人民和赋税、徒役有密切的联系。土地是人民赖以生存的基础，人民是土地上的劳动者，又衍生出赋税、徒役等。《周礼·地官》的重民思想，就其具体内容来说，也与对土地、赋税和徒役的管理有关。这是我们理解《周礼·地官》管民思想需要特别说明的。下面予以详细说明。

第一，了解各地土地物产，让人民生产劳作。《周礼·地官·大司徒》云：

> 掌建邦之土地之图与其人民之数，以佐王安扰邦国。以天下土地之图，周知九州之地域广轮之数，辨其山林川泽丘陵坟衍原隰之名物，而辨

---

① 有学者指出，“《周礼》中之‘王’，虽然具有极高之地位与势力，但也蕴藏极深之民本思想”（林素英：《论〈荀子·王制〉“王”之类型与特质：参照〈周礼〉之讨论》，《经学文献研究集刊》第十九辑）。这也可理解《周礼》有丰富的民本思想。

② 王德培：《论周礼中“凝固化”的消费制度和周代民本思想的演变》，《河北大学学报（哲学社会科学版）》1990年第1期。

③ 杨朝明指出，“《周礼》是对以往礼制的总结，更是对周代制度的设计。或者说，《周礼》所显示出来的天下治理方略与总体架构，才是《周礼》的实质与意义所在”（杨朝明、褚燕：《〈周礼〉成书问题再思考》，《燕山大学学报》［哲学社会科学版］2019年第2期）。循此，管理民众的思想也是“天下治理方略与总体架构”的重要组成部分。

其邦国都鄙之数，制其畿疆而沟封之。设其社稷之壝而树之田主，各以其野之所宜木，遂以名其社与其野。

大司徒了解各地的土地情况和人口数量。就土地方面来说，大司徒考察是非常细致的，包括地域、地形、地貌、地数和地名等，然后才能据此划分地界，竖立标识。这是国家组织庶民开展农业生产的重要基础，也是推行政令教化的基础。①

《周礼・地官・大司徒》云：

以土会之法，辨五地之物生：一曰山林，其动物宜毛物，其植物宜皂物，其民毛而方；二曰川泽，其动物宜鳞物，其植物宜膏物，其民黑而津；三曰丘陵，其动物宜羽物，其植物宜核物，其民专而长；四曰坟衍，其动物宜介物，其植物宜荚物，其民晳而瘠；五曰原隰，其动物宜裸物，其植物宜丛物，其民丰肉而庳。②

大司徒了解各地的物产和民众的风俗习惯，包括山林、川泽、丘陵、坟衍和原隰等地，为国家从实际出发制定农业政策提供依据，避免盲目决策。这有利于国家组织庶民发展农业生产。

① 有学者指出："地官之首长为大司徒，其最重要之职责为'掌建邦之土地之图，与其人民之数，以佐王安扰邦国'，状若与邦教并不相关，然而仔细思索，则其规划乃蕴藏深层道理。透过地官所属有关土地丈量、绘图之职官先走进民间，确实理解各地之土地分布、土质属性状况，明辨居住在山林、川泽、丘陵、坟衍、原隰五类不同地形之人物特色，以及所出产之动植物，方可切实掌握影响人民生活习俗之各种状况。一旦掌握确实讯息，然后才有可能选择最合适之方式与内容，以进行全民的社会教育，真正达到'以俗教安，则民不偷'之教育效果（《周礼・地官・大司徒》）。"林素英：《〈管子〉与〈周礼〉政治教化之道比较》，《管子学刊》2020年第2期。

② 郑注云："会，计也。以土计贡税之法，因别此五者也。"郑玄注，贾公彦疏：《周礼注疏》卷十《地官司徒》"大司徒"，阮元校刻《十三经注疏》本，第702页。孙诒让疏云："'以土会之法，辨五地之物生'者，以下土会至本俗六，皆教官之官法也。物生即动植人民之属，五地各有所宜。"孙诒让：《周礼正义》卷十八《地官》"大司徒"，第700页。

第二，合理分配土地，让人民安居乐业。《周礼·地官·大司徒》记大司徒云：

> 凡造都鄙，制其地域而封沟之，以其室数制之：不易之地，家百亩；一易之地，家二百亩；再易之地，家三百亩。乃分地职、奠地守、制地贡而颁职事焉，以为地法，而待政令。

大司徒根据土质条件给百姓划分土地，根据土地的情况制定赋役的标准，要求他们结合实际从事自己的职事。[①] 这还是比较合理的，避免了赋役的不均，也可以让百姓安居乐业。

《周礼·地官·大司徒》又云：

> 以土宜之法，辨十有二土之名物，以相民宅而知其利害，以阜人民，以蕃鸟兽，以毓草木，以任土事；辨十有二壤之物，而知其种，以教稼穑树蓺。[②]

大司徒根据各种土地的具体情况确定适宜百姓居住的地方，趋利避害，教民种植庄稼、树木，使人民百业兴旺，鸟兽草木繁盛。这可以说是从各方面为百姓的生产、生活创造更好的条件。

第三，均平土地赋役，让人民勤勉劳事。《周礼·地官·大司徒》记大司徒云：

---

① 有学者指出："农民份地的分配，从《周礼》等材料看，是由国家授予的，到一定时期又要归国家再重新分配，因而是一种国家授田制度。"可见国家对土地的授予分配，也是管理民众的重要方面，也体现了管民思想。参见李雪山：《〈周礼〉中的农民土地分配问题》，《殷都学刊》1994 年第 1 期。

② 郑注云："相，占视也。阜犹盛也。蕃，蕃息也。育，生也。任谓就地所生，因民所能。"郑玄注，贾公彦疏：《周礼注疏》卷十《地官司徒》"大司徒"，阮元校刻《十三经注疏》本，第 703 页。孙诒让疏云："'以土宜之法辨十有二土之名物'者，即辨各土人民、鸟兽、草木所宜之法也。此经土宜兼辨地形高下营建都邑之事言之。"孙诒让：《周礼正义》卷十八《地官》"大司徒"，第 710 页。

> 以土均之法，辨五物九等，制天下之地征，以作民职，以令地贡，以敛财赋，以均齐天下之政。[①]

大司徒根据均平土地贡赋的标准，分清各等的土地及不同的物产，制定赋役的标准，均齐天下的政令，鼓励百姓勤勉完成职事。[②] 均平土地赋税的原则减轻了对人民的索取，是有民本理念贯彻其中的。

《周礼·地官·小司徒》云：

> 乃均土地，以稽其人民，而周知其数：上地家七人，可任也者家三人；中地家六人，可任也者二家五人；下地家五人，可任也者家二人。凡起徒役，毋过家一人，以其余为羡，唯田与追胥竭作。[③]

---

① 郑注云："均，平也。五物，五地之物也。九等，骍刚赤缇之属。征，税也。民职，民九职也。地贡，贡地所生，谓九谷。财谓泉谷。赋谓九赋及军赋。"郑玄注，贾公彦疏：《周礼注疏》卷十《地官司徒》"大司徒"，阮元校刻《十三经注疏》本，第704页。孙诒让疏云："'以土均之法辨五物九等 '者，谓均平土地贡赋之法，即均人、土均所掌是也。云'制天下之地征'者，贾疏云：'言天下则并畿外邦国所税入天子而言也。此地征与下为目也。'云'以作民职'者，谓依法使民起而任其职事，大宰以九职任万民是也。……云'以令地贡'者，地贡即出于九职，《大府》云'以九功之法，令民职之财用'是也。云'以敛财赋'者，大司徒以法命乡师、闾师、县师、遂师、均人、稍人等官，征敛九赋及力征也。云'以均齐天下之政'也，以上三事即天下税敛之政，以法治之，使皆均平齐一也。"孙诒让：《周礼正义》卷十八《地官》"大司徒"，第713—714页。"土均之法"，均平土地贡赋的法则。"五物"，指在五种不同的土地即山林、川泽、丘陵、坟衍、原隰上生产的物品。"九等"，指九种不同的土质。

② 有学者指出："从《周礼》将征发赋役和促进生产相联系和各种规定中可以看出，《周礼》一定程度上认识到了税收和生产之间互相依存，互相作用的关系。懂得只有生产发展了，税收才有保证。所以《周礼》十分重视在征税的同时考虑生产的发展，促进生产活动。同时它也看到了税收对生产的反作用，自觉把税收政策作为促进和推动生产的工具。"参见张守军：《〈周礼〉的赋税思想》，《人文杂志》1992年第3期。

③ 郑注曰："均，平也。周，犹遍也。一家男女七人以上，则授之以上地，所养者众也。男女五人以下，则授之以下地，所养者寡也。正以七人、六人、五人为率者，有夫有妇然后为家，自二人以至于十，为九等，七六五者为其中。可任，谓丁强任力役之事者。出老者一人，其余男女强弱相半，其大数。"郑玄注，贾公彦疏：《周礼注疏》卷十一《地官司徒》"小司徒"，阮元校刻《十三经注疏》本，第711页。

小司徒根据人数平均分配土地，并综合考虑上等、中等、下等土地等因素。凡征召徒役，每家出一个正卒，其余的可以作为羡卒备用。当进行田猎和追逐盗寇的时候，正卒、羡卒才全部出动。小司徒根据人数均平分配土地、征发徒役，在一定程度上触及民生之本。

第四，建立各级社会组织，让人民从事劳动。《周礼·地官·小司徒》记小司徒云：

> 乃经土地而井牧其田野：九夫为井，四井为邑，四邑为丘，四丘为甸，四甸为县，四县为都，以任地事而令贡赋，凡税敛之事。乃分地域而辨其守，施其职而平其政。①

小司徒按照井牧的制度划分田野土地，并从低到高建立各级社会单位，包括井、邑、丘、甸、县、都等，让人民开垦土田，开展生产，交纳赋税。小司徒划分行政区域，规定官吏的职守，让他们努力做好本职工作而均平地税。

《周礼·地官·小司徒》记小司徒云：

> 乃颁比法于六乡之大夫，使各登其乡之众寡、六畜、车辇，辨其物，以岁时入其数，以施政教，行征令。及三年则大比，大比则受邦国之比要。

小司徒颁布调查统计户口、货物的法则，让各乡登记人口及六畜、车辇、财物之数，然后根据这些情况推行政令教化，征令赋税徒役；每三年就进行一次大规模地统计，接受各地呈送的统计簿册。小司徒对六乡情况明确详细的统计为

---

① 郑注曰："分地域谓建邦国，造都鄙，制乡遂也。辨其守谓衡虞之属。职谓九职也。政，税也。政当作征。故书域为邦，杜子春云：'当为域。'"郑玄注，贾公彦疏：《周礼注疏》卷十一《地官司徒》"小司徒"，阮元校刻《十三经注疏》本，第713页。孙诒让疏云："'乃分地域而辨其守'者，贾疏云：'小司徒佐大司徒主土地。言分地域，谓建邦国之等，各有营域远近疆界，辨其守，谓邦国都鄙之内所有山川，使虞衡守之。'云'施其职而平其政'者，即闾师任民，均人、土均均地政之事。"孙诒让：《周礼正义》卷二十《地官》"小司徒"，第811页。

制定、实行各种措施奠定了坚实的基础。

第五，依法处理民事，保障人民生活安定有序。《周礼·地官·小司徒》记小司徒云：

> 岁终，则考其属官之治成而诛赏[①]，令群吏正要会而致事。正岁，则帅其属而观教法之象，徇以木铎，曰："不用法者，国有常刑！"令群吏宪禁令，修法纠职，以待邦治。[②]及大比六乡四郊之吏，平教治，正政事，考夫屋及其众寡、六畜、兵器，以待政令。

每到年底，小司徒考核下属官员的政绩并进行赏罚，年初则组织官吏学习教典。小司徒考核官吏的工作成绩，对下属各级官员严格要求，而且依法进行监督约束，是爱惜百姓的体现。

《周礼·地官·小司徒》记小司徒云：

> 凡用众庶，则掌其政教与其戒禁，听其辞讼，施其赏罚，诛其犯命者。

小司徒在遇到事情的时候召集民众，发布政令、教法、戒禁，听理诉讼，施行

---

① 郑注曰："治成，治事之计。"郑玄注，贾公彦疏：《周礼注疏》卷十一《地官司徒》"小司徒"，阮元校刻《十三经注疏》本，第713页。孙诒让疏云："'则考其属官之治成而诛赏'者，正教官之岁会，所谓官计、官成也。"孙诒让：《周礼正义》卷二十《地官》"小司徒"，第815页。

② 郑注曰："宪，表县（悬）之。"郑玄注，贾公彦疏：《周礼注疏》卷十一《地官司徒》"小司徒"，阮元校刻《十三经注疏》本，第713页。孙诒让疏云："'正岁则帅其属而观教法之象'者，教法之象即大司徒教象之法也。此小司徒正岁建寅之月县（悬）教象，使百姓观，与小宰帅属观治象略同，与大司徒正月县（悬）教象使万民观者异。……云'徇以木铎曰，不用法者国有常刑'者，此即就观法之处，以木铎徇而戒之，亦与小宰徇治官同，与大司徒分令百官府者异也。……云'令群吏宪禁令'者，群吏宪禁令盖各于所治而宪之，犹乡大夫令乡吏宪法于所治也。古凡禁令大者，皆书县（悬）之以警众，若小宰宪禁于王宫，士师五禁皆书而县（悬）于门闾。此禁令者，当晐彼宫禁、国禁、野禁等。县门闾即宪法也。云'修法纠职以待邦治'者，纠职犹《大司寇》'官刑上能纠职'，注云'职事条理'是也。"孙诒让：《周礼正义》卷二十《地官》"小司徒"，第815页。

赏罚。

《周礼·地官·小司徒》记小司徒云：

> 凡民讼，以地比正之；地讼，以图正之。

每当处理百姓争讼之事，小司徒要征询知情者的意见后进行判决；遇到对土地方面的诉讼，则根据地图边界来判决。小司徒处理民事纠纷，依据事实，揆诸情理，能够关怀百姓，体恤民情。

二、《周礼·地官》管民思想的政策理念

《周礼·地官》的管民思想，以民本理念为根本，坚持民生至上，体现在大司徒执行和贯彻荒政之策、休养生息政策等方面。下面具体从几个方面进行说明。

第一，大司徒执行荒政之策，贯彻民本理念。

《周礼·地官·大司徒》云：

> 以荒政十有二聚万民：一曰散利，二曰薄征，三曰缓刑，四曰弛力，五曰舍禁，六曰去几，七曰眚礼，八曰杀哀，九曰蕃乐，十曰多昏，十有一曰索鬼神，十有二曰除盗贼。①

如果发生饥荒，大司徒可采取十二项救济饥荒的政策，聚养人民而防止背井离乡：第一，贷出谷粮；第二，减免赋税；第三，减缓刑罚；第四，减免力役；第五，开放禁令；第六，免除税收；第七，简化吉礼；第八，简化丧礼；第

---

① 郑注云："荒，凶年也。"郑玄注，贾公彦疏：《周礼注疏》卷十《地官司徒》"大司徒"，阮元校刻《十三经注疏》本，第706页。孙诒让疏云："'以荒政十有二聚万民'，谓救荒之政也。"孙诒让：《周礼正义》卷十九《地官》"大司徒"，第742页。

九，不听音乐；第十，让更多的人能结婚；第十一，重修已经废弃的神主而祭祀；第十二，消除盗贼。大司徒采取的这十二项政策，每项都关乎灾荒严峻情况下的民生疾苦，贯彻了民本理念。

《周礼·地官·大司徒》云：

> 大荒、大札，则令邦国移民通财，舍禁弛力，薄征缓刑。[①]

遇到大荒年及大疫灾，大司徒就命令诸侯迁移人民，或者调运粮、财，并且开放关市及山林川泽的禁令，减免赋役，减缓刑罚。这也显现出司徒对荒灾之年济荒的重视，并采取有效措施，保障民生。

第二，大司徒执行休养生息之策，体恤民生艰难。

《周礼·地官·大司徒》云：

> 以保息六养万民：一曰慈幼，二曰养老，三曰振穷，四曰恤贫，五曰宽疾，六曰安富。

大司徒采取六条休养生息的政策护养天下人民：第一，慈爱儿童；第二，孝养老人；第三，救扶贫穷；第四，抚恤贫苦；第五，宽免残疾人的赋税徒役，第六，安定富人。[②]大司徒针对人民中不同群体的具体情况，采取不同措施，照顾了有困难的人。

---

① 郑注曰："大荒，大凶年也。大札，大疫病也。移民，辟灾就贱。其有守不可移者，则输之穀。"郑玄注，贾公彦疏：《周礼注疏》卷十《地官司徒》"大司徒"，阮元校刻《十三经注疏》本，第 708 页。孙诒让疏云："'大荒大札则令邦国移民通财'者，此与上十二荒政略同。彼举其条目，此施其政令。又大札亦有此令，故复著之也。"孙诒让：《周礼正义》卷十九《地官》"大司徒"，第 770 页。

② "掌邦教的地官，藉由属下深入民间丈量地形、勘查土质、绘制地图，以达平准税赋之重要工作，并根据所得资料制订各地区之社会教育内容。其中，应实施慈幼、养老、振穷、恤贫、宽疾、安富六种措施，以为赡养万民之道；且以媺宫室、族坟墓、联兄弟、联师儒、联朋友、同衣服之六种方式，设为安定众庶之道，积极达到醇厚社会风俗之目的。"（林素英：《〈管子〉与〈周礼〉政治教化之道比较》，《管子学刊》2020 年第 2 期）

第三，小司徒照顾弱势群体，免除赋税徒役。

《周礼·地官·小司徒》记小司徒之职云：

> 掌建邦之教法，以稽国中及四郊、都鄙之夫家九比之数，以辨其贵贱、老幼、废疾，凡征役之施舍与其祭祀、饮食、丧纪之禁令。

小司徒统计贵贱、老幼、废疾之人，充分了解民情，根据实际情况对弱势群体减轻或免征赋税徒役。这可以看作将民本理念贯彻到国家采取的政策之中。

第四，大司徒整饬社会风俗，安定人民生活。

《周礼·地官·大司徒》云：

> 以本俗六安万民：一曰美宫室，二曰族坟墓，三曰联兄弟，四曰联师儒，五曰联朋友，六曰同衣服。①

大司徒用六种传统的风俗安定天下人民：第一，建造美观坚固的房屋；第二，依族属修建坟墓；第三，团结和睦兄弟；第四，尊敬师儒，跟从学习；第五，信任朋友；第六，让百姓衣服相同，不彰显贫富。风俗的力量在于潜移默化中塑造社会的整体面貌。

三、《周礼·地官》管民思想的推行落实

《周礼·地官》的管民思想，不只停留在政策设计层面，也考虑到了如何

---

① 郑注云："本犹旧也。美，善也。……族犹类也。同宗者，生相近，死相迫。连犹合也。兄弟，昏姻嫁娶也。师儒，乡里教以道艺者。同师曰朋，同志曰友。同犹齐也。民虽有富者，衣服不得独异。"郑玄注，贾公彦疏：《周礼注疏》卷十《地官司徒》"大司徒"，阮元校刻《十三经注疏》本，第706页。孙诒让疏云："'以本俗六安万民'者，此即上文十二教以俗教安，则民不愉之事。"孙诒让：《周礼正义》卷十九《地官》"大司徒"，第748页。

落实，即主要由司徒的属官贯彻实施。[1]下面对此做较详细的说明。

1. 遗人

《周礼·地官·遗人》记遗人之职云：

> 掌邦之委积，以待施惠。乡里之委积，以恤民之艰阨；门关之委积，以养老孤；郊里之委积，以待宾客；野鄙之委积，以待羁旅；县都之委积，以待凶荒。[2]

遗人掌管国家的储备物资，以待施惠。各种储备物资，用途不同，其中有一项用来救济不同的困难对象，包括为国事而亡的人的家属，体恤艰困，防备饥荒。遗人掌管国家的储备物资以施惠人民，照顾百姓。

2. 均人

《周礼·地官·均人》记均人之职云：

> 掌均地政，均地守，均地职，均人民、牛马、车辇之力政。凡均力政，以岁上下，丰年则公旬用三日焉，中年则公旬用二日焉，无年则公旬用一日焉。凶札则无力政，无财赋，不收地守、地职，不均地政。三年大

---

① 杨向奎指出，“《周礼》中的社会制度，阶级关系，土地规划，都是根据西周的经济基础而制作出来，这些基础，春秋以后逐渐消失，没有人能够伪造”（杨向奎：《宗周社会与礼乐文明》，人民出版社，1992 年，第 290 页）。由此，讨论《周礼·地官》的管民思想的推行落实，即非虚语。

② 郑注曰：“委积者，廪人、仓人计九谷之数足国用，以其余共之，所谓余法用也。职内邦之移用，亦如此也，皆以余财共之。少曰委，多曰积。乡里，乡所居也。艰阨犹困乏也。门关以养老孤，人所出入，易以取饩廪也。羁旅，过行寄止者。待凶荒，谓邦国所当通寄者也。”郑玄注，贾公彦疏：《周礼注疏》卷十三《地官司徒》“遗人”，阮元校刻《十三经注疏》本，第 728 页。孙诒让疏云：“‘掌邦国之委积者以待施惠’者，掌王畿米粟薪刍等之委积，皆于九式所用之外，就地储庤，以待施惠之事，与乡师、司救、委人为官联也。……云‘乡里之委积以恤民之艰阨’也，以下并掌委积官之官法也。……”孙诒让：《周礼正义》卷二十五《地官》“遗人”，第 987 页。“委积”，储备聚积的粟米、薪柴。“艰阨”，艰苦困乏。门指国门，关指关门，其出入都征税。“老孤”，为国家而死之人的家中老弱之人。

比，则大均。[①]

均人掌管均平田地赋税徒役，并考虑到年成的好坏，如果遇上荒年或疫病流行，那就免除各种赋税徒役。均人三年进行一次大规模统计，主要对赋税徒役等做一次全面的调整均衡。均人注重均衡田地赋税徒役，关注民生。

3. 遂人

《周礼·地官·遂人》记遂人之职云：

掌邦之野。以土地之图经田野，造县鄙形体之法。五家为邻，五邻为里，四里为酇，五酇为鄙，五鄙为县，五县为遂，皆有地域，沟树之。使各掌其政令刑禁，以岁时稽其人民，而授之田野，简其兵器，教之稼穑。

凡治野：以下剂致甿，以田里安甿，以乐昏扰甿，以土宜教甿稼穑，以兴锄利甿，以时器劝甿，以强予任甿，以土均平政。辨其野之土，上地、中地、下地，以颁田里：上地，夫一廛、田百亩、莱五十亩，余夫亦如之；中地，夫一廛、田百亩、莱百亩，余夫亦如之；下地，夫一廛、田百亩、莱二百亩，余夫亦如之。[②]

凡治野：夫间有遂，遂上有径；十夫有沟，沟上有畛；百夫有洫，洫上有涂；千夫有浍，浍上有道；万夫有川，川上有路，以达于畿。以岁时

---

① 郑注曰："政读为征。地征谓地守地职之税也。地守，衡虞之属。地职，农圃之属。力征，人民则治城郭、涂巷、沟渠，牛马车辇则转委积之属。"郑玄注，贾公彦疏：《周礼注疏》卷十四《地官司徒》"均人"，阮元校刻《十三经注疏》本，第730页。孙诒让疏云："'掌均地政，均地守，均地职'者，《大司徒》云：'以土均之法，辨五物九等，制天下之地征。'此以下所均，即土均之法也。"孙诒让：《周礼正义》卷二十五《地官》"均人"，第992页。政，通"征"。

② 郑注曰："变民言甿，异外内也。甿犹懵，懵，无知貌也。致犹会也。民虽受上田、中田、下田，及会之，以下剂为率，谓可任者家二人。乐昏，劝其婚姻，如媒氏会男女也。扰，顺也。时器，铸作耒耜钱镈之属。强予，谓民有余力，复予之田，若余夫然。政读为征。土均掌均平其税。"郑玄注，贾公彦疏：《周礼注疏》卷十五《地官司徒》"遂人"，阮元校刻《十三经注疏》本，第740页。

登其夫家之众寡及其六畜、车辇，辨其老幼、废疾与其施舍者，以颁职作事，以令贡赋，以令师田，以起政役。

若起野役，则令各帅其所治之民而至，以遂之大旗致之，其不用命者诛之。凡国祭祀，共野牲，令野职；凡宾客，令修野道而委积。大丧，帅六遂之役而致之，掌其政令；及葬，帅而属六綍；及窆，陈役。凡事，致野役，而师田作野民，帅而至，掌其政治禁令。[①]

遂人掌管广大的原野，划分土地，建立行政组织，管理百姓，征发徒役，督促生产，领导遂的各级行政官吏。遂人治理野地人民，组织群众，分授田地，修铸农具，教民稼穑，均平税赋，发放福利，促成婚姻。遂人每年按时登记户口人数、六畜车辇，查清困难人户情况，以便分派劳动工作，征收赋税徒役等。遂人征召聚合民众，完成田野劳役，并为国家服务。遂人注意合理授田，均平赋税、徒役，劝勉劳作。

4. 遂师

《周礼・地官・遂师》记遂师云：

各掌其遂之政令戒禁。以时登其夫家之众寡、六畜、车辇，辨其施舍与其可任者。经牧其田野，辨其可食者，周知其数而任之，以征财征。作役事，则听其治讼。巡其稼穑而移用其民，以救其时事。[②]

① 郑注曰："遂人，主六遂，若司徒之于六乡也。六遂之地，以达于畿，中有公邑、家邑、大都、小都焉。"郑玄注，贾公彦疏：《周礼注疏》卷九《地官司徒》"叙官"，阮元校刻《十三经注疏》本，第699页。孙诒让疏云："'遂人'者，以下至邻长，并治六遂之官吏，故亦属地官。此官总掌六遂及四等公邑，举近晐远，故以遂人名官而列诸遂吏之前。"孙诒让：《周礼正义》卷十七《地官》"叙官"，第667页。

② 郑注曰："移用其民，使转相助，救时急事也。四时耕耨、敛艾、芟地之宜，晚早不同，而有天期地泽风雨之急。"郑玄注，贾公彦疏：《周礼注疏》卷十五《地官司徒》"遂师"，阮元校刻《十三经注疏》本，第741页。孙诒让疏云："注云'移用其民，使转相助，救时急事也'者……农事急迫之时，民力有不给者，则移其力之有余者，使转相佐助……"孙诒让：《周礼正义》卷二十九《地官》"遂师"，第1145页。

遂师掌管遂的政令戒禁。遂师按时登记遂中户与人数和六畜车辇之数，查清需要照顾的人和可以出劳役的户家；划定田界，查清田地情况，分给百姓；征发赋税徒役，处理解决各种争议；经常巡视田地的庄稼，让百姓互帮互助。遂师了解民情，根据实际情况，征发徒役赋税。

5. 遂大夫

《周礼·地官·遂大夫》记遂大夫云：

> 各掌其遂之政令。以岁时稽其夫家之众寡、六畜、田野，辨其可任者与其可施舍者，以教稼穑，以稽功事。掌其政令戒禁，听其治讼。令为邑者，岁终则会政致事。正岁，简稼器，修稼政。三岁大比，则帅其吏而兴甿，明其有功者，属其地治者。[①] 凡为邑者，以四达戒其功事，而诛赏废兴之。

遂大夫掌管遂的政令。遂大夫每年按时统计户口、人数及六畜、田野，查清需要照顾的人和可以出劳役的户家，教给人民稼穑之艺，检查各种职事，处理纠纷；正月检修农具，安排耕种事宜；每逢三年进行一次大规模检查，举荐贤能的人，奖励有功的人；告诫官吏勤于职事，加以奖惩。遂大夫督促官吏，教导人民，举荐贤人，组织农业生产。

6. 旅师

《周礼·地官·旅师》记旅师云：

> 掌聚野之锄粟、屋粟、闲粟而用之。以质剂致民，平颁其兴积，施其

---

① 郑注曰："兴甿，举民贤者、能者，如六乡之为也。兴犹举也，属犹聚也。又因举吏治有功者，而聚敕其余以职事。"郑玄注，贾公彦疏：《周礼注疏》卷十五《地官司徒》"遂大夫"，阮元校刻《十三经注疏》本，第742页。孙诒让疏云："'三岁大比，则帅其吏而兴甿'者，亦谓每三年正月，大案比而兴遂民，详《小司徒、乡大夫》疏。……云'明其有功者'者，此六遂之官计也。大比与大计事相因，故兴甿之时兼察吏也。……注云'兴甿，举民贤者、能者，如六乡之为也'者，此亦变民言甿也。……此谓行乡饮酒之礼于遂序，以兴遂之贤能，如乡大夫宾兴六乡贤能之礼。"孙诒让：《周礼正义》卷二十九《地官》"遂大夫"，第1153页。

惠，散其利，而均其政令。①

凡用粟，春颁而秋敛之。②

凡新甿之治皆听之，使无征役，以地之美恶为之等。③

旅师掌管收储和使用六遂的粟米。旅师用契券簿册当作凭证，将粟平均发放以周济人民；照顾从外地迁来的人民，分发各等土地，适当地免除他们的劳役。旅师合理地使用粟米，平均分发，周济人民，照顾新迁来的百姓。

7. 土均

《周礼·地官·土均》记土均云：

掌平土地之政，以均地守，以均地事，以均地贡，以和邦国都鄙之政令、刑禁与其施舍。礼俗、丧纪、祭祀，皆以地美恶为轻重之法而行之，掌其禁令。④

① 郑注曰："而读为若，声之误也。若用之，谓恤民之艰阸，委积于野，如遗人于乡里也。以质剂致民，案入税者名，会而贷之。兴积，所兴之积，谓三者之粟也。平颁之，不得偏颇有多少。县官征聚物曰兴，今云'军兴'是也。是粟县师征之，旅师敛之而用之。以赒衣食曰惠，以作事业曰利。均其政令者，皆以国服为之息。"郑玄注，贾公彦疏：《周礼注疏》卷十六《地官司徒》"旅师"，阮元校刻《十三经注疏》本，第745页。

② 郑注曰："困时施之，饶时收之。"郑玄注，贾公彦疏：《周礼注疏》卷十六《地官司徒》"旅师"，阮元校刻《十三经注疏》本，第745页。孙诒让疏云："注云'困时施之，饶时收之'者，春耕种之时，粟少民困则施之，秋收获之时，粟多民饶则收之，所以通盈朒而均敛散也。"孙诒让：《周礼正义》卷三十《地官》"旅师"，第1167页。

③ 郑注曰："新甿，新徙来者也。治，谓有所求乞也。使无征役，复之也。……以地美恶为之等，七人以上授以上地，六口授以中地，五口以下授以下地，与旧民同。旅师掌敛地税，而又施惠散利，是以属用新民焉。"郑玄注，贾公彦疏：《周礼注疏》卷十六《地官司徒》"旅师"，阮元校刻《十三经注疏》本，第745页。孙诒让疏云："'凡新甿之治皆听之'者，此兼掌野外新甿之治也。"孙诒让：《周礼正义》卷三十《地官》"旅师"，第1167页。

④ 郑注曰："均，犹平也。主平土地之政令者也。"郑玄注，贾公彦疏：《周礼注疏》卷九《地官司徒》"叙官"，阮元校刻《十三经注疏》本，第699页。孙诒让疏云："'土均'者，掌邦国都鄙土地政令之事，与均人掌乡遂公邑职掌互相备也。"孙诒让：《周礼正义》卷十七《地官》"叙官"，第671页。

土均掌管均平与土地有关的赋税徒役和职事，负责执行有关土地的政令刑禁和免除赋役的规定。土均根据土地的好坏实行不同的礼俗、丧葬、祭祀。土均均平土地税赋徒役等，又优抚照顾百姓。

8. 泽虞

《周礼·地官·泽虞》记泽虞云：

掌国泽之政令，为之厉禁，使其地之人守其财物，以时入之于玉府，颁其余于万民。

泽虞掌理国泽的政令，设置界线与禁令，让当地人守护财物，按时交纳物产给玉府，其余的分给人民。这说明泽虞在保证国家收入的基础上，亦照顾民生。

9. 司稼

《周礼·地官·司稼》记司稼云：

掌巡邦野之稼，而辨穜稑之种，周知其名与其所宜地，以为法而县于邑闾。[①] 巡野观稼，以年之上下出敛法。掌均万民之食，而赒其急，而平其兴。[②]

司稼掌管田野人民的耕作，教百姓种植适宜的庄稼，察看野地的庄稼长势与收成，然后据此决定征收赋税的标准，为天下人民均平发放粮食，用粮食救济遇到困难的百姓。

---

① 郑注曰："周，犹遍也。遍知种所宜之地，县以示民，后年种谷用为法也。"郑玄注，贾公彦疏：《周礼注疏》卷十六《地官司徒》"司稼"，阮元校刻《十三经注疏》本，第750页。

② 郑注曰："均，谓度其多少。赒，禀其艰阨。兴，所征赋。"郑玄注，贾公彦疏：《周礼注疏》卷十六《地官司徒》"司稼"，阮元校刻《十三经注疏》本，第750页。孙诒让疏云："'掌均万民之食'者，亦冡上以年之上下为文。均食者，谓平民间粜粜兴积之法，与上敛法为赋税异。……云'而赒其急，而平其兴'者，此即旅师兴积之事。凡民食不足，则以所积者赒贷之。其有赢余者，则案法数平其兴发之政，使无不均之患。"孙诒让：《周礼正义》卷三十一《地官》"司稼"，第1238页。

以上司徒的这些属官，通过自身的职掌，自上而下，层层把关负责，分工细致，覆盖全面，在一定程度上贯彻了民本理念，具体落实了管民思想。

总之，《周礼·地官》的管民思想[①]，集中体现在司徒及其属官的职掌内容中，建立在对土地、人民和物产的调查了解的基础上，主张均平土地、赋税和徒役，推行荒政、救济等具体政策，使民众富裕、社会和谐，尽管在当时的社会条件下难以实现或者只能部分实现，但在历史上仍然具有深远的影响。[②]

第三节　从《周礼·地官》看司徒与社会教化

司徒位居周代最重要职官之列。《周礼·地官》对司徒的记载最为丰富。《周礼·地官》云：

> 惟王建国，辨方正位，体国经野，设官分职，以为民极。乃立地官司徒，使帅其属而掌邦教，以佐王安扰邦国。

郑注云："教所以亲百姓，训五品。"[③]这非常明确地指出司徒主掌社会教化。林素英认为地官司徒"虽然负责辨方正位之工作，执掌封疆地政赋贡荒政等业务，然而毕竟以掌理邦教、安定社会秩序为最重要之任务"，并有"以礼

① 杨朝明指出，"《周礼》的重要性不仅体现在其文献价值、制度价值上，更在于它内在的思想意义"。参见杨朝明、褚燕：《〈周礼〉成书问题再思考》，《燕山大学学报》（哲学社会科学版）2019年第2期。

② 杨向奎指出，《周礼》中"记载也不完全是理想，而有着现实的反映"。此语或可理解为《周礼》的思想主张在当时历史条件下有部分实现的可能。杨向奎：《〈周礼〉的内容分析及其成书时代》，《山东大学学报》1954年第4期。

③ 郑玄注，贾公彦疏：《周礼注疏》卷九《地官司徒》，阮元校刻《十三经注疏》本，第697页。

为主而以刑为辅考虑详密的礼教思想系统”。[①] 这准确概括了司徒与社会教化的关系。

“教化”一词，为先秦之人频繁提及。《荀子·议兵》云：“礼义教化，是齐人也。”《战国策·宋卫策》云：“治无小，乱无大。教化喻于民，三百（里）[②] 之城，足以为治。”《管子·七法》云，“渐也、顺也、靡也，久也、服也、习也，谓之化”，“变俗易教，不知化不可”。关于“教化”的概念，学者讨论较多。[③] 有学者指出：

> 所谓教化，即政教风化、教育感化。……社会教化就是统治者通过行政的或教育的各种手段对全社会实施的普遍的道德训练与情感陶冶，以便使全社会形成统一的道德认识和道德实践。[④]

也有学者指出：

> 教化就是运用各种政治的、经济的、道德的、礼仪的、教育的、宗教的以及各种社会组织的手段，来影响人们的道德意识、思想行为的形成，从而建立起稳固的统治秩序。[⑤]

另有学者指出：

> 所谓“教化”，本义是上施下效，长善救失，使有改变。[⑥]

---

① 林素英：《大司徒的礼教思想》，《纪念孔子诞生 2555 周年国际学术研讨会论文集》（卷二），2004 年 10 月。

② “百”当为“里”。张清常、王延栋：《战国策笺注》，南开大学出版社，1993 年，第 865 页。

③ 陈宗章、尉天骄：《“教化”：一个需要澄清的概念》，《河海大学学报》（哲学社会科学版）2011 年第 4 期。

④ 全红：《中国古代社会教化问题探讨》，《中国青年政治学院学报》1994 年第 1 期。

⑤ 张惠芬：《中国古代教化史》“前言”，山西教育出版社，2009 年。

⑥ 杨朝明：《刍议儒家的教化文化》，《孔子研究》2008 年第 6 期。

上述学者的分析颇有道理，点出了教化的本质和含义，即通过外在的手段主要以温和的方式影响人们的内心和行为。

关于教化目的和方式、措施，有学者指出：

> 设官教民是古代实施社会教化的一条十分宝贵的经验。①

也有学者指出：

> 社会人心的教化方式有多种，但教化的目标却是一致的，那就是使得人们知修身、敢担当、讲仁爱、重和谐。至迟到周代，中国就已经形成了自己的教化传统，周代的司徒之官，便负责掌管“邦教”……②

本书根据上述学术界关于“教化”的认识，依据《周礼·地官》的记载，阐述司徒推行社会教化的内容、途径和对象，希望有助于深化司徒与社会教化的认识。

一、司徒推行社会教化的内容——礼乐、职事与德行

《周礼·地官》中司徒有大、小司徒之分，皆掌管社会教化，其中以大司徒为主，而以小司徒为辅。

（一）大司徒

大司徒主掌社会教化。《周礼·地官·大司徒》云：

> 大司徒之职，掌建邦之土地之图与其人民之数，以佐王安扰邦国。以天下土地之图，周知九州之地域广轮之数，辨其山林川泽丘陵坟衍原隰之

① 全红：《中国古代社会教化问题探讨》，《中国青年政治学院学报》1994 年第 1 期。
② 杨朝明：《刍议儒家的教化文化》，《孔子研究》2008 年第 6 期。

名物，而辨其邦国都鄙之数，制其畿疆而沟封之，设其社稷之壝而树之田主。各以其野之所宜木，遂以名其社与其野。

大司徒掌理天下土地之舆图和记载人民数目之籍册，以辅佐天子安定天下。大司徒根据天下土地之舆图，详知九州的地域与面积，辨别山林、川泽、丘陵、坟衍、原隰等各种不同地貌和所生产的物品。大司徒“以土会之法，辨五地之物生”（《周礼·地官·大司徒》），即辨别在五种不同土地上所生长的动植物与居住的人民，了解各地的风土人情，才能施行教化。

大司徒推行社会教化的具体内容是什么呢？下面分四个方面较为详细地阐述。

第一，大司徒以礼乐教化人民。《周礼·地官·大司徒》云：

因此五物者民之常，而施十有二教焉：一曰以祀礼教敬，则民不苟。二曰以阳礼教让，则民不争。三曰以阴礼教亲，则民不怨。四曰以乐礼教和，则民不乖。五曰以仪辨等，则民不越。六曰以俗教安，则民不愉（偷）。七曰以刑教中，则民不暴。八曰以誓教恤，则民不怠。九曰以度教节，则民知足。十曰以世事教能，则民不失职。十有一曰以贤制爵，则民慎德。十有二曰以庸制禄，则民兴功。①

按照五种不同地方人民的生活习惯，大司徒施行十二种教化：第一种以祭祀之礼教民尊重，那么人民对待亲人长辈就不会苟且随便；第二种以乡射、饮酒之礼教民谦让，那么人民就不会相争；第三种以婚姻之礼教民相亲相爱，那么人民就不会产生怨恨；第四种以六乐教民和睦，那么人民就不会行为乖戾；第五

① 孙诒让云：“‘因此五物者民之常，而施十有二教焉’者，五物蒙上五地物生为文，五物随地不同，而民相与习惯，安其常居，乃可因藉而施以教法也。此十二教为教官官法之总要，兼有礼乐仪等及制爵制禄，则事通于贵贱，不专施于庶民也。”孙诒让：《周礼正义》卷十八《地官》“大司徒”，第705页。

种以礼仪辨别尊卑的等级，那么人民就不会越规犯上；第六种以良好的习俗教民安居乐业，那么人民就不会苟且偷生；第七种以刑罚教民处事中正，那么人民就不会发生暴乱；第八种以誓戒教民敬慎，那么人民就不会懈怠；第九种以各种制度教民节制，那么人民就会知道满足；第十种以世代相传的技艺教民技能，那么人民就不会失业；第十一种根据贤行颁予爵位，那么人民就会崇尚德行而乐于为善；第十二种根据功绩颁予俸禄，那么人民就会努力于职事而争取建功立业。这十二种教化中，礼乐教化占了五种。因此，礼乐教化是大司徒推行社会教化的最主要方面。

第二，大司徒以职事教化人民。《周礼·地官·大司徒》云：

> 颁职事十有二于邦国都鄙，使以登万民：一曰稼穑，二曰树艺，三曰作材，四曰阜蕃，五曰饬材，六曰通财，七曰化材，八曰敛材，九曰生材，十曰学艺，十有一曰世事，十有二曰服事。

大司徒分别向诸侯及畿内都鄙颁布十二种职事：第一种是谷物种植；第二种是果蔬种植；第三种是山林川泽开采之业；第四种是畜牧业；第五种是手工业；第六种是商业；第七种是纺织业；第八种是采集业；第九种是受雇于农工商贾去做工；第十种是学习道艺；第十一种是世代相传的专业技艺；第十二种是为官府服务。教民以职事是大司徒推行社会教化的重要内容和措施之一。

第三，大司徒以德行教化人心。“教化天下，关键在于教化人心。”[①]《周礼·地官·大司徒》云：

> 以乡三物教万民而宾兴之：一曰六德，知、仁、圣、义、忠、和；二曰六行，孝、友、睦、姻、任、恤；三曰六艺，礼、乐、射、御、书、数。[②]

---

① 杨朝明：《刍议儒家的教化文化》，《孔子研究》2008 年第 6 期。

② 孙诒让疏云：“‘以乡三物教万民而宾兴之’者，此即六乡大夫宾兴贤能之事。……乡三物者，教乡学之官法，大司徒颁之六乡之吏，使教于乡庠、州序、党序及四郊虞庠之等，有此三事也。”孙诒让：《周礼正义》卷十九《地官》“大司徒”，第 757 页。

大司徒用乡学的三种教法来教化万民。第一种是六德：知、仁、圣、义、忠、和；第二种是六行：孝、友、睦、姻、任、恤；第三种是六艺：礼、乐、射、御、书、数。对于有贤能的人，大司徒就以宾客之礼敬待他，并荐举给天子。六德与六行关系到人之心灵美德与外在言行，而六艺则关系到人的全面发展。注重人心教化，培养完美人格，是大司徒推行社会教化的更深层面。

第四，大司徒以刑罚辅助教化人民。《周礼·地官·大司徒》云：

> 以乡八刑纠万民：一曰不孝之刑，二曰不睦之刑，三曰不姻之刑，四曰不弟之刑，五曰不任之刑，六曰不恤之刑，七曰造言之刑，八曰乱民之刑。①

大司徒以实行于乡中的八种刑罚来纠察万民：第一种是对尊亲不孝的刑罚；第二种是对族人不和睦的刑罚；第三种是对姻亲不和的刑罚；第四种是对兄长不敬的刑罚；第五种是对朋友无信的刑罚；第六种是对不救济贫苦之人的刑罚；第七种是对造谣惑众的刑罚；第八种是对乱民的刑罚。在所有正常教化方式无效的情况下，大司徒以刑罚让万民纠偏改错，以强制手段达到辅助教化的效果。

《周礼·地官·大司徒》又云：

> 以五礼防万民之伪而教之中，以六乐防万民之情而教之和。凡万民之不服教而有狱讼者，与有地治者听而断之；其附于刑者，归于士。

这段话可谓对大司徒推行社会教化准确集中的概括。大司徒用五礼来防止万民的诈伪，用六乐来节制万民的情欲，追求中正平和之状态。凡是遇到人民有不服教化而产生狱讼的，大司徒就与当地的官吏一起审判；但如果其罪需要用刑

① 孙诒让疏云："'以乡八刑纠万民'者，此即十二教以刑教中则民不暴之事。乡八刑，刑之行于乡中者。司徒掌六乡，故兼掌其刑，《大司寇》五刑三曰乡刑是也。"孙诒让：《周礼正义》卷十九《地官》"大司徒"，第760页。

的，就必须移交给士师等司法官员去处理。

总之，大司徒以礼乐、职事、德行为主要内容教化人民，并在必要的时候以适当的刑罚保证教化效果，以最终实现人心和善、家庭和睦、社会和谐。

（二）小司徒

小司徒辅助大司徒推行社会教化。《周礼·地官·小司徒》云：

> 小司徒之职：掌建邦之教法……[①]

小司徒负责建立国家的教官、教法。

首先，小司徒调查了解社会民情。《周礼·地官·小司徒》云：

> 乃颁比法于六乡之大夫，使各登其乡之众寡、六畜、车辇，辨其物，以岁时入其数，以施政教，行征令。及三年则大比，大比则受邦国之比要。

小司徒颁布调查统计户数、货物的法则，交给六乡的大夫，使他们各自查明确定一乡的人口、户数及六畜、车辇之数，分别弄清各家拥有的财物，按照每年规定的时间将数目呈报；然后根据这些具体数目，施行政治教法，宣布征役、役赋等法令。小司徒每三年就大规模调查一次，然后接受天下邦国呈送的记载户口财物的簿册。小司徒调查了解社会民情，为推行教化奠定必要的基础。

其次，小司徒督查各级教化之官。《周礼·地官·小司徒》云：

> 岁终，则考其属官之治成而诛赏，令群吏正要会而致事。正岁则帅其

---

① 孙诒让疏云："'掌建邦之教法'者，谓建立教官之官法也。"孙诒让：《周礼正义》卷二十《地官》"小司徒"，第772页。

属而观教法之象，徇以木铎，曰：“不用法者，国有常刑！”令群吏宪禁令，修法纠职以待邦治。及大比六乡四郊之吏，平教治，正政事，考夫屋及其众寡、六畜、兵器，以待政令。

每到年终岁末，小司徒考核属下各级负责教化的官员的政绩，进行赏罚，并命令各级官员整理材料加以呈报。每年正月，小司徒率领属官观览教典，并摇动木铎来告诫他们如果违法行事，那么国家有规定的刑罚来对他们进行制裁。小司徒命令各属官把有关宫禁、国禁、野禁等禁令悬挂在各自治所，修订法制，纠察职事，并供国家治理之用。到了大规模考核的时候，小司徒便考校六乡四郊的官吏，评核他们的教化工作，匡正他们的各种政务。小司徒通过考核督查等措施促进社会教化。

二、司徒推行社会教化的途径——组织与属官

大、小司徒通过严密的社会组织，依靠下属各级教化之官，推行社会教化，达到了良好的社会效果。

第一，大、小司徒依托严密的社会组织，能够全面地推行社会教化。《周礼·地官·大司徒》云：

正月之吉，始和布教于邦国都鄙，乃县教象之法于象魏，使万民观教象，挟日而敛之；乃施教法于邦国都鄙，使之各以教其所治民。令五家为比，使之相保；五比为闾，使之相受；四闾为族，使之相葬；五族为党，使之相救；五党为州，使之相赒；五州为乡，使之相宾。①

① 孙诒让疏云：“‘正月之吉，始和布教于邦国都鄙’者，自此至职末并大司徒当官专领之职事，所谓官常也。此以周正建子之月吉日，布教于天下。……云‘乃县教象之法于象魏，使万民观教象’者，教象之法，即十二教及乡三物之类。司徒于布教之日，即县教象于象魏，使万民观之也。”孙诒让：《周礼正义》卷十九《地官》“大司徒”，第751页。

正月初一，大司徒开始向诸侯国和畿内都鄙宣布教典，先把写有教典的木板悬挂在魏阙上，让万民观看，悬挂十天之后才收藏起来；接着分别向各诸侯国和都鄙颁布教典，使诸侯公卿大夫等据以施教于治下的人民。大司徒命令五家编为一比，使他们能相互担保；五比为一闾，使他们可以互相托付、互助；四闾为一族，使他们遇到丧葬相互吊祭、助葬；五族为一党，使他们能在遇到困难时互相救助；五党为一州，使他们能相互赒急扶困；五州为一乡，使他们尊敬举荐乡中贤能之人。大司徒以公布教典的方式对全社会进行教化，而以严密的社会组织作为推行教化的可靠依托和保障。

第二，大、小司徒率领众多的属官即各级教化之官，能够有效地推行社会教化。

1. 乡师

《周礼·地官·乡师》云：

> 乡师之职：各掌其所治乡之教而听其治。①

乡师掌管所治之乡的教化。

2. 乡大夫

《周礼·地官·乡大夫》云：

> 乡大夫之职：各掌其乡之政教禁令。正月之吉，受教法于司徒，退而颁之于其乡吏，使各以教其所治，以考其德行，察其道艺。

乡大夫掌管本乡的政教政令。每年正月，乡大夫接受司徒颁发的教法，然后转颁给本乡的各级官员，使他们遵照这个教法各自教给所治理的民众，考察他们的德行和道艺。

① 孙诒让疏云：“‘各掌其所治乡之教’者，掌乡学之政，凡乡学以乡人之有德行道艺而高年者为之师……”孙诒让：《周礼正义》卷二十一《地官》“乡师”，第819页。

3. 州长

《周礼·地官·州长》云：

> 州长：各掌其州之教治政令之法。[①] 正月之吉，各属其州之民而读法，以考其德行道艺而劝之，以纠其过恶而戒之。若以岁时祭祀州社，则属其民而读法，亦如之。春秋以礼会民而射于州序。……岁终，则会其州之政令；正岁，则读教法如初。三年大比，则大考州里，以赞乡大夫废兴。

州长掌管本州教治政令的典法。每年正月，州长聚集本州的人民宣读一年的政令与教法，考察他们的德行道艺并加以劝勉，纠正他们的过失不足并进行告诫。如果按时举行春秋二时的州社祭祀，则祭祀完毕后州长再次聚集人民宣读教法并纠正过失，进行劝诫。春秋二时，州长聚集民众演习乡射礼。到了正月，和以往一样宣读教法。州长从政令教法、德行道艺、礼乐三个方面对社会民众推行教化。这种教化虽然主要用劝勉等温和的手段，但是也会辅之以惩罚等强制手段。

4. 党正

《周礼·地官·党正》云：

> 党正：各掌其党之政令教治。[②] 及四时之孟月吉日，则属民而读邦法以纠戒之；春秋祭禜，亦如之。国索鬼神而祭祀，则以礼属民，而饮酒于序，以正齿位：……凡其党之祭祀、丧纪、昏冠、饮酒，教其礼事，掌其戒禁；凡作民而师、田、行、役，则以其法治其政事。岁终，则会其党政，帅其吏而致事；正岁，属民读法，而书其德行道艺。以岁时莅校比。

① 孙诒让疏云："'各掌其州之教治政令之法'者，州长之官法也。教者，与乡先生以乡三物教于州学也。教治政令，四者平列，犹《乡大夫》云'各掌其乡之政教禁令'也。"孙诒让：《周礼正义》卷二十《地官》"州长"，第861页。

② 孙诒让疏云："'各掌其党之政令教治'者，教谓教于党学及后祭祀、丧纪、昏冠、饮酒之礼事是也。"孙诒让：《周礼正义》卷二十二《地官》"党正"，第868页。

> 及大比，亦如之。

党正各自掌理本党的政令教治。每逢四时孟月的初一，党正便聚集民众宣读邦法，纠正并告诫他们。春秋祭禜的时候，党正亦一样聚集民众读法。到了年终举行腊祭的时候，党正便聚集民众在党学里举行乡饮酒礼，并按照年龄的大小排定位置：……凡党中人民有祭祀、丧葬、婚冠、饮酒等事，党正便要教他们礼法，并执掌戒令督察，防止越礼。总之，在辖区内党正推行礼法兼用的社会教化。

5. 族师

《周礼・地官・族师》云：

> 族师：各掌其族之戒令政事。月吉，则属民而读邦法，书其孝、弟、睦、姻、有学者。春秋祭酺，亦如之。以邦比之法，帅四闾之吏，以时属民而校登其族之夫家众寡，辨其贵贱、老幼、废疾、可任者，及其六畜、车辇。五家为比，十家为联；五人为伍，十人为联；四闾为族，八闾为联：使之相保相受，刑罚庆赏相及相共，以受邦职，以役国事，以相葬埋。若作民而师、田、行、役，则合其卒伍，简其兵器，以鼓铎、旗物帅而至，掌其治令、戒禁、刑罚。岁终，则会政致事。

族师掌理本族的戒令政事。族师每月初一聚集民众阅读邦法，把那些有孝、悌、睦、姻诸种德行的和有学问才能的人都记录下来。春秋祭酺的时候族师也一样聚民宣读法令。族师对民众按照一定的单位进行编制，使他们互相信任，互相托付。族师对全族之人推行教化，强调孝、悌、睦、姻等美好德行和学问才能，引导族人向善好学。

6. 闾胥

《周礼・地官・闾胥》云：

> 闾胥：各掌其闾之征令。以岁时各数其闾之众寡，辨其施舍。凡春秋

之祭祀、役政、丧纪之数（事），聚众庶，既比则读法，书其敬、敏、任、恤者。凡事，掌其比、觵，挞罚之事。

闾胥各自掌理本闾的征收赋税、征发徭役的命令。凡春秋举行祭祀或有征役、行射、乡饮、丧葬等事和四季小比后，闾胥都要聚集民众，率领本闾之人宣读法令，记录有敬、敏、任、恤四种德行的人。凡有祭祀、乡射、饮酒等事，闾胥便负责监督，如有失礼的人，视其情节轻重，分别采取罚酒与扑挞等处罚。闾胥率领本闾之人读习教法，推崇美德，并以处罚手段维护周礼，比较鲜明地推行社会教化。

7. 比长

《周礼·地官·比长》云：

比长：各掌其比之治。五家相受，相和亲；有罪奇邪，则相及。……

比长掌理本比的治务。比长使五家能信任托付，互相和睦友爱；如果有犯罪或造谣惑众的，五家都要连带处罚。教育邻里和睦是教化的应有内容。

面对广大民众，大、小司徒依托严密的社会组织，率领众多的属官，自上而下、职责明确，层次清晰、覆盖广泛，能够全面有效地推进社会教化。

三、司徒推行社会教化的对象——贵族和百姓

上文实际已经表明，司徒推行社会教化的对象涵盖天下万民。下面再以师氏、保氏、司谏等为例，进一步说明教化的对象具体包括王公贵族和黎民百姓等社会各个阶层。

第一，师氏、保氏对天子的告劝和贵族及其子弟的教育。

1. 师氏对天子的告劝和对贵族及其子弟的教育

《周礼·地官·师氏》云：

师氏：掌以美诏王。① 以三德教国子：一曰至德，以为道本；二曰敏德，以为行本；三曰孝德，以知逆恶。教三行：一曰孝行，以亲父母；二曰友行，以尊贤良；三曰顺行，以事师长。居虎门之左，司王朝。掌国中失之事，以教国子弟，凡国之贵游子弟学焉。

师氏负责以善道告劝天子，使其能够遵行，并负责用三德来教导王公及卿大夫的子弟：一是至德，作为道的根本；二是敏德，作为行的根本；三是孝德，让他们知道不可忤逆的事。师氏同时教导他们三行：一为孝行，使他们能孝顺父母；二为友行，使他们能尊敬贤良之人；三为顺行，使他们能尊事师长。师氏的朝位在虎门的左边，以时刻观察天子临朝的一切事情。师氏负责熟悉国家以往的得失掌故，用来教育王公及卿大夫的子弟。凡是王公贵族子弟尚未出仕的，都要随从师氏学习。三德和三行触及社会教化的根本，所以师氏担负对王公贵族及其子弟进行教化的重要职责。

2. 保氏对天子过失的劝谏和对贵族子弟的教育

《周礼·地官·保氏》云：

保氏：掌谏王恶②，而养国子以道③。乃教之六艺：一曰五礼，二曰六乐，

① 郑注云："告王以善道也。"郑玄注，贾公彦疏：《周礼注疏》卷十四《地官司徒》"师氏"，阮元校刻《十三经注疏》本，第730页。孙诒让疏云："注云'告王以善道也'者……谓以善道告王使行之。……"孙诒让：《周礼正义》卷二十五《地官》"师氏"，第997页。

② 郑注云："谏者，以礼义正之。"郑玄注，贾公彦疏：《周礼注疏》卷十四《地官司徒》"保氏"，阮元校刻《十三经注疏》本，第731页。孙诒让疏云："'掌谏王恶'者，此官掌教小学而兼为王之谏官也。"孙诒让：《周礼正义》卷二十六《地官》"保氏"，第1010页。

③ 郑注云："养国子以道者，以师氏之德行审论之，而后教之以艺仪也。五礼，吉凶军宾嘉也。六乐，云门、大咸、大韶、大夏、大濩、大武也。郑司农云：'五射，白矢、参连、剡注、襄尺、井仪也。五驭，鸣和鸞（鸾）、逐水曲、过君表、舞交衢、逐禽左。六书，象形、会意、转注、处事、假借、谐声也。九数，方田、粟米、差分、少广、商功、均输、方程、赢不足、旁要。今有重差、夕桀、句股也。"郑玄注，贾公彦疏：《周礼注疏》卷十四《地官司徒》"保氏"，阮元校刻《十三经注疏》本，第731页。孙诒让疏云："'而养国子以道'者，此官居小学，教国子以道艺，与师氏教德行互相备也。"孙诒让：《周礼正义》卷二十六《地官》"保氏"，第1011页。

三曰五射，四曰五驭，五曰六书，六曰九数。乃教之六仪：一曰祭祀之容，二曰宾客之容，三曰朝廷之容，四曰丧纪之容，五曰军旅之容，六曰车马之容。

保氏负责劝谏天子的过失，并负责用道艺来教王公、卿、大夫、士的子弟。保氏首先教他们六艺：五礼、六乐、五射、五驭、六书、九数；又教他们六仪：即在祭祀、宾客、朝廷、丧事、军旅、驾驭车马等场合中的仪容。六艺中的礼乐和六仪中的祭祀、丧事都涉及教化的根本，所以保氏也是对王公贵族及其子弟教化的重要角色。

第二，司谏等对黎民百姓的教育。

1. 司谏对天下万民品德的纠察

《周礼·地官·司谏》云：

司谏：掌纠万民之德而劝之朋友，正其行而强之道艺，巡问而观察之，以时书其德行道艺，辨其能而可任于国事者。以考乡里之治，以诏废置，以行赦宥。

司谏负责纠察天下万民的德行并劝勉他们善于交往好的朋友，同时纠正他们的行为，勉励他们努力学习道艺；巡访问询民间并且考察，按时记下百姓的德行、道艺，发现有才能的人并委任国事；考核乡里的治理情况，用于奖功惩过。司谏的这些职责，具有明显的强调教化的色彩。

2. 司救对天下万民过失的责罚

《周礼·地官·司救》云：

司救：掌万民之邪恶过失而诛让之，以礼防禁而救之。[①] 凡民之有邪

① 孙诒让疏云："'掌万民之邪恶过失而诛让之'者，此掌教救罢民之事。……云'以礼防禁而救之'者，申明礼法，以防禁其为非，即所以救其陷罪。"孙诒让：《周礼正义》卷二十六《地官》"司救"，第1021页。

恶者，三让而罚，三罚而士加明刑，耻诸嘉石，役诸司空；其有过失者，三让而罚，三罚而归于圜土。凡岁时有天患民病，则以节巡国中及郊野，而以王命施惠。

司救负责发现天下万民的错行过失并加以责罚，用礼防禁而挽救他们。凡是人们有错误行为的，司救就根据情况采取不同的责罚手段。凡是民众中犯有过失之罪的人，司救就要把他们交与司寇关进牢狱。司救更倾向用责罚的手段保证教化的推行。

3. 调人对百姓之间仇怨的调解

《周礼·地官·调人》云：

调人：掌司万民之难，而谐和之。[①] 凡过而杀伤人者，以民成之。鸟兽，亦如之。凡和难：父之仇，辟诸海外；兄弟之仇，辟诸千里之外；从父兄弟之仇，不同国。……弗辟，则与之瑞节而以执之。凡杀人有反杀者，使邦国交仇之。凡杀人而义者，不同国，令勿仇，仇之则死。凡有斗怒者成之，不可成者则书之，先动者诛之。

调人掌理调解百姓之间的仇怨。凡因过失而杀伤人的，调人便通过民众的共同商议来评断是非；过失杀伤他人所蓄养的鸟兽，也是一样。调人调解亲人被杀之仇怨：凡是有正当理由而杀人的，虽然与被杀者的家人在同一国家，也要命令他们不要互相结仇；如果互相结仇以至杀人，那么就要按杀人罪来治理。凡是民众有吵架斗殴而没有杀伤人的，便对他们加以劝解；如有不愿意和解的，就要记载他们的名字及问题原因，对先行报复的人加以处罚。调人调解社会关

① 郑注曰："难，相与为仇雠。谐犹调也。"郑玄注，贾公彦疏：《周礼注疏》卷十四《地官司徒》"媒氏"，阮元校刻《十三经注疏》本，第 732 页。孙诒让疏云："'掌司万民之难而谐和之'者……古者不禁报仇，而有调和之令，此官主司察而治之。"孙诒让：《周礼正义》卷二十六《地官》"调人"，第 1024 页。

系，推动社会和谐，实际上也是推行社会教化。

4. 媒氏促进天下万民的婚姻和谐

《周礼·地官·媒氏》云：

> 媒氏：掌万民之判。……令男三十而娶，女二十而嫁。……凡男女之阴讼，听之于胜国之社；其附于刑者，归之于士。

媒氏掌管天下万民的婚姻而引导社会秩序和谐。媒氏通令男子三十岁必须娶妻，女子二十岁必须嫁人，并且依据礼、刑来处理男女之间的争讼。媒氏通过促进天下万民的婚姻和谐而发挥社会教化的功能。

总而言之，《周礼·地官》记大、小司徒掌管社会教化，其中以礼乐、职事、德行为主要内容，依靠严密的组织和各级属官保障实施，对象涵盖了王公贵族和黎民百姓，最终实现人心和善、家庭和睦、社会和谐。《周礼·地官》对司徒掌管社会教化的记述，深刻体现了上古社会重视教化的鲜明特色。

四、从司徒看儒家“出于司徒之官”

周代司徒和《周礼·地官》中司徒都推行社会教化。《汉书·艺文志》云：

> 儒家者流，盖出于司徒之官，助人君顺阴阳、明教化者也。

如何重新认识“儒家出于司徒之官”？这要结合儒家创始人孔子的教化思想加以说明。《论语·子路》云：

> 子适卫，冉有仆。子曰：“庶矣哉！”冉有曰：“既庶矣，又何加焉？”曰：“富之。”曰：“既富矣，又何加焉？”曰：“教之。”

孔子周游列国途中，看到卫国人口众多，告诉冉有，要使众多的人口富起来，然后在此基础上，对他们进行教化。孔子提出“富民”“教民”的思想，而且是“富而教之”。在孔子的思想中，将教化百姓置于重要位置。孔子“庶、富、教”的儒家教化思想从何而来呢？“儒学施其教化于社会的生活的方式是很巧妙的。教化之行，必须切合和影响于人的社会和精神生活之样式。儒学于此，并不另起炉灶，独创一套为自身所独有的礼仪、仪轨系统。它所据以建立和安顿其教化理念的礼仪、仪式系统，为中国古代社会所固有。”[①] 其说甚是。《尚书·尧典》说司徒“敬敷五教”，反映了五帝时代晚期的事情。这说明司徒的教化职责由来已久。教化的具体内容前文已有论及，为行文顺畅，此处择要列举说明。大司徒推行“十有二教”指导和约束人们的社会行为。这其中有五项属于礼，可以看出礼乐教化是大司徒推行社会教化的最主要方面。大司徒还突出六德、六行，重视人心教化，并适当辅以刑罚保证实施的效果。

《论语·为政》记孔子说：“道之以政，齐之以刑，民免而无耻；道之以德，齐之以礼，有耻且格。”孔子主张用道德教化引导百姓，用周礼约束人们的言行，迫不得已才使用刑罚。一般认为，孔子推崇周礼，主张“克己复礼”（《论语·颜渊》），重视个人道德修养，主张治国“为政以德”（《论语·为政》），并以“六艺”（《史记·孔子世家》）传授学生。司徒教化的内容是重礼崇德，教民六艺，适当使用刑罚，因此孔子的儒家学说与司徒的教化内容可谓一脉相传。

此处也有必要谈论一下诸子学与王官学的关系，以厘清儒家学说和司徒的关系。关于诸子学的起源，战国秦汉之际也有不同说法。

《庄子·天下》云：

> 天下大乱，贤圣不明，道德不一，天下多得一察焉以自好……天下之人各为其所欲焉以自为方……道术将为天下裂。

---

① 李景林：《教化的哲学——论儒学的根本精神》，《“2006·学术前沿论坛”北京市哲学会分论坛论文集》，2006 年 12 月。

《庄子》认为学术起于天下纷争而人逞其论。《淮南子·要略》亦认为诸子之学皆出于救时之弊，顺势而兴。

近代以来，对诸子学是否出于王官学有迥然相反的说法。

章太炎说："古之学者，多出王官。"①"九流皆出王官，及其发舒，王官所不能与；官人守要，而九流究宣其义，是以滋长。"②而胡适《诸子不出于王官论》说诸子出于王官，"皆属汉儒附会揣测之辞，其言全无凭据"；"亦大悖于学术思想兴衰之迹矣"；"古者学在王官是一事，诸子之学是否出于王官又是一事……盖古代之王官定无学术可言"。③吕思勉《先秦学术概论》说：

> 诸家之学，《汉志》谓皆出王官；《淮南要略》，则以为起于救时之弊，盖一言其因，一言其缘也。……先秦诸子之学，极为精深；果其起自东周，数百年间，何能发达至此？且诸子书之思想文义，皆显分古近，决非一时间物，夫固开卷可见也。④

吕思勉的看法更全面地指出诸子学的源头与兴起的原因，认为诸子学上承王官学，有学术的渊源。

沈文倬从《周官经》考证宗周的设官分职和王官之学："论战国诸子出自王官，自指周王之官。"⑤"宗周官学的特点在学在官府。"⑥"官学教学的内容是根据官责首明职掌的原则，确定每个官所担负的事务及其履行之法。凡官总有任免交接，接任者应该接受前任者处理所担任事务的整套做法，加上自己多年履

---

① 章太炎：《诸子学略说》，刘梦溪主编，陈平原编校《中国现代学术经典·章太炎卷》，河北教育出版社，1996 年，第 479—497 页。

② 章太炎：《原学》，章太炎撰，陈平原导读《国故论衡》，上海古籍出版社，2003 年，第 101—104 页。

③ 胡适：《诸子不出于王官论》，《胡适学术文集·中国哲学史》（上），中华书局，1991 年，第 593—599 页。

④ 吕思勉：《先秦学术概论》（影印本），上海书店出版社，1992 年，第 13 页。

⑤ 沈文倬：《略论宗周王官之学》（上），王元化主编《学术集林》卷十，第 113 页。

⑥ 沈文倬：《略论宗周王官之学》（上），王元化主编《学术集林》卷十，第 121 页。

行时所得的经验，通过口耳相传，一一告诉后继者，做到不遗不漏。这种百官在任职实践中长期积累起来的经验，经过不断修订，不断条理化，汇集起来，即成宗周官学。”[①]“宗周存在过世官制度。……而且,某些学术或技能较强的职位,将被某氏所独擅……将非他姓所能问津,世官也有可能成为世学。”[②]“宗周王官之学不是局限于胡适氏所说的学术思想——哲学思想、政治思想、经济思想等等，而是门类十分繁富的。从总体上说，是指国家在当时所能涉及（广度）和所能达到（深度）的百科之学。”[③]“说百科之学并不是排斥胡氏所说的学术思想。但是，我认为一切幽微之思无一不是从具体事务中升华出来的。”[④]这一观点给我们很大启发，透露的宝贵信息是要重视王官在学术世代积累并向诸子之学转化中的积极作用。

综上所述，可以认为诸子学与王官学有学术上的渊源。应该补充的是，除上述因缘之外，还有学派主要开创者个人的努力。孔子创立儒家学说，是对前人学问的有选择地继承和创新。孔子“信而好古”（《论语·述而》），又说“殷因于夏礼，所损益可知也；周因于殷礼，所损益可知也。其或继周者，虽百世，可知也”（《论语·为政》）。他还说“周监于二代，郁郁乎文哉！吾从周”（《论语·八佾》）。孔子深刻理解司徒的教化内容，将教化的思想内涵吸收到他创立的儒家学说之中，并成为重要主张之一。从这种意义上说，认为儒家“出于司徒之官”也不无道理。

总之,《周礼·地官》记司徒主掌社会教化。司徒推行的教化内容丰富，以礼乐教化为主，依靠严密的社会组织和各级各类属官，并借助适当的刑罚保障实施，对象涵盖了王公贵族和黎民百姓。司徒主掌社会教化，既深刻体现了周代社会重视教化的鲜明特色，又为孔子提出教化思想奠定了基础，成为儒家思想的源头活水。

---

① 沈文倬：《略论宗周王官之学》（上），王元化主编《学术集林》卷十，第121—122页。
②③④ 沈文倬：《略论宗周王官之学》（上），王元化主编《学术集林》卷十，第122页。

结　语

本书围绕周代司徒展开全面深入研究。在周代社会政治、经济、军事和礼乐文化生活中，司徒之官发挥了重要的作用。周代司徒职责繁多，级别和地位也有差异，非常复杂。本书在前人研究的基础上，探讨了司徒的渊源和舜、契担任司徒的传说，归纳了周代司徒的类别，全方位、多层次地分析了周代司徒的职掌，用历史发展的眼光考察了周代司徒的地位演变；论述了司徒与周代社会政治、经济、军事、文化等方面的关系，包括司徒与西周分封、籍田、王室经济、军队的关系；概括了春秋战国司徒的一般情况，并以鲁国大司徒作为典型进行了具体分析；考证了《周礼・地官》中关于司徒记载的可靠程度，以及相关的管民和教化思想。从某种意义上说，研究周代司徒的类别、职掌和地位的变化，能够为我们提供一个透视周代社会和早期文明的重要视角。

在文明起源的颛顼时代，类似司徒的职官开始出现，成为后世司徒的滥觞。相传舜、契曾为司徒。此后夏、商两代，关于司徒的具体情况因为文献阙如而无法详考。

司徒与西周社会的发展变动紧密相连。周初司徒参与"授民授疆土"的分封仪式，体现了西周分封重人的观念。司徒掌管籍田，既是其神职的遗留，也有礼职的色彩，更重要的是体现了民职特点。金文中由"司土"到"司徒"的变化，体现了西周后期王畿地区籍田制瓦解的重要变化。司徒掌管山林泽牧，体现王室对经济的掌控和管理。司徒参与掌管西周军队，也率军打仗。司徒掌管与劳动者有关的籍田、山林泽牧并参与掌管以民众为兵源的军队，表明司徒的主要职掌是掌管民众。西周中后期司徒位于“三有司”之首，与司马、司空共管贵族土地交易，共掌民众赋役征发，共助周王处理政务，表明了这一时期司徒职掌范围扩大、政治地位升高，意味着西周社会阶层发生重要变动，民众逐渐成为国家赋税兵役来源的直接主体，更加受到国家的重视，充分体现了社会政治、经济和结构、观念的深刻变动。

春秋战国时期各国司徒的情况，集中反映了这一时期社会的转折和变革。综合考察春秋诸国司徒的大体情况，可以看出司徒地位的提高和社会结构的变动、赋税兵役制度的变化等方面有密切关系。鲁国大司徒是春秋时期各诸侯国司徒的典型。春秋时期鲁国大司徒地位尊崇，掌控鲁国内政、经济和邦交、军事，具有非常鲜明的特色。鲁国大司徒任用孔子及其弟子为官，以儒治国，表明了司徒在治理国家方面与儒家学派的互动。季氏家族世袭鲁国大司徒并任家卿的过程，深刻体现了春秋战国时期鲁国社会政治、经济、军事和礼乐文明的变迁。随着战国时期国家官僚制度的转型，司徒的地位和职掌发生很大变化，其职权范围逐渐缩小，地位渐趋弱化。

通过对周代司徒的整体研究，为深入认识《周礼·地官》“司徒”提供了参照。将《周礼·地官》“司徒”和周代司徒在职掌、属官和地位进行比较，发现《周礼·地官》记载司徒的有关情况是基本可靠的，并从这个角度推测《周礼》的成书经历了从周初始撰到春秋战国之际逐渐丰富完善而定稿的过程。《周礼·地官》内容丰富，具体呈现了与司徒之官相关的为政管民和社会教化思想。司徒担负管理民众和社会教化的职责，教育和带领民众实行礼乐文化，大力推动了周代社会的发展和早期文明的演进。

附　录

附录一　关于周代司徒的金文①

一、关于周王朝司徒的重要铜器铭文

年代	铜器	著录	铭文	人物	职掌
昭王	司土斧	《殷周金文集成》11785	叡，嗣土（徒）北征蒿盧（卢）		带兵打仗
共王	𢦚簋		隹（惟）正月乙子（巳），王各（格）于大室，穆公入右（佑）𢦚，立中廷，北卿（嚮）。王曰："𢦚，令女（汝）乍（作）嗣（司）土（徒），官嗣（司）耤（藉）田。易（赐）女（汝）戠（织）衣、赤⊖市（韍）、䜌（銮）旂、楚走马，取徵（征）五寽，用事。"𢦚拜䭬（稽）首，对扬王休，用乍（作）朕文考寳（宝）簋，其子子孙孙永用	𢦚	职掌籍田

① 1.《大系》：郭沫若《两周金文辞大系图录考释》。2.《断代》：陈梦家《西周铜器断代》。3.《史徵》：唐兰《西周青铜器铭文分代史徵》。

（续表一）

年代	铜器	著录	铭文	人物	职掌
共王	郃（卻）咎（盌）簋	《殷周金文集成》4197	隹（惟）元年三月丙寅，王各（格）于大室，康公右（佑）郃（卻）咎（盌），易戠（织）衣、赤⊖市（韍），曰：用飼（嗣）乃祖考事，作司土。咎（盌）敢对扬王休，用乍（作）寶（宝）簋，子子孙孙其永寶（宝）		司徒
共王	盠方彝	《殷周金文集成》6013	唯八月初吉，王各（格）于周廟。穆公又（佑）盠，立中廷（庭），北鄉（嚮）。王册令（命）尹，易（赐）盠赤市（韍）、幽亢、攸（鋚）勒，曰："用嗣（司）六自（师）王行参（叁）有嗣（司）：嗣（司）土（徒）、嗣（司）马、嗣（司）工（空）。"王令（命）盠曰："纘嗣（司）六自（师）暨八自（师）执（艺）。"盠拜韻（稽）首，敢对扬王休，用乍（作）朕文祖益公宝尊彝，盠曰："不（丕）叚（遐）不（丕）其（基），萬年保我萬邦。"盠敢拜韻（稽）首曰："剌剌（烈烈）朕身，逦（更）朕先宝事。"	盠	司六师、王行、三有司：司徒、司马、司空；司六师暨八师藝
共王	永盂	《殷周金文集成》10322	隹（惟）十又二年初吉丁卯，益公内（入）即命于天子。公乃出厥命，易（赐）畀师永厥田渣（阴）易（阳）洛疆眔师俗父田。厥眔公出厥命，井（邢）白（伯）、焚（荣）白（伯）、尹氏、师俗父、趞（遣）仲。公乃命酉（郑）嗣（司）徒函父、周人嗣（司）工（空）眉、亚史、师氏、邑人奎父、毕人师同，付永厥田，厥率䢅（埔）厥疆宋句。永拜韻（稽）首，对扬天子休命。永用乍（作）朕文考乙伯尊盂。永其邁（萬）年，孙孙子子，永其遳宝用	函父	参与天子赐田的具体工作

（续表二）

年代	铜器	著录	铭文	人物	职掌
懿王	免簠	《殷周金文集成》4626	隹（惟）三月既生霸乙卯，王在周，令（命）免乍（作）司土（徒），司奠还歔（林）、罘吴（虞）、罘牧，赐戠（织）衣、䜌（銮），对扬王休，用乍（作）旅𩰫尊彝，免其万年永宝用	免	职掌林衡、山虞、牧人
懿王	曶壶	《殷周金文集成》9728	隹（惟）正月初吉丁亥，王各（格）于成宫。井公内（入）右（佑）曶，王乎（呼）尹氏册令（命）曶，曰："更乃且（祖）考，乍（作）冢嗣（司）土（徒）于成周八自（师）。易（赐）女（汝）秬鬯一卣、玄衮衣、赤巿、幽黄（衡）、赤舄、攸（鋚）勒、（䜌）銮旂，用事。"曶拜手䭫（稽）首，敢对扬天子不（丕）顯（显）鲁休令（命），用乍（作）朕文考釐公尊壶。曶用匄万年眉寿，永令（命）多福，子子孙孙，其永宝用	曶	作冢司土于成周八师
孝王	鲜钟	《殷周金文集成》143	隹（惟）□月初吉□寅，王在成周嗣（司）土（徒）㴋宫，王赐鲜吉金，鲜拜手䭫首，敢对扬天子休，用乍（作）朕皇考䔍（林）钟，用侃喜上下，用乐好宾，用祈多福，孙子永宝	㴋	司徒
孝王	十三年瘨壶	《殷周金文集成》9723	隹（惟）十又三年，九月初吉戊寅，王在成周嗣（司）土（徒）㴋宫，各大室，即立（位）。徲父右（佑）瘨，王乎（呼）乍（作）册尹册易（赐）瘨：画靳、牙僰、赤舄。瘨拜䭫（稽）首，对扬王休。瘨其万年永宝	㴋	司徒
夷王	宰兽簋	《文物》，1998年第8期	唯六年二月初吉甲戌，王才（在）周师录宫。旦，王各（格）大（太）室，即立（位）。嗣（司）土焚（荣）白（伯）右宰兽内（入）门立中廷，北鄉（嚮）。王乎（呼）内史尹中（仲）册命宰兽曰："昔先王既命女（汝），	荣伯	司徒

（续表三）

年代	铜器	著录	铭文	人物	职掌
			今伞（余）唯或（又）灩（申）稾乃命，更乃且考事。欶（兼）嗣康宫王家臣妾𢑭亶（庸），外入（内）毋敢无聞（闻）𦙶（知）。易（锡）女（汝）赤市、幽亢、鋚勒，用革。”兽搼（韪）䭫首，敢对𠭰（扬）天子不（丕）显鲁休命，用乍（作）朕剌（烈）且（祖）幽仲、益姜宝匳毁（簋）。兽其迈（万）年子子孙永宝用		
厉王	扬簋	《殷周金文集成》4294	隹（惟）王九月既生霸庚寅，王才（在）周康宫。旦，各（格）大室，即立（位）。司徒单白（伯）内右扬。王乎内史先册令扬。……	单伯	傧佑
宣王	无叀鼎	《殷周金文集成》2814	隹（惟）九月既望甲戌，王各（格）于周庙，述于图室。嗣（司）徒南仲右（佑）無（许）叀（专）内（入）门，立中廷（庭）。王乎史䍙（友）册令（命）无叀（专），曰：“官嗣（司）穆王遉（正）侧虎臣，易（赐）女（汝）玄衣黹（黼）屯（纯）、戈琱戱、厚（厚）必（柲）、彤沙（苏）、攸（鋚）勒、（䜌）銮旂。”无（许）叀（专）敢对扬天子不（丕）显鲁休，用乍（作）尊鼎，用享于朕剌（烈）考，用割（匄）顙（眉）寿万年，子孙永宝用	南仲	傧佑
宣王	此鼎	《文物》，1976年第5期	隹（惟）十又七年，十又二月，既生霸乙卯，王才（在）周康宫徲宫，旦，王各大室，即立（位）。嗣土（徒）毛弔（叔）右（佑）此，入门，立中廷，王乎（呼）史翏册令（命）此，曰：“旅邑人、善（膳）夫，易（赐）女（汝）玄衣黹屯（纯）、赤市、朱黄、䜌（銮）旅（旂）。”此敢对扬天子不（丕）顯（显）休令（命），用乍（作）朕皇考癸公尊鼎，用享孝于文申（神），用匄眉寿。此其万年无疆，畯臣天子，霝（灵）冬（终），子子孙孙永宝用	毛叔	傧佑

二、关于周王朝司徒的重要铜器的断代

铜器	郭沫若	陈梦家	唐兰	本书观点
司土斧			昭王《论周昭王时代的青铜器铭刻》(《古文字研究(第二辑)》, 1980年)	昭王
䵼簋	宣王 本铭文辞字体与宣世器相近(《大系》下第150页)	共王 器饰瓦文，乃穆王、共王时铜器(《断代》第176页)	共王(《史徵·附件一》共王时器)	共王，陈说有器饰瓦文做确凿证据
郃(卻)咎(盌)簋		共王右者之制，不见于共王以前器，而此器所赐衣服同于共王时豆闭簋及識簋，故此元年或为共王元年，最早为穆王元年。纹饰近于师瘨簋及五年师事簋，故此器宜在共王元年(《断代》第175页)	孝王(《史徵·附件一》孝王时器)	共王，陈说以佑者之制，并举出相关金文，令人信服
盠方彝		共王，方彝的中部以共王时流行的顾龙为主题。方彝的右者穆公亦见《䵼簋》，后者作穆王时的瓦纹。就上所述，方彝在穆王以后，接近懿王，定为共王时较为合宜(《断代》第174页)	懿王(《史徵·附件一》懿王时器)	共王，陈说以顾龙纹和佑者作证，但不足以否定唐说
永盂			恭王 根据有关铜器，益公是共王时人，进而断定永盂是共王时器(《永盂铭文解释》,《文物》, 1972年第1期)	共王

（续表）

铜器	郭沫若	陈梦家	唐兰	本书观点
免簠	懿王，此器有井叔，与鼎同（《大系》下89页）	懿王（《断代》第182页）	穆王（《史徵·卷五中》穆王时器）	懿王
扬簋	厉王《单伯钟》之单伯即《扬簋》之单伯。《单伯钟》铭文例与《番生簋》相同。番生簋为厉王时器（《大系》下118页）	懿王 此器由内史之名，应与谏簋及蔡簋先后同时，而谏簋及蔡簋皆懿王时器（《断代》第193页）		厉王，郭说以《番生簋》为证，更为可信
无叀鼎	宣王 南仲之名见于《小雅·出车》及《大雅·常武》。《古今人表》于宣王时有南中，列于上下。今案当以宣王时为近是（《大系》下151页）	厉王（《史徵·附件二》厉王时器）		宣王，郭说有《小雅·出车》《大雅·常武》及《古今人表》作根据
此簋			宣王（《史徵·附件一》宣王时器）	宣王

三、关于诸侯国司徒的重要铜器铭文

诸侯国	铜器	著录	年代	铭文	人物	职务
卫	𤔲徒遙簋	《殷周金文集成》4059	成王	王朿（刺）伐商邑，祉令康侯（侯）啚于衛，渣𤔲（司）土（徒）遙眔啚，乍（作）厥考尊彝，𠨍。（陈梦家认为，康王周初攻伐商邑有先后两次，先是武王伐纣，后是成王伐武庚。但此次刺伐商邑之王必须是成王，因封康叔于卫在成王伐武庚以后，诸书记载相同《断代》第11—12页）	遙	司土

（续表一）

诸侯国	铜器	著录	年代	铭文	人物	职务
	司土幽尊	《殷周金文集成》5344		盠司土幽作祖辛旅彝	幽	司土
	五祀卫鼎	《殷周金文集成》2832	共王	隹（惟）正月初吉庚戌，卫㠯（以）邦君厉告于井白（伯）、白（伯）邑父、定白（伯）、𡧍白（伯）、白（伯）俗父，曰厉曰："余执龏（恭）王卹（恤）工（功），于卲（昭）大室东逆（朔）燮（营）二川"，曰："余舍女（汝）五田。"正乃讯厉曰："女（汝）賞田不？"厉乃许曰："余寽（审）賞田五田。"井白（伯）、白（伯）邑父、定白（伯）、𡧍白（伯）、白（伯）俗父乃顜，事（使）厉誓，乃令叁有𤔲（司）𤔲（司）土邑人趙、𤔲（司）马𩵦人邦、𤔲（司）工陶矩、内史友寺芻，帅履裘卫厉田四田，乃舍寓（宇）于厥邑。厥逆（朔）疆眔厉田，厥东疆眔散田，厥南疆眔散田，眔政父田，厥西疆眔厉田。邦君厉眔付裘卫田。厉叔子夙（夙）、厉有𤔲（司）𤔲（申）季、庆癸、燹（豳）□、荆人敢、井人𠑇屖，卫小子逆其鄉（饗）、𠈁（賸）。卫用乍（作）朕文考宝鼎，卫其万年永宝用。隹（惟）王五祀	邑人	司土
	卫盉	《殷周金文集成》9456	共王	隹（惟）三年三月，既生霸壬寅，王爯旂于豐。矩伯（白）庶人取堇（瑾）章（璋）于裘卫，才（裁）	微邑	司土

（续表二）

诸侯国	铜器	著录	年代	铭文	人物	职务
				八十朋，厥賞其舍（捨）田十田。矩或（又）取赤虎（琥）两、麀（韍）两、麀（贲）鞈一，才（裁）廿朋，其舍（捨）田三田。裘卫乃彘（矢）告于白（伯）邑父、焚（榮）白（伯）、定白（伯）、㝨白（伯）、单白（伯），白（伯）邑父、焚（榮）白（伯）、定白（伯）、㝨白（伯）、单白（伯）迺令三有𤔲（司）：𤔲（司）土（徒）微邑、𤔲（司）马单旟、𤔲（司）工（空）邑人服，眔受（授）田。燹趞、卫小子𧺝逆者（諸）其鄉（饗）。卫用乍（作）朕文考惠孟宝般（盘），卫其万年永宝用		
散	散氏盘	《殷周金文集成》10176	厉王	用夨𫎆（撲）散邑，乃即散用田……夨人有司眉（堳）田：……凡十又五夫。正眉（堳）夨舍（捨）散田：司土（徒）屰䂞、司马兽𠕔、垦邦人司工（空）𫍯君……凡散有司十夫。……	屰䂞	司徒
晋	伯𩁹父鼎	《殷周金文集成》2597		晋𤔲（司）徒伯𩁹父乍（作）周姬宝尊鼎	伯𩁹父	晋司徒
鲁	伯吴父盨	《殷周金文集成》4415		鲁𤔲（司）徒伯吴父敢肇乍（作）旅簋，万年永宝用	伯吴父	鲁司徒
鲁	鲁大司徒元簠	《殷周金文集成》4689		鲁大𤔲（司）徒厚氏元乍（作）善（膳）匩（簠），其眉寿万年无疆，子子孙孙永宝用之	厚氏元	鲁大司徒

（续表三）

诸侯国	铜器	著录	年代	铭文	人物	职务
鲁	鲁大左司徒元鼎	《殷周金文集成》2593		鲁大左𤔲（司）徒元乍（作）善鼎，其万年眉寿，永宝用之	元	鲁大左司徒
鲁	鲁大司徒元盂	《殷周金文集成》10316		鲁大𤔲（司）徒元乍（作）饮盂，万年眉寿，永宝用	元	鲁大司徒
鲁	鲁大司徒子仲白匜	《殷周金文集成》10278		鲁大𤔲（司）徒子仲白乍（作）其庶女厉孟姬尊匜，其眉寿万年无疆，子子孙孙永宝用之	子仲白	鲁大司徒
鲁	鲁司徒仲齐盨	《殷周金文集成》4440	西周中期	鲁𤔲（司）徒仲齐肇乍（作）皇考白（伯）走父𩞁盨簋，其万年眉寿，子子孙孙永宝用享	仲齐	鲁司徒
鲁	鲁仲齐𩰫鼎	《殷周金文集成》2639	西周中期	鲁仲齐肇乍（作）皇考𩰫鼎，其万年眉寿，子子孙孙永宝用享	仲齐	
鲁	鲁司徒仲齐匜	《殷周金文集成》10275	西周中期	鲁司徒仲齐肇乍（作）皇考白（伯）走父宝匜，其万年眉寿，子子孙孙永宝用享	仲齐	鲁司徒
鲁	鲁司徒仲齐盘	《殷周金文集成》10116	西周中期	鲁司徒仲齐肇乍（作）般（盘），其万年永宝用享	仲齐	鲁司徒
鲁	鲁仲齐甗	《殷周金文集成》939	西周中期	鲁仲齐乍（作）旅甗其万年眉寿，子子孙孙永宝用	仲齐	

四、关于周王朝司徒的册命金文

年代	铜器	王册命地点	傧佑	赏赐	受封者	职掌
共王	𢦚簋	王各（格）于大室	穆公	𢦚（织）衣、赤⊖市（韍）、䜌（銮）旂、楚走马，取徵（征）五寽，用事	𢦚	作司土（徒），管理籍田
共王	盠方彝	王各（格）于周庙	穆公	赤⊖市（韍）、幽亢、攸勒	盠	掌管六师王行三有司：司土、司马、司工；司六師八师艺
共王	郃（卻）智（盌）簋	王各（格）于大室	康公	𢦚（织）衣、赤⊖市（韍）		司土（徒）
懿王	免簠	王才（在）周		𢦚（織）衣、䜌	免	作司土（徒），司奠林、眔吴（虞）、眔牧
懿王	舀壶	王各（格）于成宫	井（邢）公	秬鬯一卣、玄衮衣、赤巿、幽黄（衡）、赤舄、攸（鋚）勒、（䜌）銮旂，用事	舀	作冢司土（徒）于成周八𠂤（师）
厉王	扬簋	王才（在）周康宫，旦格大室	司徒单伯		扬	司工（空）
宣王	无叀鼎	王各（格）于周庙，述于图室	司徒南仲		无叀	司王側虎臣
宣王	此鼎	王各（格）大室即位	司土（徒）毛叔		此	

五、关于司徒的册命金文中出现的重要人物

年代	铜器	人物	相关铜器（文献）	内容
共王	郃（卻）智（盨）簋	康公	《国语·周语上》	陈梦家疑康公即《国语·周语上》“密康公”（《断代》第175页）
懿王	免组铜器	井叔	奠井叔康盨	陈梦家认为免组之井叔与奠井叔康可能是一人。参见奠井叔康盨（《断代》第180页）
厉王	扬簋	单伯	单伯钟	郭沫若认为即单伯钟之单伯（《大系》下第118页）
宣王	无叀鼎	南仲	《诗经·出车》《诗经·常武》	南仲之名见于《小雅·出车》及《大雅·常武》。《古今人表》于宣王时有南中，列于上下。今案当以宣王时为近是（《大系》下第151页）

附录二　春秋各国司徒情况表

国家	文献	内容	人物	职掌
东周	《左传》襄公二十一年	栾盈过于周，周西鄙掠之。……王……使司徒禁掠栾氏者，归所取焉……		掌管军队和刑罚
鲁国	《左传》昭公四年	吾子为司徒，实书名；夫子为司马，与工正书服。孟孙为司空，以书勋	季氏	冢卿
鲁国	《左传》昭公七年	晋人来治杞田，季孙将以成与之。谢息为孟孙守，不可，曰：“人有言曰：‘虽有挈瓶之知，守不假器，礼也。’夫子从君，而守臣丧邑，虽吾子亦有猜焉。”季孙曰：	季氏	土地

（续表一）

国家	文献	内容	人物	职掌
		“君之在楚，于晋罪也。又不听晋，鲁罪重矣。晋师必至，吾无以待之，不如与之，间晋而取诸杞。吾与子桃，成反，谁敢有之？是得二成也。鲁无忧而孟孙益邑，子何病焉？”辞以无山，与之莱、柞，乃迁于桃。晋人为杞取成		
鲁国	《左传》哀公十一年	季孙欲以田赋，使冉有访诸仲尼。仲尼曰：“丘不识也。”三发，卒曰：“子为国老，待子而行，若之何子之不言也？”仲尼不对，而私于冉有曰：“君子之行也，度于礼，施取其厚，事举其中，敛从其薄，如是则以丘亦足矣。若不度于礼，而贪冒无厌，则虽以田赋，将又不足。且子季孙若欲行而法，则周公之典在。若欲苟而行，又何访焉？”弗听	季氏	掌管田赋
卫国	《左传》哀公十五年	孔悝立庄公。庄公害故政，欲尽去之，先谓司徒瞒成曰：“寡人离病于外久矣，子请亦尝之。”归告褚师比，欲与之伐公，不果	瞒成	
卫国	《左传》哀公二十五年	初，卫人翦夏丁氏，以其帑赐彭封弥子。弥子饮公酒，纳夏戊之女，嬖，以为夫人。其弟期，大叔疾之从孙甥也，少畜于公，以为司徒	期	
宋国	《左传》成公十五年	于是华元为右师，鱼石为左师，荡泽为司马，华喜为司徒，公孙师为司城，向为人为大司寇，鳞朱为少司寇，向带为大宰，鱼府为少宰		
宋国	《左传》哀公二十六年	于是皇缓为右师，皇非我为大司马，皇怀为司徒，灵不缓为左师，乐茷为司城，乐朱锄为大司寇		
陈国	《左传》昭公八年	陈哀公元妃郑姬，生悼大子偃师，二妃生公子留，下妃生公子胜。二妃嬖，留有宠，属诸司徒招与公子过		
陈国	《左传》哀公十一年	夏，陈辕颇出奔郑。初，辕颇为司徒，赋封田以嫁公女；有余，以为己大器。国人逐之，故出	辕颇	掌管田赋

（续表二）

国家	文献	内容	人物	职掌
楚国	《左传》宣公十一年	楚左尹子重侵宋，王待诸郔。令尹蒍艾猎城沂，使封人虑事，以授司徒		掌管徒役
晋国	《左传》桓公六年	晋以僖侯废司徒（晋僖侯名司徒，晋国为避晋僖侯名之讳，将司徒之名取消，改为中军）		

附录三　卿大夫家司徒情况表

国家	文献	内容	人物	职掌
鲁国	《左传》昭公十四年	南蒯之将叛也，盟费人。司徒老祁、虑癸伪废疾，使请于南蒯曰："臣愿受盟而疾兴，若以君灵不死，请待间而盟。"许之。二子因民之欲叛也，请朝众而盟。遂劫南蒯曰："群臣不忘其君，畏子以及今，三年听命矣。子若弗图，费人不忍其君，将不能畏子矣。子何所不逞欲？请送子。"请期五日。遂奔齐	老祁、虑癸	掌管民众
鲁国	《礼记·檀弓上》	孟献子之丧，司徒旅归四布	司徒敬子	财物

附录四　战国各国司徒情况表

国家	文献	内容	人物	职掌
魏国	《战国策·赵四》	魏王许诺，使司徒执范座而未杀也		掌管刑罚
魏国	《战国策·魏三》	芒卯谓秦王曰："王之士，未有为之中者也！臣闻明王不胥中而行。王之所欲	芒卯	掌管土地

（续表）

国家	文献	内容	人物	职掌
		于魏者，长羊、王屋、洛林之地也。王能使臣为魏之司徒，则臣能使魏献之。”秦王曰：“善。”因任之以为魏司徒		
魏国	《吕氏春秋·应言》	魏令孟卬割绛、窌、安邑之地以与秦王。王喜，令起贾为孟卬求司徒于魏王	孟卬	掌管土地
韩国	《史记·高祖功臣侯者年表》	（张良）以厩将从起下邳，以韩申徒下韩国	张良	
赵国	《史记·廉颇蔺相如列传》	赵奢者，赵之田部吏也。收租税而平原君家不肯出租，奢以法治之，杀平原君用事者九人。平原君怒，将杀奢。奢因说曰：“君于赵为贵公子，今纵君家而不奉公则法削，法削则国弱，国弱则诸侯加兵，诸侯加兵是无赵也，君安得有此富乎？以君之贵，奉公如法则上下平，上下平则国强，国彊则赵固，而君为贵戚，岂轻於天下邪？”平原君以为贤，言之于王。王用之治国赋，国赋大平，民富而府库实	赵奢	掌管赋税
齐国	李学勤：《战国题铭概述》，《文物》1959年第8期	右司徒……之玺		

附录五 司徒属官情况表

属官	文献	内容	人物	职掌
里人	《国语·鲁语上》	文公欲弛孟文子之宅，使谓之曰：“吾欲利子于外之宽者。”对曰：“夫位，政之建也；署，位之表也；车服，表之章也；宅，章之次也；禄，次之食也。		管理民众

（续表）

属官	文献	内容	人物	职掌
		君议五者以建政，为不易之故也。今有司来命易臣之署与其车服，而曰：‘将易而次，为宽利也。’夫署，所以朝夕虔君命也。臣立先臣之署，服其车服，为利故而易其次，是辱君命也，不敢闻命。若罪也，则请纳禄与车服而违署，唯里人之所命次。”公弗取。臧文仲闻之曰：“孟孙善守矣，其可以盖穆伯而守其后于鲁乎！”		
山人	《左传》昭公四年	山人取之		掌山中之物
虞人	《国语·周语中》	虞人入材		掌山泽之官。祭祀、宾客，供其材也
林衡	《国语·齐语》	山立五衡		
牧人	《左传》昭公七年	牛有牧		
嗣九陂	《微䜌鼎》(《殷周金文集成》2790)	隹(惟)王廿又三年九月，王在宗周。王令微䜌𩁹嗣九陂。䜌乍(作)朕皇考𩁹彝尊鼎。䜌用享于朕皇考，用赐康勵、鲁休、屯(纯)右(佑)、眉寿、永令(命)、霝(灵)冬(终)，其万年无疆，䜌子子孙永宝用亯(享)	微䜌	即掌管农业水利工程
	《左传》昭公二十五年	臧会离开臧氏“奔郈。郈鲂假使为贾正焉。计于季氏”	郈鲂假	掌货物、计簿

参考书目

（一）历史文献

阮元校刻本：《十三经注疏》，中华书局，1980 年。
孙星衍撰，陈抗、盛冬铃点校：《尚书今古文注疏》，中华书局，2004 年。
陈奂：《诗毛氏传疏》，北京市中国书店，1984 年影印漱芳斋本。
马瑞辰撰，陈金生点校：《毛诗传笺通释》，中华书局，1989 年。
江永：《周礼疑义举要》，丛书集成初编本，中华书局，1985 年。
孙诒让撰，王文锦、陈玉霞点校：《周礼正义》，中华书局，1987 年。
胡培翚：《仪礼正义》，商务印书馆，1934 年。
孙希旦撰，沈啸寰、王星贤点校：《礼记集解》，中华书局，1986 年。
王聘珍撰，王文锦点校：《大戴礼记解诂》，中华书局，1983 年。
朱熹：《四书章句集注》，中华书局，1983 年。
刘宝楠：《论语正义》，上海古籍出版社，1993 年。
焦循撰，沈文倬点校：《孟子正义》，中华书局，1987 年。
王先谦撰，沈啸寰、王星贤点校：《荀子集解》，中华书局，1988 年。
戴望：《管子校正》（诸子集成本），中华书局，1954 年。
顾栋高辑，吴树平、李解民点校：《春秋大事表》，中华书局，1993 年。

高亨：《周易大传今注》，齐鲁书社，1998 年。

林尹：《周礼今注今译》，天津古籍出版社，1988 年。

杨伯峻：《春秋左传注》，中华书局，1990 年。

程树德撰，程俊英、蒋见元点校：《论语集释》，中华书局，1990 年。

黄怀信、张懋镕、田旭东撰，李学勤审定：《逸周书汇校集注》，上海古籍出版社，1995 年。

徐元诰撰，王树民、沈长云点校：《国语集解》，中华书局，2002 年。

缪文远：《战国策新校注》（上、下），巴蜀书社，1987 年。

张清常、王延栋：《战国策笺注》，南开大学出版社，1993 年。

司马迁撰，裴骃集解，司马贞索隐，张守节正义：《史记》，中华书局，1982 年第 2 版。

班固撰，颜师古注：《汉书》，中华书局，1962 年。

范晔撰，李贤等注：《后汉书》，中华书局，1965 年。

袁珂校注：《山海经校注》，上海古籍出版社，1980 年。

许慎撰，徐铉校定：《说文解字》（附检字），中华书局，1963 年。

许慎撰，段玉裁注：《说文解字注》，浙江古籍出版社，1998 年。

桂馥：《说文解字义证》，齐鲁书社，1987 年。

（二）甲骨文、金文、简帛资料

郭沫若主编、胡厚宣总编辑：《甲骨文合集》，中华书局，1978—1983 年。

中国社会科学院考古研究所：《小屯南地甲骨》，中华书局，1980 年。

中国社会科学院考古研究所：《殷墟花园庄东地甲骨》，云南人民出版社，2003 年。

李学勤、齐文心、艾兰：《英国所藏甲骨集》（*Oracle Bone Collection in Great Britain*），中华书局，1985 年。

郭沫若：《郭沫若全集》"考古编"第二卷《卜辞通纂》，科学出版社，2002 年。

陈梦家：《殷虚卜辞综述》，中华书局，1988 年。

岛邦男：《殷墟卜辞研究》（中译本），台北鼎文书局，1975 年。

罗振玉：《三代吉金文存》，中华书局，1983 年。

郭沫若：《两周金文辞大系图录考释》，上海书店出版社，1999 年。

郭沫若：《郭沫若全集》“考古编”第五卷《金文丛考》，科学出版社，2002 年。

于省吾：《商周金文录遗》，中华书局，2009 年。

杨树达：《积微居金文说》（增订本），中华书局，1997 年。

陈梦家：《西周铜器断代》（上、下），中华书局，2004 年。

唐兰：《西周青铜器铭文分代史征》，中华书局，1986 年。

中国社会科学院考古研究所：《殷周金文集成》（修订增补本），中华书局，2007 年。

马承源：《商周青铜器铭文选》，文物出版社，1986—1990 年。

李学勤：《新出青铜器研究》，文物出版社，1990 年。

李学勤：《缀古集》，上海古籍出版社，1998 年。

朱凤瀚：《中国青铜器综论》，上海古籍出版社，2009 年。

吴镇烽：《金文人名汇编》，中华书局，1987 年。

王恩田：《商朝铜器与金文辑考》，文物出版社，2017 年。

荆门市博物馆编：《郭店楚墓竹简》，文物出版社，1998 年。

马承源：《上海博物馆藏战国楚竹书》，上海古籍出版社，2001—2012 年。

于省吾：《甲骨文字释林》，中华书局，2009 年。

周法高主编：《金文诂林》，香港中文大学，1974—1975 年。

容庚编著，张振林、马国权摹补：《金文编》，中华书局，1985 年。

何琳仪：《战国古文字典》（上下册），中华书局，1998 年。

（三）学术专著

王国维：《观堂集林》（附别集），中华书局，1959 年。

徐中舒：《先秦史论稿》，巴蜀书社，1992 年。

赵光贤：《周代社会辨析》，人民出版社，1980 年。

赵光贤:《亡尤室文存》，北京师范大学出版社，2001 年。

刘家和:《史学、经学与思想：在世界史背景下对于中国古代历史文化的思考》，北京师范大学出版社，2005 年。

刘家和:《古代中国与世界》，北京师范大学出版社，2010 年。

晁福林:《天玄地黄——中国上古文化溯源》，巴蜀书社，1990 年。

晁福林:《霸权迭兴——春秋霸主论》，生活·读书·新知三联书店，1992 年。

晁福林:《夏商西周的社会变迁》，北京师范大学出版社，1996 年。

晁福林:《春秋战国的社会变迁》(上、下)，商务印书馆，2011 年。

晁福林:《先秦社会形态研究》，北京师范大学出版社，2003 年。

晁福林:《先秦社会思想研究》，商务印书馆，2007 年。

晁福林:《天命与彝伦：先秦社会思想探研》，北京师范大学出版社，2012 年。

晁福林:《先秦民俗史》，上海人民出版社，2001 年。

晁福林:《上博简〈诗论〉研究》，商务印书馆，2013 年。

杨树达:《积微居小学述林》，中华书局，1983 年。

金景芳:《古史论集》，齐鲁书社，1981 年。

金景芳:《中国奴隶社会史》，上海人民出版社，1983 年。

徐旭生:《中国古史的传说时代》，文物出版社，1985 年。

王玉哲:《中华远古史》，上海人民出版社，2003 年。

王玉哲:《古史集林》，中华书局，2002 年。

胡厚宣、胡振宇:《殷商史》，上海人民出版社，2003 年。

杨宽:《西周史》，上海人民出版社，2003 年。

杨宽:《古史新探》，中华书局，1965 年。

孙作云:《诗经与周代社会》，中华书局，1966 年。

白川静著，袁林译:《西周史略》，三秦出版社，1992 年。

尾形勇著，张鹤泉译:《中国古代的“家”与国家》，中华书局，2010 年。

伊藤道治著，江蓝生译：《中国古代王朝的形成——以出土资料为主的殷周史研究》，中华书局，2002 年。

童书业：《春秋左传研究》，上海人民出版社，1980 年。

童书业：《春秋史》，山东大学出版社，1987 年。

J.G. 弗雷泽著，汪培基、徐育新、张泽石译：《金枝：巫术与宗教之研究》，商务印书馆，2012 年。

列维-布留尔著，丁由译：《原始思维》，商务印书馆，2011 年。

王小盾：《原始信仰和中国古神》，上海古籍出版社，1989 年。

詹鄞鑫：《神灵与祭祀》，江苏古籍出版社，1992 年。

胡厚宣主编：《甲骨文与殷商史》，上海古籍出版社，1983 年。

张光直：《中国青铜时代》，生活 · 读书 · 新知三联书店，1983 年。

邹衡：《夏商周考古学论文集》，文物出版社，1980 年。

吴荣曾：《先秦两汉史研究》，中华书局，1995 年。

吴荣曾：《读史丛考》，中华书局，2014 年。

沈长云、张渭莲：《中国古代国家起源与形成研究》，人民出版社，2009 年。

王震中：《中国文明起源的比较研究》（增订本），中国社会科学出版社，2013 年。

唐嘉弘主编：《先秦史研究》，云南民族出版社，1987 年。

唐嘉弘主编：《先秦史论集》，中州古籍出版社，1989 年。

《西周史研究》，《人文杂志丛刊》（第 2 辑），1984 年。

张亚初、刘雨：《西周金文官制研究》，中华书局，1986 年。

侯外庐等：《中国思想通史》，人民出版社，2008 年。

钱穆：《先秦诸子系年》，商务印书馆，2001 年。

蒋伯潜：《十三经概论》，上海古籍出版社，2010 年。

何兹全：《中国古代社会》，北京师范大学出版社，2001 年。

宋镇豪：《夏商社会生活史》，中国社会科学出版社，1994 年。

朱凤瀚：《商周家族形态研究》（增订本），天津古籍出版社，2004 年。

朱凤瀚主编:《新出金文与西周历史》,上海古籍出版社,2011年。
陈恩林:《先秦军事制度研究》,吉林文史出版社,1991年。
刘起釪:《古史续辨》,中国社会科学出版社,1991年。
陕西历史博物馆编:《西周史论文集》,陕西人民教育出版社,1993年。
李学勤:《李学勤集》,黑龙江教育出版社,1989年。
李学勤:《中国古代文明研究》,华东师范大学出版社,2009年。
李学勤:《重写学术史》,河北教育出版社,2002年。
李学勤:《走出疑古时代》(修订本),辽宁大学出版社,1997年。
李学勤:《简帛佚籍与学术史》,江西教育出版社,2001年。
李学勤:《三代文明研究》,商务印书馆,2011年。
李学勤:《东周与秦代文明》,上海人民出版社,2007年。
郭克煜等:《鲁国史》,人民出版社,1994年。
杨朝明:《儒家文献与早期儒学研究》,齐鲁书社,2002年。
杨朝明:《周公事迹研究》,中州古籍出版社,2002年。
江林昌:《书写中国文明史》,商务印书馆,2019年。
杨向奎:《宗周社会与礼乐文明》(增订本),人民出版社,1997年。
沈文倬:《宗周礼乐文明考论》,浙江大学出版社,2006年。
吕思勉:《先秦学术概论》,中国大百科出版社,1985年。
李衡眉:《先秦史论集》,齐鲁书社,1999年。
杨宽:《西周史》,上海人民出版社,2001年。
顾德融、朱顺龙:《春秋史》,上海人民出版社,2001年。
杨宽:《战国史》,上海人民出版社,2003年。
许倬云:《西周史》(增订本),生活·读书·新知三联书店,1995年。
彭邦炯:《商史探微》,重庆出版社,1988年。
王宇信:《西周甲骨探论》,中国社会科学出版社,1984年。
彭裕商:《西周青铜器年代综合研究》,巴蜀书社,2003年。
田昌五、臧知非:《周秦社会结构研究》,西北大学出版社,1996年。

陈汉平：《西周册命制度研究》，学林出版社，1986 年。

赵世超：《周代国野制度研究》，陕西人民出版社，1991 年。

葛志毅：《周代分封制度研究》（修订本），黑龙江人民出版社，2005 年。

丁鼎：《〈仪礼・丧服〉考论》，社会科学文献出版社，2003 年。

丁鼎、郭善兵、薛立芳：《和谐共存之道——儒家礼乐文化》，山东教育出版社，2020 年。

王钧林：《门外说儒》，齐鲁书社，2002 年。

谢维扬：《周代家庭形态》，黑龙江人民出版社，2005 年。

赵伯雄：《周代国家形态研究》，湖南教育出版社，1990 年。

常金仓：《周代礼俗研究》，黑龙江人民出版社，2005 年。

田昌五、臧知非：《周秦社会结构研究》，西北大学出版社，1996 年。

徐复观：《徐复观论经学史二种》，上海书店出版社，2002 年。

钱玄等注译：《周礼》，岳麓书社，2001 年第 1 版。

钱玄：《三礼通论》，南京师范大学出版社，1996 年。

杨天宇：《周礼译注》，上海古籍出版社，2004 年。

李安宅：《〈仪礼〉与〈礼记〉之社会学的研究》，上海人民出版社，2005 年。

王雪萍：《〈周礼〉饮食制度研究》，广陵书社，2010 年。

钱杭：《周代宗法制度史研究》，学林出版社，1991 年。

钱宗范：《周代宗法制度研究》，广西师范大学出版社，1989 年。

左言东：《先秦职官表》，商务印书馆，1994 年。

王晖：《商周文化比较研究》，人民出版社，2000 年。

沈长云：《上古史探研》，中华书局，2002 年。

葛志毅：《谭史斋论稿续编》，黑龙江人民出版社，2004 年。

裘锡圭：《古代文史研究新探》，江苏古籍出版社，1992 年。

谢乃和：《古代社会与政治——周代的政体及其变迁》，黑龙江人民出版社，2011 年。

温慧辉：《〈周礼・秋官〉与周代法制研究》，法律出版社，2008 年。

刘伟:《史之思——〈国语〉的思想视界》, 山东人民出版社, 2013 年。
袁林:《两周土地制度新论》, 东北师范大学出版社, 2000 年。
任伟:《西周封国考疑》, 社会科学文献出版社, 2004 年。
刘源:《商周祭祖礼研究》, 商务印书馆, 2004 年。
王启发:《礼学思想体系探源》, 中州古籍出版社, 2005 年。

(四)研究论文

刘师培:《论历代中央官制之变迁》,《国粹学报》第 27、28 期, 1907 年。
刘师培:《春秋时代官制考》,《国粹学报》第 31、32、34 期, 1907 年。
徐宗元:《金文中所见官名考》,《福建师范学院学报》1957 年第 2 期。
唐兰:《用青铜器铭文来研究西周史——综论宝鸡市近年发现的一批青铜器的重要历史价值》,《文物》1976 年第 6 期。
庞朴:《"火历"初探》,《社会科学战线》1978 年第 4 期。
顾颉刚:《"周公制礼"的传说与〈周官〉一书的出现》,《文史》(第 6 辑), 中华书局, 1979 年。
杨宽:《西周中央政权机构剖析》,《历史研究》1984 年第 1 期。
山东省文物考古研究所、聊城地区文化局文物研究室:《山东阳谷县景阳岗龙山文化城址调查与试掘》,《考古》1997 年第 5 期。
晁福林:《读〈周礼〉札记》,《文史》(第 46 辑), 中华书局, 1999 年。
晁福林:《先秦时期"德"观念的起源及其发展》,《中国社会科学》2005 年第 4 期。
晁福林:《关于中国早期国家形成的一个理论思考》,《历史研究》2010 年第 6 期。
晁福林:《从"民本"到"君本"——试论先秦时期专制王权观念的形成》,《中国史研究》2013 年第 4 期。
晁福林:《诸子・王官・学统:诸子起源再认识》,《史学月刊》2014 年第 10 期。

沈长云:《周代司徒之职辨非》,《中国史研究》1985 年第 3 期。

沈长云:《金文所见王室经济》,《西周史研究》(《人文杂志丛刊》(第 2 辑),1984 年。

沈长云、李晶:《春秋官制与〈周礼〉比较研究——〈周礼〉成书年代再探讨》,《历史研究》2004 年第 6 期。

杨宽:《西周王朝公卿的官僚制度》,《西周史研究》(《人文杂志丛刊》第 2 辑),1984 年。

左言东:《西周官制概述》,《人文杂志》1981 年第 3 期。

张懋镕:《金文所见西周世族政治》,《人文杂志》1986 年第 6 期。

王和:《"西周无世卿"辨正》,《人文杂志》1984 年第 4 期。

郝铁川:《西周中央官制的演变》,《河南大学学报》(哲学社会科学版)1985 年第 4 期。

李西兴:《卿事(士)考——兼论西周政体的演变》,《人文杂志》1987 年第 3 期。

张志康、谢介民:《"卿事寮"析论》,《学术月刊》1988 年第 2 期。

段志洪:《周初无大夫称谓考》,《四川大学学报》(哲学社会科学版)1988 年第 2 期。

王玉哲:《西周春秋时的"民"的身份问题——兼论西周春秋时的社会性质》,《南开大学学报》1978 年第 6 期。

王玉哲:《西周金文中的"贮"和土地关系》,《南开大学学报》1987 年第 3 期。

李学勤:《西周金文中的土地转让》,《光明日报》1983 年 11 月 30 日第 4 版。

周瑗:《矩伯、裘卫两家族的消长与周礼的崩坏——试论董家青铜器群》,《文物》1976 年第 6 期。

周晓陆:《〈徕盘〉读笺》,《北京师范大学学报》(社会科学版)2003 年第 5 期。

周晓陆：《西周“徕器”及相关问题探讨》，《南京大学学报》（哲学、人文科学、社会科学版）2003年第4期。

罗西章：《宰兽簋铭略考》，《文物》1998年第8期。

张景贤：《关于西周中央官制的几个问题》，《历史教学》1988年第12期。

王贻梁：《概论西周内服职官的爵位判断》，《中华文史论丛》1989年第1期。

于省吾：《略论西周金文中的“六师”和“八师”及其屯田制》，《考古》1964年第3期。

杨宽：《论西周金文中“六师”“八师”和乡遂制度的关系》，《考古》1964年第8期。

李道明：《六师、八师新探》，《四川师范大学学报》（社会科学版）1992年第5期。

徐喜辰：《周代兵制初论》，《中国史研究》1985年第4期。

徐喜辰：《论周代的世卿巨室及其再封制度》，《东北师大学报》1989年第5期。

邵维国：《周代家臣制述论》，《中国史研究》1999年第3期。

钱穆：《周官著作时代考》，《燕京学报》第11期，1933年6月。

童恩正：《中国古代的巫》，《中国社会科学》1995年第5期。

吴浩坤：《西周和春秋时代宗法制度的几个问题》，《复旦学报》（社会科学版）1984年第1期。

李朝远：《论西周社会分层秩序中的地位群体——卿大夫》，《人文杂志》1990年第1期。

王兰仲：《试论春秋时代宗法制与君主专制的关系》，《中国史研究》1984年第1期。

朱凤瀚：《关于春秋鲁三桓分公室的几个问题》，《历史教学》1984年第1期。

杨朝明：《鲁国的历史地位与鲁国史研究》，《史学集刊》1995年第4期。

杨朝明：《刍议儒家的教化文化》，《孔子研究》2008年第6期。

林素英：《大司徒的礼教思想》，《纪念孔子诞生2555周年国际学术研讨会论文集》(卷二)，2004 年 10 月。

裘锡圭:《甲骨卜辞中所见的“田”“牧”“卫”等职官的研究——兼论“侯”“甸”“男”“卫”等几种诸侯的起源》,《文史》(第 19 辑)，中华书局，1983 年。

裘锡圭:《关于商代的宗族组织与贵族和平民两个阶级的初步研究》,《文史》(第 17 辑)，中华书局，1982 年。

王德培:《论周礼中“凝固化”的消费制度和周代民本思想的演变》,《河北大学学报》(哲学社会科学版) 1990 年第 1 期。

李景林:《教化的哲学——论儒学的根本精神》,《“2006·学术前沿论坛”北京市哲学会分论坛论文集》，2006 年 12 月。

章太炎:《诸子学略说》，刘梦溪主编、陈平原编校《中国现代学术经典·章太炎卷》，河北教育出版社，1996 年，第 479—497 页。

章太炎:《原学》，章太炎撰、陈平原导读《国故论衡》，上海古籍出版社，2003 年，第 101—104 页。

胡适:《诸子不出于王官论》,《胡适学术文集·中国哲学史》(上)，中华书局，1991 年，第 593—599 页。

沈文倬:《略论宗周王官之学》(上)，王元化主编《学术集林》卷十，上海远东出版社，1997 年。

宫长为:《西周王朝官制结构研究》，吉林大学博士学位论文，1995 年。

吴土法:《〈周礼〉官联丛考》，杭州大学博士学位论文，1995 年。

吴高歌:《〈周礼·春官〉研究——兼论周代王官与诸子渊源》，北京师范大学博士学位论文，2003 年。

后　记

本书是在我的博士学位论文《周代司徒研究》的基础上数易其稿、修改增益而成的。参加工作以后，尽管工作繁忙，我仍然不忘对书稿继续修改完善。如今到了书稿出版的时候，我回想过去求学和工作的时光，多少努力，多少辛苦，不胜感慨，所以想写一些文字，记下此时的心情。

我的恩师晁福林教授从我的论文选题开始到最后定稿，都给予悉心指导。每当论文的写作遇到困难的时候，老师都对我热情地鼓励和耐心地指导，使我又有了前进的动力和方向。老师对我学习上的谆谆教导和生活上的关心照顾，使我永远难忘。老师说研究先秦史要付出辛苦才能有收获，这是他从事学术研究多年的心得。只有当我亲身经历这段学习的过程后，才理解其中的含义。老师在学术上孜孜不倦，辛勤耕耘，让人肃然起敬。我在学问上每一点进步，都是老师指导和培养的结果。

在论文的写作过程中，我得到刘家和教授等前辈专家学者的指导，受益良多，深表感谢。在北京师范大学历史学院接受的教育和熏陶，成为我难以忘却的宝贵经历，谨以此书表达深深的感激之情。

恩师杨朝明教授在硕士阶段对我的培养和指导，奠定了我学术研究的基础。在此后的治学道路上，老师也给予了我很多支持和鼓励，让我不断进步。

这是我要十分感谢的，对此铭记在心。我将继续努力，不辜负老师的期望。

我参加工作后，齐鲁文化研究院王志民院长、江林昌院长、吕文明教授等院领导在工作上热情帮助；江林昌院长在百忙之中亲自为本书作序，向学术界鼎力推荐，在此表示诚挚感谢！齐鲁文化研究院程奇立教授、王钧林教授、仝晰纲教授、梁宗华教授等各位老师及同事多年来给予我许多帮助，在此一并表示感谢！

本书在修改、校对过程中，我的学生张鑫、王绍之、齐一可、李金璇、马金鹏、叶楠、蒙文、傅翔、张梦莎等研究生也都付出了辛勤劳动，在此也要表示感谢。

多少个午夜，读书倦累了的时候，仰望窗外那满天的星斗，会回忆起在北京师范大学求学的场景，那温暖的学术集体、浓郁的学术气氛，让人难忘。大家在生活上互相关心，在学问上互相切磋。对于学术问题，大家各抒己见，畅所欲言。我们会为一个学术问题的解决欢欣鼓舞，兴奋不已。诸位同门的高见卓识，对我启发颇多。刘伟师兄等诸位同门也在生活和学习上给予了我很多帮助，也在此表示感谢。

在我的求学生涯中，父母家人和自小学以来的各位老师，还有很多曾经帮助过我的人，有很多的辛苦和付出。我会永远铭记在心，并化作前行的动力。

由于本人学术水平有限，书中难免有不足之处，恳请各位专家学者指正，在此非常感谢。我将以此书出版为契机，继续努力前行。

张 磊

2007年5月16日午夜初记于北京师范大学

2020年11月18日深夜又记于山东师范大学

图书在版编目（CIP）数据

周代司徒与早期文明 / 张磊著. —北京：商务印书馆，2022
（齐鲁文化与中华文明文库）
ISBN 978-7-100-19871-4

Ⅰ.①周…　Ⅱ.①张…　Ⅲ.①官制-研究-中国-周代　Ⅳ.①D691.42

中国版本图书馆CIP数据核字（2021）第076015号

周代司徒与早期文明
张　磊　著

商　务　印　书　馆　出　版
（北京王府井大街36号　邮政编码100710）
商　务　印　书　馆　发　行
苏州市越洋印刷有限公司印刷
ISBN 978-7-100-19871-4

2022年3月第1版　开本 710×1000　1/16
2022年3月第1次印刷　印张 20.5
定价：125.00元